民國文化與文學^{研究}^{文叢}

民國文化與文學 研究文叢

二 編

李 怡 主編

第 10 冊

「啟蒙」民國的「暴力」叫喊
——「暴力敘事」與中國現代文學的審美特徵（下）

黎 保 榮 著

國家圖書館出版品預行編目資料

「啓蒙」民國的「暴力」叫喊——「暴力敘事」與中國現代文
學的審美特徵（下）／黎保榮 著 — 初版 — 新北市：花木蘭
文化出版社，2013〔民 102〕
目 2+192 面；19×26 公分
（民國文化與文學研究文叢 二編；第 10 冊）
ISBN：978-986-322-313-9（精裝）
1. 中國文學史 2. 現代文學 3. 文學評論
541.26208   102012322

ISBN-978-986-322-313-9

9 789863 223139

民國文化與文學研究文叢
二 編 第 十 冊　　　　　ISBN：978-986-322-313-9

「啓蒙」民國的「暴力」叫喊
——「暴力敘事」與中國現代文學的審美特徵（下）

作　　者　黎保榮
主　　編　李　怡
企　　劃　四川大學現代中國文化與文學研究中心
　　　　　民國文學與海外漢學研究中心（籌）
　　　　　北京師範大學民國歷史文化與文學研究中心
總 編 輯　杜潔祥
印　　刷　普羅文化出版廣告事業
出　　版　花木蘭文化出版社
發 行 人　高小娟
聯絡地址　235 新北市中和區中安街七二號十三樓
　　　　　電話：02-2923-1455／傳真：02-2923-1452
網　　址　http://www.huamulan.tw 信箱 sut81518@gmail.com
初　　版　2013 年 9 月
定　　價　二編 22 冊（精裝）新台幣 38,000 元

「啓蒙」民國的「暴力」叫喊
——「暴力敘事」與中國現代文學的審美特徵（下）

黎保榮　著

目次

第三章 三十年代：暴力敘事的政治藝術想像

第一節 日本表象與回歸傳統——左翼、新感覺派的暴力想像

一

隨著魯迅、郭沫若、郁達夫等五四作家的「棄文尚武」，加之剛從日本回國的革命文學猛將，這兩種力量在轉型期中國社會的碰撞與融合，進而使三十年代的中國文壇，再度掀起了一股東洋文化熱的強烈衝擊波。早在 20 世紀 30 年代初期，胡秋原就曾指出：中國「汹涌澎湃的革命文學潮流，其源流並非北方俄國，而是『同文』的日本……中國突然勃興的革命文藝，其模特兒完全是日本，因此實際說來，可以說是日本無產階級文學的一支流。因為中國革命文學的大將都是留日學生……而且可以由『普羅列特利亞特』『意德沃羅基』的口號和理論及創作的形式並內容上看出來」。〔註1〕而蘇汶則認為中國左翼革命文學理論源自俄國，經由日本的販賣和闡釋，再轉運到中國，「這些同一的話又借道東京而來到上海，只用四角方方的文字一寫，便儼然成為中國人自己的理論。」〔註2〕他們的相同之處在於他們都認為中日左翼文學理論存在血脈關係。的確如是，中國的左翼革命文學理論與日本的福本主義、藏原惟人的「新寫實主義」

〔註1〕 轉引自方長安：《選擇・接受・轉化》，武漢大學出版社，2003 年版，第 262 頁。

〔註2〕 蘇汶：《關於〈文新〉與胡秋原的文藝論辯》，《文學運動史料選》第三冊，上海教育出版社，1979 年版，第 129 頁。

等關係非同一般，其「借用」「轉運」的色彩非常明顯，例如李初梨的《怎樣地建設革命文學》《自然生長與目的意識》等文的理論背景「同樣是福本和夫『激烈沒落論』和青野季吉的源自福本主義的文學觀」。〔註3〕

受日本福本主義影響，爲了使無產階級文學從「自然生長」狀態迅速向「目的意識」狀態轉變，爲了清除非無產階級意識，革命文學倡導者們對魯迅等人進行盲目的「理論鬥爭」，劃清路線，甚至逼得蔣光慈也只好另立「太陽社」。後來郭沫若在《跨著東海》中，評價這種理論鬥爭方式爲日本式的「嚴烈的內部清算的態度」。〔註4〕這種「內部清算」伴隨著火藥味十足的語言暴力：輕者痛罵，如郭沫若在《文藝戰線上的封建餘孽》罵魯迅爲「封建餘孽」、「二重反革命」、「不得志的法西斯蒂」，李初梨在《請看我們中國的 DonQuixote 的亂舞》罵魯迅爲「狂吠」「放屁」「神經錯亂」的「最惡的煽動家」。重者欲殺，如 1932 年 12 月，左聯的《文學月刊》刊載了署名「芸生」的聲討胡秋原的詩歌《漢奸的供狀》，詩句殺氣騰騰：「放屁，入你的媽，你祖宗托落茲基的話。當心，你的腦袋一下就會變做剖開的西瓜！」魯迅讀後，寫了《辱罵和恐嚇決不是戰鬥》，欲扭轉這種「語言暴力」風氣，卻被認爲是革命意志「動搖妥協」的「右傾機會主義」，從而反受來自左聯內部的攻擊。因此可知，這種「提筆判定生死」的語言暴力是被左聯默許、支持的，以顯其革命的堅定與勇敢。革命文學理論家這種「用十萬兩無烟火藥炸開」文壇的「烏烟瘴氣」〔註5〕的語言暴力和「唯我獨革」的霸道讓非左翼作家非常反感，他們將之總結爲「用狹窄的理論來限製作家的自由」的「理論專制」，和「借革命來壓服人，處處擺出一副『朕即革命』的架子來」的「革命壓制」，以及武斷、曲解，動不動就攻擊別人爲「狗屁」「狗羊」，要「毒死」「悶死」「餓死」其他作家的「語言暴力」。〔註6〕

除了理論鬥爭、語言暴力之外，受鹿地亘「進軍號主義」等無產階級文學理論的戰鬥激情影響，中國左翼文學理論家們特別注重「武器的文藝」這樣一種充滿力感與戰鬥性的文學觀。如成仿吾在《全部的批判之必要》中要

〔註3〕 方長安：《選擇・接受・轉化》，武漢大學出版社，2003 年版，第 274 頁。

〔註4〕 吳宏聰等編：《創造社資料》（下），福建人民出版社，1985 年版，第 829 頁。

〔註5〕 成仿吾：《從文學革命到革命文學》，《文學運動史料選》第二冊，上海教育出版社，1979 年版，第 20 頁。

〔註6〕 蘇汶：《「第三種人」的出路》，《文學運動史料選》第三冊，上海教育出版社，1979 年版，168～170 頁。

求文藝「在社會變革的戰術由文藝的武器成爲武器的文藝。」而李初梨在《怎樣地建設革命文學》則認爲「我們的作家，是『爲革命而文學』，不是『爲文學而革命』，我們的作品，是由『藝術的武器，到武器的藝術』。」他要求「我們的文學家，應該同時是一個革命家。他不是僅在觀照地『表現社會生活』，而且實踐地在變革『社會生活』。他的『藝術的武器』同時就是無產階級的『武器的藝術』。所以我們的作品，不是像甘人君所說的：是什麼血，什麼淚，而是機關槍，迫擊炮」。他呼籲文學理所當然「爲無產者的重要的野戰」，鼓吹「鼓動的無產文學——這是向著一個目標，組織大眾的行動。」宣稱「無產階級文學是：爲完成他主體階級的歷史的使命，不是以觀照的——表現的態度，而以無產階級的階級意識，產生出來的一種鬥爭的文學。」文學是「一個階級的武器」，這種武器使到「你說的話，外面越似流氓，越似土匪，那你裏邊所含著的道德，就越有色彩，越發光芒。」而爲了發揮文藝作爲「武器」的作用，李初梨要求作家既要「牢牢的把握著無產階級的世界觀——戰鬥的唯物論」，也要配合鬥爭與理論鬥爭，因爲「鬥爭的過程，即是革命文學發展的過程！」〔註7〕而郭沫若則大聲疾呼：「文藝是生活戰鬥的表現」，「文藝是階級的勇猛的戰鬥之一員，而且是先鋒。他只有憤怒，沒有感傷。他只有叫喊，沒有呻吟。他只有衝鋒前進，沒有低徊。他只有手榴彈，沒有繡花針。他只有流血，沒有眼淚。」(《桌子的跳舞》)他甚至在《英雄樹》中呼籲「文藝界中應該產生出些暴徒出來才行」，「他們不僅是睚眥必報，而且箭上還要加毒，坦克車上還要加綠氣炮」，「有筆的時候提筆，有槍的時候提槍」，簡言之，他將「武器的文學觀」引向實際的暴力鬥爭。克興則主張「應用文字的武器，組織大眾的意識和生活推進社會的潮流」，努力喚醒勞苦群眾的「階級意識，使他們組織起來，向統治階級進攻」，「一天天組織化，革命化」。〔註8〕馮乃超則指出「文化問題就是文化領域上的階級鬥爭問題，無產階級文學運動，中國無產階級文學運動也就是廣大工農鬥爭的全部的一分野。」〔註9〕而左聯文件《無產階級文學運動新的情勢及我們的

〔註7〕　李初梨：《怎樣地建設革命文學》，《文學運動史料選》第二冊，第30～45頁。
〔註8〕　克興：《小資產階級文藝理論之謬誤》，《文學運動史料選》第二冊，上海教育出版社，1979年版，第158～164頁。
〔註9〕　馮乃超：《中國無產階級文學運動及左聯產生之歷史的意義》，《文學運動史料選》第二冊，第195～196頁。

任務》則要求「無產階級文學運動應該為蘇維埃政權作拼死活的鬥爭」，並且「凝結堅強的鬥爭意志」，「匯合一切革命的感情」，「充滿了無產階級鬥爭意識」。〔註10〕或者「作為解放鬥爭的武器」「我們的藝術不能不呈獻給『勝利不然就死』的血腥的鬥爭」。〔註11〕

　　總之，這種「武器」的文藝觀，一方面要求文藝具有「力感」，作家具有「戰士」氣質；另一方面，文學必須配合理論鬥爭，並為現實的暴力鬥爭服務，成為階級鬥爭的「武器」。更有甚者，革命文學理論家們主張放下文學，進行直接的暴力革命暴力鬥爭，他們反對托爾斯泰的「非暴力」思想，推崇暴力〔註12〕，或者鼓吹革命文藝家要直接「行動」，而不限於「文藝」與「宣傳」。〔註13〕但是，很明顯，這些都只是「暴力思想」而不是「暴力行動」，文學理論家們並沒有真正「流血」「戰鬥」，這是文學理論之作為文學理論的特性，當然也顯示了它與實際暴力鬥爭的距離，故此魯迅稱革命文學家為進行「紙戰鬥」的「革命武學家」（《醉眼中的朦朧》）蘇汶也一針見血地指出左翼文論家「拿文藝只當作一種武器而接受；而他們之所以要藝術價值，也無非是為了使這種武器作用加強而已；……除了武器的文學之外，其他的文學便什麼都不要。」〔註14〕

　　無論如何，「武器的文藝」觀念被留日的文學理論家所強化，可謂「力」干雲霄，而一旦把它運用於文學政策的制定上，則簡直是點燃了一個高熱度的火藥庫。例如在創作題材的規定上，便可見其「暴力」氣質：

　　（1）作家必須抓取反帝主義的題材——描寫帝國主義對於中國勞苦民眾的殘酷的壓迫和剝削，分析帝國主義和中國農村經濟及中國民族資本主義的關係，分析帝國主義和中國封建勢力，軍閥地主資本家的政權，以及各派資產階級的利害關係。分析各帝國主義在中國的利害衝突，暴露帝國主義瓜分中國和以中國作軍事根據地進攻蘇聯的陰謀，中國民眾反帝國主義的各種英勇的鬥爭，等等；（2）作家必須抓取反對軍閥地主資本家政權以及軍閥混戰的題材——分析這些和帝國主義的關係，分析中國社會的階級關係，描寫廣大群眾的數重的被

〔註10〕《文學運動史料選第二冊》，上海教育出版社，1979年版，第205～206頁。
〔註11〕《文學運動史料選第二冊》，上海教育出版社，1979年版，第186頁。
〔註12〕馮乃超：《藝術與社會生活》，《文學運動史料選》第二冊，第13頁。
〔註13〕《文學運動史料選》第二冊，上海教育出版社，1979年版，第165頁。
〔註14〕蘇汶：《「第三種人」的出路》，《文學運動史料選》第三冊，上海教育出版社，1979年版，第162頁。

壓迫和被剝削的痛苦情形，廣大的飢餓，巨大的災禍，描寫軍閥混戰的超過這一切大災禍也造成一切大災禍的戰禍，描寫農民和兵士對於軍閥混戰的憎惡及其反抗的鬥爭和兵變，等等；（3）作家必須抓取蘇維埃運動，土地革命，蘇維埃治下的民眾生活，紅軍及工農群眾的英勇的戰鬥的偉大的題材；（4）作家必須描寫白色軍隊「剿共」的殺人放火，飛機轟炸，毒瓦斯，到處不留一雞一犬的大屠殺；（5）作家還必須描寫農村經濟的動搖和變化，描寫地主對於農民的剝削以及地主階級的崩潰，描寫民族資產階級的形成和沒落，描寫工人對於資本家的鬥爭，……只有這樣才是大眾的，現代中國無產階級革命文學所必須取用的題材。〔註15〕

這份「規定」「決議」，每一種題材都不離暴力，鬥爭，反抗，一系列的「必須」字樣以「武器的文學」觀（或「力的文學」觀）迫使作家務必成為配合現實鬥爭的文藝「戰士」與「先鋒」，作家的「詩人」身份必須服從於「戰士」身份，作家的「詩人」氣質必須服務於「戰士」精神。這樣苛刻的規定限制了作家的寫作自由與寫作深化，最後也不外乎是機械主義的、概念化、公式化、主觀化的文學「政策」，而非文學「理論」。

　　理論鬥爭、語言暴力、「武器的文學觀」這三方面體現出中日無產階級文學理論的深刻結緣，這種中日結緣關係是胡秋原、蘇汶等人的發現，但是他們都沒察覺中國左翼文壇的矛盾，就是「理論」與「創作」分離的現象。一是「文本」角度的理論與創作分離，即是說大談理論的諸家如郭沫若、李初梨、成仿吾等都沒有相應的創作，或者理論叫得響，創作卻音量微弱。郭沫若就曾反省中國文壇「說得天花亂墜，總要拿點實在的新貨出來看看」「創作力是異常的薄弱」「新人不行實在也沒有辦法」〔註16〕。韓侍桁也譏諷道：「他們有什麼革命文學的作品？……毫無歷史的根據，毫無有價值的作品，毫無一點影響，只憑空說空話，便是樹立了革命文學了麼？」〔註17〕梁實秋就更加大搖其頭：「無

〔註15〕　《中國無產階級革命的新任務——一九三一年十一月中國左翼作家聯盟執行委員會的決議》，《文學運動史料選》第二冊，上海教育出版社，1979年版，第241～242頁。

〔註16〕　麥克昂（郭沫若）：《桌子的跳舞》，《文學運動史料選》第二冊，上海教育出版社，1979年版，第102頁。

〔註17〕　侍桁：《評〈從文學革命到革命文學〉》，《文學運動史料選》第二冊，第112頁。

產文學的聲浪很高，艱澀難通的理論書也出了不少，但是我們要求給我們幾部無產文學的作品讀讀。我們不要看廣告，我們要看貨色。」「文學就沒有階級的區別，……近年來所謂的無產階級文學的運動，據我考查，在理論上尙不能成立，在實際上也並未成功。」〔註18〕就連茅盾也不無感歎：「主張是無可非議的，但表現於作品上時，卻也不免未能適如所期許。」〔註19〕

二是從本文的中心「文化影響」角度而言，中國左翼作家的「暴力敘事」與其說是受日本「尙武」文化理論薰染，不如說是受中國傳統文化「尙武」「暴力」歷史因子的浸潤，更準確地說是「在日本表象中回歸中國俠——士傳統」。換言之，「理論」是日本的，「創作」實踐是中國的。爲什麼這樣說呢？原因如下：

第一，中國左翼革命文學重要理論家幾乎都是留日學生，如郭沫若、成仿吾、李初梨、馮乃超、彭康、鄭伯奇、林伯修，就連未留日的錢可?也深受藏原惟人、厨川白村影響，但是他們幾乎都沒有從事有影響的「暴力敘事」創作，即使是郭沫若也主要在五四時期進行「暴力」呐喊，1928 年之後除了詩集《恢復》裏尙存幾首《我想起了陳勝吳廣》之類的詩歌，他的小說再也沒有出現類似《一隻手》這樣的「暴力」創作，他的戲劇亦然。而從事革命文學「暴力敘事」創作的作家絕大多數沒有留日的背景，主要是本土派作家，如洪靈菲、胡也頻、丁玲、戴平萬、葉紫、華漢、茅盾、魏金枝、歐陽山、洪深、張天翼、沙汀、蔣光慈等等。〔註20〕根據相關資料，有的統計數字說

〔註18〕 梁實秋：《文學是有階級性的嗎？》，《文學運動史料選》第三冊，第 52～56 頁。

〔註19〕 茅盾：《從牯嶺到東京》，《文學運動史料選》第二冊，上海教育出版社，1979 年，第 145 頁。

〔註20〕 蔣光慈只在 1929 年 8 月下旬至 11 月 15 日在日本短暫居留（養病）兩個多月，而且他不懂日語，例如他曾在 8 月 30 日的日記抱怨自己的「日本話簡直不會長進」，9 月 17 日的日記也記錄他「因爲語言不通的原故，我並沒有和他（一個日本新作家）交談」，10 月 13 日的日記責怪自己「到了日本而不將日文學會」（蔣光慈：《蔣光慈文集》第 2 卷第 431、451、474 頁，上海文藝出版社 1983 年版）從時間的短暫、語言的隔膜這兩點來看，他對日本「尙武」文化接受不多不深。即使是受蘇聯李別金斯基《一周間》影響的小說《短褲黨》，也只是取法其群像的人物塑造法，與《一周間·譯者後記》提到的李別金斯基讓讀者看到先鋒隊「規定革命的行動，研究革命的過程」，使得「革命……是一種科學」的意味殊異，其精神仍是他夫子自道的「崇拜俠客」（故他在《短褲黨·寫在本書的前面》中呐喊以「一枝禿筆當做我的武器」），在此邏輯下他取筆名爲「俠生」，甚至希望「自由的希臘——永留著千古的俠魂」（《我的心靈》）便順理成章。與之略爲相似的是當時留日派中少數進行暴力敘事創作

左聯正式盟員有 258 人，而根據姚辛的統計則有 400 餘人，大多數沒有留日背景。〔註 21〕從這個角度而言，中國革命文學「暴力敘事」可概括爲日本的理論闡釋，中國的實踐創作。

　　第二，爲什麼從晚清至民初近 20 年的日本「尚武」文化影響沒有被 30 年代的中國左翼作家深入到創作之中？因爲民國之後，清朝覆滅，但軍閥混戰，民不聊生，加上日本滅亡中國的「二十一條」以及後來的頻頻侵擾，使得國人對日本的「尚武」文化興趣銳減，這從五四的「暴力」敘事者主要是留日作家就可反向推斷之，此其一。而且如上所言，中國左翼革命文學理論家們的理論修養極大地強於創作能力，「暴力」理論遠遠超過「暴力」創作，他們甚至認同「第三階級不能感受第四階級的感情和思想，所以絕對不能表現第四階級」；〔註 22〕認爲「曾受過小資產階級的大學教育的我輩，是決不能作未來的無產階級的文學的」，〔註 23〕如此懷疑自己的無產階級文學創作才能

的作家，他們具有幾個特點：第一，或者由於作品技藝粗劣、構思平凡（如鄭伯奇），或者由於作者名不見經傳（如龔冰廬），所以其暴力敘事影響甚小。第二，其暴力敘事「並沒有『深刻地』思索革命問題及帝國主義政治、軍事、經濟侵略的歷史、現狀和後果問題」，只是他們心中積澱日久的排日反帝革命情緒的表現，（朱壽桐：《情緒：創造社的詩學宇宙》，上海文藝出版社，1991年版，第 350 頁。）他們留日時接觸的日本尚武文化只是激發這種革命情緒的契機，其精神本質仍是如上所言的中國的「俠——士」傳統。第三，其暴力敘事中的傳統「俠——士」風範都表現出逼上梁山、殺富濟貧、除暴安良等的「俠」心，與積極入世、急功近利、殺身成仁的「士」氣。例如段可情的《綁票匪的供狀》，龔冰廬的《礦山祭》、《炭礦夫》等都透露出因民不聊生、失敗淪落、淒苦無告、「死路一條」而逼上梁山的絕境反抗；而龔冰廬的《悲劇的武士》、《黎明之前》，鄭伯奇的《軌道》等都展示出殺富濟貧或除暴安良的特徵，例如龔冰廬的《黎明之前》寫青年工人倪洪德自發的革命情緒，他對爲富不仁、爲官不良的統治者深惡痛絕，充滿仇恨報復情緒：「你們的一切是我的……假使我要你死的話，那你就不得不死」「他是要向全人類復仇」，這種嫉惡如仇的復仇情緒更使他堅決認爲「革命就是暴動」。第四，這些暴力敘事創作也不過是生活比較優越的「關在玻璃窗內做文章」（魯迅語）的作家的「想像」之作，下文詳述，此不贅言。

〔註 21〕上海師範學院圖書館資料組：《「左聯」盟員名錄及部份盟員「左聯」時期。活動簡介》，《上海師範大學學報》（哲社版），1980 年版，第 1 期。；姚辛：《紅色勁旅之歌——左聯小史（二）》，《黨史文彙》，2007 年版，第 4 期。

〔註 22〕鄭伯奇：《國民文學論》，轉引自方長安《選擇·接受·轉化——晚清至 20 世紀 30 年代初中國文學流變與日本文學關係》，武漢大學出版社，2003 年版，第 293 頁。

〔註 23〕郁達夫：《對於社會的態度》，《郁達夫全集》第 10 卷，浙江大學出版社，2007 年版，第 446 頁。

與資格，更不用說進行革命「暴力敘事」了。既然留日的諸家不進行「暴力敘事」，日本的「尚武」文化又如何深入革命文學創作之中呢？此其二。

第三，再回到那些本土派作家那裏。為什麼說他們的「暴力敘事」沒有接受日本「尚武」文化、革命文學的薰染呢？原因在於：一、他們沒有留日，或沒有長期居於日本，不能長期直接感受日本「尚武」文化。二、他們不懂日語，不能直接閱讀日本革命「暴力敘事」作品。三、日本革命文學翻譯過來時，他們早就或同時開始革命文學的「暴力敘事」。（見下表）四、而且中日無產階級革命文學內容、形式皆不同。例如日本革命文學作品受藏原惟人的「新寫實主義」理論和日本「尚武」傳統影響，更注重「苦悶的力」，如阿英在《現代日本文藝的考察》中提到的《壓迫》、《難堪的苦悶》、《平地風波》、《無產階級者》等等作品；或者注重「反抗的合理性」（「反抗的力」），如金子洋文的《銃火》、片岡鐵兵的《綾裏村翻身記》、葉山嘉樹的《賣淫婦》、小林多喜二的《蟹工船》等等。就拿《蟹工船》而言，它寫了蟹工船上工人極受壓榨的黑暗生活，工人們因階級覺醒而反抗（怠工、罷工），最後「帝國軍艦」將工人代表們押走。可以說，這部日本無產階級文學的傑出作品，雖然寫了集體力量集體反抗，寫了毆辱監督，但與中國不同的是它並沒有在「苦悶的力」「反抗的力」之外進行大肆的暴力宣泄暴力狂歡，如蔣光慈《最後的微笑》、《咆哮了的土地》、華漢《暗夜》、葉紫《火》、胡也頻《光明在我們的前面》、洪靈菲《流亡》等等作品或渲染暴力，或在想像中行使暴力，或推崇殺人合理的「暴力理學」，具有中國傳統的造反情緒和泄憤心態，而這正是中日革命文學「暴力敘事」的區別所在。阿英（錢杏邨）之所以對「鬨動了日本文壇的這《蟹工船》，是不是已經有了非常巨大的成就的小說呢？」答覆為「不是最成就的」﹝註24﹞，應該說與該作「暴力渲染」的缺乏大概相關。

正是由於以上幾點原因，方長安研究中日現代文學關係的《選擇・接受・轉化》一書及同類論著在論述中日無產階級文學關係時，也只提到日本無產階級文學理論對中國革命文學理論的影響，但對日本理論對中國作品的影響，日本作品對中國作品的影響，隻字不提；再加上以上第二大點原因所言的興趣大減，可見中國左翼革命文學「暴力敘事」的精神資源並非日本，而是中國「尚武」的「俠——士」傳統、「暴力」文化，如行俠仗義、舍生取義、除暴安良、不忘家國的「俠士」文化、「正義」暴力，「捨得一身剮，敢把皇

﹝註24﹞阿英：《阿英全集》第 1 卷，安徽教育出版社，2003 年版，第 498 頁。

帝拉下馬」，「逼上梁山」，「王侯將相，寧有種乎」的草莽文化、野性暴力，「君子報仇，十年不晚」「殺一儆百」「笑裏藏刀」的權謀文化、陰險暴力，以及「以殘酷爲樂」，「血債血償」的生命文化、暴力欣賞（崇尚）。綜上所述，中國左翼文學「暴力敘事」是日本表象下的中國實踐與中國傳統的體現，而所謂「日本表象」並非說日本「尙武」文化理論對左翼作品沒有影響，而是影響只是表層的，不深入，不是重要精神資源。

表格：日本無產階級文學理論、作品的中譯情況與中國左翼革命文學創作情況表（本表據多種日本近現代文學史、中國現代文學詞典、作家全集文集、中譯日籍、《選擇‧接受‧轉化》（方長安著）等製作）

時間	日本無產階級 文學理論中譯情況	日本無產階級 文學作品中譯情況	中國革命文學創作（小說）情況
1927	升曙夢的《現代文學十二講》（汪馥泉譯），《新俄的無產階級文學》（畫室即馮雪峰譯），由北新書局出版		蔣光慈《短褲黨》《菊芬》，黎錦明《塵影》
1928	平林初之輔《文學之社會學的研究》（方光燾譯），青野季吉《藝術簡論》（陳望道譯）由上海大江書鋪出版。青野季吉《觀念形態論》（若俊譯）由南強書店出版。藏原惟人《到新寫實主義之路》（林伯修譯）發表於《太陽月刊》停刊號。	金子洋文的《地獄》（沈端先譯）由春野書店出版。	蔣光慈《最後的微笑》、洪靈菲《前綫》《轉變》《流亡》，華漢《暗夜》《馬林英》，葉聖陶《倪煥之》，戴平萬《獻給偉大的革命》《出路》
1929	北新書局出版了魯迅的《壁下譯叢》，內收片上伸的《階級藝術的問題》、《「否定」的文學》，金子築水《新時代與文藝》，青野季吉的《藝術的革命與革命的藝術》，《關於知識階級》，《現代文學的十大缺陷》。韓侍桁輯譯的《近代日本文藝論集》，內收平林初之輔的《民眾藝術之理論與實際》，《第四階級之文學》，林癸未夫的《文學上之個人性與階級性》。大江書鋪還出版了平林初之輔的《文學及藝術之技術的革命》（陳望道譯）	陳勺水譯的《日本新寫實派代表杰作集》由樂群書局出版，內收《毆打》（平林泰子），《泛濫》（黑島傳治），《船狗「迦茵」》（葉山嘉樹），《豪雨》（立野信之），《發端》（橋本英吉），《跨過死屍》（太田千鶴夫），《佃戶的狗和地主的狗》（葉山嘉樹），《第一聲》（青柳信雄）。沈端先譯《在施療室》（平林泰子短篇集），沈端先譯日本新寫	蔣光慈《衝出雲圍的月亮》，胡也頻《到莫斯科去》，茅盾《虹》，戴平萬《流浪人》，魏金枝《奶媽》，柔石《二月》

時間	日本無產階級 文學理論中譯情況	日本無產階級 文學作品中譯情況	中國革命文學創 作（小說）情況
		實主義作品集《初春的風》，內收《銃火》（金子洋文），《拋棄》（平林泰子），《初春的風》（中野重治），《印度的鞋子》（葉山嘉樹），《油印機的奇迹》（林房雄），大江書鋪出版	
1930	上海現代書局出版了《新興藝術概論》（馮憲章譯），內收藏原惟人的《意識形態論》，青野季吉《新興藝術概論》，山田清三郎《新興藝術運動理論》，金子洋文《新興大眾文學論》，小林多喜二的《新興文學的大眾化與新寫實主義》。現代書局還出版了藏原惟人的《新寫實主義論文集》（之本譯）。上海星星書店出版了《新興藝術概論》（王集叢譯），收有青野季吉的《普羅列塔利亞藝術概論》，藏原惟人的《觀念形態論》等。	現代書局刊印了《葉山嘉樹選集》（馮憲章譯），內收《沒有勞動者的船》，《賣淫婦》，《印度鞋》，《坑夫的兒子》，《士敏桶中的信》，《港街的女人》，《苦門》；還出版了德永直的《沒有太陽的街》，（何鳴心譯）。小林多喜二《蟹工船》（潘念之譯）。	蔣光慈《咆哮了的土地》，洪靈菲《大海》，丁玲《一九三０年春上海》，胡也頻《光明在我們的前面》，茅盾《路》《豹子頭林冲》，《大澤鄉》，戴平萬《陸阿六》《村中的早晨》，華漢《兵變》，《地泉》三部曲。
1931			丁玲《水》，胡也頻《同居》，歐陽山《竹尺與鐵錘》，張天翼《二十一個》。
1932			華漢《義勇軍》，王統照《山雨》，茅盾《春蠶》。
1933		上海光華書局出版了佐多稻子的《祈禱》	丁玲《奔》，葉紫《豐收》《火》《電網外》《鄉導》，茅盾《秋收》《殘冬》，魏金枝《白旗手》，葉聖陶《多收了三五斗》，艾蕪《咆哮了的許家屯》

時間	日本無產階級 文學理論中譯情況	日本無產階級 文學作品中譯情況	中國革命文學創 作（小說）情況
1934	上海樂華圖書公司出版了《社會文藝概論》（胡行之譯），內收藏原惟人的《生活組織的藝術論》，橋本英吉的《普羅文學與形式》，加藤一夫的《社會文藝概論》，本間久雄的《莫斯科底民眾藝術論》。	上海現代書局印行了《中野重治集》（尹庚譯）。	葉紫《楊七公公過年》，歐陽山《七年忌》，吳組緗《一千八百擔》。
1935		商務印書館出版《日本短篇小說集》（高汝鴻譯），內收藤森成吉《一位體操教員之死》《陽傘》、小林多喜二《「替市民」！》、德永直《「抹殺」不了的情景》、林房雄《鐵窗之花》、豐島與志雄《工人之子》等作品	

二

　　說中國左翼文學「暴力敘事」是日本表象下的中國實踐與中國傳統的體現，只是說日本「尚武」文化並非左翼「暴力敘事」的重要資源，但並不否定左翼革命文學作品的「暴力」崇尚特徵，而這正是左翼文學的重要審美形態：或對「革命」極度推崇，或對「暴力」極盡渲染之能事。但是由於左翼作家群體幾乎都沒有實際革命經驗，所以他們筆下的革命文學，差不多都是些「暴力敘事」的藝術想像。

　　為何有此說法？其一是左翼文學作者絕大多數都缺乏實際的革命鬥爭經驗，大多做的是宣傳、教育、文學創作工作，更說不上進行「暴力」抗爭了。「五四」後期，新文學作家的人文思想啟蒙激情遭遇了一個無情的現實，就是百呼一應甚至百呼不應，啟蒙無形中失去了應有的效應，甚至失去了對象，啟蒙處於一種寂寞悲涼苦悶的「荒原」狀態。這樣毫無邊際的寂寞「荒原」急需一種強烈甚至強暴的刺激將其打破，並爆發出一種高強度的聲音成為新的指路明燈，如此，極具刺激性的暴力革命與暴力啟蒙，便順理成章地凸顯出來。換言之，苦悶之頂後，就是力量爆發，棄文尚武。

然而，作家苦悶之後，爆發是爆發了，但是就像 1940 年代作家下鄉者多，入伍者少一樣，1927 年前後，中國作家雖然大喊革命，無論是大革命（國民革命）還是無產階級革命，但也是吶喊者多，寫作者多，啓蒙者多，實戰、革命者少。畢竟，「棄文尚武」並非都是眞刀眞槍去進行武力戰鬥，鼓吹革命也是尚武的表現，前者是實踐形態，後者是思想形態。

這裏的暴力革命與暴力啓蒙分為幾種情況。

第一種情況是作家投身實際的戰鬥或者實際的革命鬥爭。

當時能夠「執兵流血」的作家不多。例如丘東平 1926 年任海豐縣農民自衛軍大隊秘書，1927 年參加武裝起義並加入共產黨，建立蘇維埃政權後任東江特委書記彭湃的秘書。1932 年初，到十九路軍翁照垣旅當文書，參加了上海「一・二八」戰役和後來的福建倒戈反蔣事件。1937 年隨葉挺到新四軍軍部戰地服務團工作，後隨陳毅轉戰於江南敵後，任政治部敵工科長兼陳毅的對外秘書。1941 年 7 月 24 日在北秦莊遭日軍襲擊，丘東平在掩護教師和學員衝出火力網時，以身殉國。又如陽翰笙 1927 年參加「南昌起義」，在葉挺指揮的第十一軍二十四師任黨代表，後任起義軍總政治部秘書長；並以此經歷創作了《馬林英》等小說。又例如孫席珍 1926 年後隨林伯渠參加大革命（北伐），擔任連、營政治指導員和團政治助理；1927 年他被調到第三軍政治部當科長，參加南昌起義；著有相關中篇小說《戰爭中》、《戰後》、《戰場上》。再如葉永蓁在 1926 年夏入黃埔軍校，入伍不久，就以學生軍的編制，從廣州出發去北伐，他這批學生軍在改道向南昌挺進的途中與孫傳芳主力激戰五晝夜，攻下南昌；於 1927 年 12 月調回武漢，並參加了反對英帝國主義的群眾運動；並於 1929 年 8 月發表了與此經歷相關的小說《小小十年》。而謝冰瑩於 1926 年冬考入武漢中央軍事政治學校（黃埔軍校前身），經過短期訓練，便開往北伐前線汀泗橋與敵人惡戰。她的《從軍日記》就是在戰地寫成的。

這些作家雖然在思想苦悶中參加了實際戰鬥與革命，但除了陽翰笙（華漢）在革命文學中略有影響（但其革命一蹴而就的幼稚思想被批判清算），其他作家在啓蒙思潮轉型期的名氣和影響都很有限。

第二種情況是基本沒有參加實際的暴力革命戰爭或鬥爭，但是景仰革命。

當時也有的作家參加了相關戰爭和革命，但是主要做宣傳工作，沒有實戰經驗，如郭沫若和茅盾，因此他們與前述作家相比，都缺乏敘述實戰的文學作品，只是鼓吹革命宣揚革命。當時革命文學的理論家幾乎都沒有從事實

際的暴力革命鬥爭，如茅盾、馮雪峰、胡風、周揚、錢杏邨、成仿吾、李初梨、馮乃超、鄭伯奇、彭康、朱鏡我等等。當時的革命文學作家也一樣，影響較大的如蔣光慈在上海大學任教，因不願參加飛行集會、示威遊行等「左傾」冒險主義活動（更不用說去暴力行動了），遭開除黨籍處分。〔註25〕胡也頻「沒有參加革命行動」；〔註26〕其實包括胡也頻在內的「左聯五烈士」雖是共產黨，但都沒有參加實際的暴力革命行動（只有殷夫參加組織過工人遊行）。丁玲自己基本上只是一個作家。茅盾在北伐時任漢口《民國日報》的總主筆。葉紫也沒有參加農會鬥爭，倒是他在農會工作的父親和二姐在湖南益陽被殺頭，以身殉革命，這成為他「永遠不能治療的創痕」，也是他暴力創作的資源與動力。〔註27〕洪靈菲、戴平萬在海外部做宣傳工作，聞南昌起義消息後從暹羅（泰國）回國，在潮汕未遇賀龍的革命隊伍，也幸未遭逢國民黨反動派軍隊，便匆匆返鄉，後到上海任教，寫作。〔註28〕

但是這些左翼革命文學作家們雖然年紀輕輕，但都被革命思潮所感染，景仰革命，同時也不能不說是在青春激情與時代苦悶中尋求宣泄的表現。

既然缺乏實際戰鬥暴力革命的經驗或機會，那麼轉向暴力啟蒙、鼓吹革命的革命文學創作（棄文尚武的思想形態）就成為絕大多數作家的選擇，這就是第三種情況。

正因革命文學家普遍缺乏實際的革命經驗，沈從文曾譏之為「青年美貌唇紅齒白的革命文學家」〔註29〕。魯迅曾經指出左翼作家的兩個缺點一是「不和實際的社會鬥爭接觸，單關在玻璃窗內做文章，研究問題」，二是「不明白革命的實際情形」，將革命表現得「有趣」「浪漫」，而且只重視「破壞」，不重視「建設」。（《對於左翼作家聯盟的意見》）

既然左翼作家缺乏實際的革命暴力鬥爭經驗，那麼是什麼促使他們進行推崇革命、鼓吹暴力的「暴力敘事」呢？一方面，宋劍華先生曾以大量翔實的資料證明大多數家庭條件不錯的中國現代進步作家，是出於「動蕩的社會、叛逆的個性、理想的誘惑這三種因素的合力」，被風起雲湧的革命思潮所感染，造就了中國現代文學「積極參與現實革命的戰鬥品格」，同時也造就了中

〔註25〕《蔣光慈文集》第1卷「前言」，上海文藝出版社，1983年版。
〔註26〕丁玲：《胡也頻》，《胡也頻選集》上冊，福建人民出版社，1981年版。
〔註27〕葉紫：《葉紫文集》上冊，湖南人民出版社，1983年版，第16頁。
〔註28〕秦靜：《憶洪靈菲烈士》，洪靈菲《大海》，花城出版社，1984年版。
〔註29〕《沈從文全集》第3卷，北嶽文藝出版社，2002年版，第438頁。

國現代革命作家「『詩人』與『戰士』的雙重身份」。「當年輕的現代作家將他
們的青春激情，完全融入到那個充滿著浪漫主義詩意的火熱鬥爭年代時，他
們的文學創作也就必然會洋溢著強烈的主觀戰鬥精神」。〔註30〕在這裏，本人
更關注「青春激情」這一點。正如五四作家和左翼文學理論家們十多二十歲
左右就留學日本，深受日本「尚武」文化薰陶一樣，左翼革命文學作家們也
是在十多二十歲左右血氣方剛的年紀被革命思潮所感染，景仰革命：如 18 歲
的蔣光慈、15 歲的殷夫、16 歲的葉紫、16 歲的艾青、18 歲的陳白塵、21 歲
的戴平萬、22 歲的洪靈菲、23 歲的歐陽山、16 歲的丁玲，小小年紀就對革命
表示了極大的熱情與嚮往。而且，當左翼作家開始革命文學創作時，絕大多
數都是 20 出頭的青年，如 26 歲的蔣光慈創作了《短褲黨》，26 歲的洪靈菲創
作了《前線》，25 歲的戴平萬創作了《獻給偉大的革命》，26 歲的胡也頻創作
了《到莫斯科去》，26 歲的丁玲創作了《韋護》《一九三 0 年春上海》（27 歲
時創作《水》），23 歲的葉紫創作了《豐收》《火》，26 歲的華漢創作了《暗夜》、
《女囚》，23 歲的歐陽山創作了《竹尺與鐵錘》，22 歲的黎錦明創作了《塵影》，
等等。而另一方面則是中國傳統的經世致用、反抗專制的思想影響。這不能
不提具有同樣思想的瞿秋白的作用，這與其風華正茂領袖地位不無關係：他
28 歲就開始主持中央政治局，極大地影響左翼青年作家的「青年人改造世界」
的革命信念；與其暴動政策不無關係：1927 年 7 月～1928 年 5 月，在瞿秋白
主持中央政治局的近一年期間，發生了南昌暴動，廣州暴動，以及秋收暴動，
他的《中國革命中之爭論問題》更是重視農民問題和小資產階級問題，主張
無產階級應當取得革命軍隊的領導權，發展工農武裝，只是他也只發表一般
政治主張，對軍事放權，這種以文尚武的態度對缺乏實際暴力鬥爭經驗的左
翼作家不能說毫無作用；也與其文藝思想不無關係：他領導左翼文學運動，
注重文學表現時代精神、階級性，他在《文藝的自由與文學家的不自由》中
認爲文學是政治的留聲機，階級鬥爭是社會生活的實質，他在《魯迅雜感選
集・序言》裏也認爲魯迅思想從進化論發展成階級論，變成無產階級戰士，
換言之是「詩人」與「戰士」的結合。這些文藝思想對左翼暴力敘事是有著
較大影響的。故此，瞿秋白在上海時期（1927～1934）也是中國左翼文學運
動發展的高峰期，這似乎不是巧合能夠解釋清楚的，至少不能說瞿秋白對左

〔註30〕宋劍華：《百年文學與主流意識形態》，湖南教育出版社，2002 年版，第 277
～278 頁。

翼暴力敘事毫無影響。正是對革命的嚮往熱情、積極入世反抗專制的心態，加上年輕人血氣方剛、思想激動、躁動不安的青春激情使得左翼作家的革命文學「暴力敘事」能夠取得「暴」風驟雨、「力」氣狂猛的效果。此其二。

　　其三，中國左翼作家對中國工農階級缺乏深入調查，大致憑主觀想像進行革命文學創作。按注重於鄉村調查的梁漱溟的《中國文化要義》一書，一直到 1937 年上半年，中國農村土地可以自由買賣，而且土地集中壟斷的情況很不明顯，據他和其他社會調查專家的調查，中國北方農民百分之九十以上都是自耕農，都有地，無地者占百分之十以內，有地一百畝以上者占百分之二，三百畝以上者占千分之一二；而南方佃戶雖然比北方相對多些，但仍很少出現土地集中壟斷的情況。所以南北折中起來，得出結論，土地集中壟斷之情況不著，有土地的人頗占多數。所以農民和地主的對抗情況亦不顯著。就工商業而言，一方面沒有經過產業革命，生產集中資本集中之*趨勢*不著；另一方面循著遺產諸子均分之習俗，資本縱有積蓄，旋即分散，所以像英國等西方國家資本集中在百分之四的人手中，造成近代工業社會勞資兩階級之對立者，也談不上，至少不明顯；再一方面，中國獨立生產者大量存在，與英國等西方國家百分之九十為工資勞動者的情況相距甚遠，也無所謂顯著的勞資對立。〔註31〕而在政治上，戰國以後階級性漸失，士農工商非為階級之對立，只是職業的分途。在政治上統治被統治之兩面沒有形成，與其經濟上剝削被剝削之兩面沒有形成，恰相一致，證明中國階級之不存。（但有惡的統治者、剝削者）梁漱溟的分析雖不無偏頗，但其中大致包含幾分道理。而按照有的著名漢學家的研究，中國北方占人口 33％的中農和富農佔有土地 61％，占人口 5％的地主佔有土地 12％，占人口 62％的貧農佔有土地 27％；中國南方人口 26％的中農和富農佔有土地 37％，占人口 3％的地主佔有土地 47％，占人口 71％的貧農佔有土地 16％；但是貧農的反抗並非因為階級革命信念，而是因為土地承受的人口壓力過大以致生存受束縛，「當土地與勞力供給分配平均時，雙方互表親善，地主與農民之間的關係調節成功，但如果人口施於土地的壓力過重，社會關係就會變糟。……當平衡根本不利於他們時，農民發現他習慣的、對自己有利的工具（與地主關係和諧等）束縛了他的生存。之後，敵意引發戰鬥，鋤頭變為武器，富人的別墅被燒為平地。然而，一旦這種平衡恢復，生產率超過人口增長，農民便滑回他們最熟悉的人際關

〔註31〕梁漱溟：《中國文化要義》，上海人民出版社，2005 年出版，第 130～139 頁。

係，重新開始鄉村日常生活。」也是因爲「卑微的個人怨恨被放大爲反對大地主的集體怨恨」。〔註32〕故此，結合上述梁漱溟的分析，從這個角度重審中國左翼作家的革命「暴力敘事」，可以推斷其「革命」並非「階級革命」，而是立足於貧富善惡的「道德革命」，其「暴力」也並非「階級暴力」，而是立足於劫富濟貧、嫉惡如仇、除暴安良、聚眾反抗以及一直至今的「仇富」「仇官」的傳統文化心理的「罰惡暴力」。（或者更嚴格地說，「階級」意味著被置於「道德」意味的籠罩之下的）也正是從這個角度，可以推斷中國左翼作家的革命「暴力敘事」是缺乏調查的藝術想像，是本土派作家以傳統文化心理對革命理論與實踐的一種回應、虛構或強化。【更詳細地說，眾所周知，中國現代政治革命的主體是農民而非工人，農民並非無產階級，因爲馬克思始終認爲現代產業工人，由於被徹底剝奪了生產資料與生產工具，所以他們才是眞正意義上的「無產階級」，是資本主義的「掘墓人」和社會主義的「建設者」。馬克思對於農民的態度則顯然是十分悲觀的，他在《共產黨宣言》中不僅視農民爲「保守」，甚至還認爲他們的思想「是反動的」。〔註33〕原因就在於「小農人數眾多，他們的生活條件相同……他們的生產方式不是使他們互相交往，而是使他們互相隔離」，故馬克思反覆強調農民如同散沙而「沒有形成一個階級。」〔註34〕中國現代社會的政治革命，是「在缺少無產階級基礎的情況下使這項事業獲得成功」的。〔註35〕正是鑒於中國社會的階級性不強以及階級性對抗的不顯著，就面臨著一個如何將「沒有形成一個階級」的農民階級化、革命化的問題。毛澤東早在中國現代革命的初期階段，就創造性地提出了「農業無產階級」的獨特概念，〔註36〕他將富有農民與貧苦農民劃分爲兩大階級利益集團，〔註37〕進而根據「窮則思變」的邏輯推論，〔註38〕理所當然地賦予了農民以「階級性」和「革命性」。〔註39〕但是無論如何，這只是

〔註32〕〔美〕魏菲德著、鄧軍譯：《中華帝制的衰落》，黃山書社，2010年版，第15～18頁。
〔註33〕《馬克思恩格斯選集》第1卷，人民出版社，1972年版，第261頁。
〔註34〕《馬克思恩格斯全集》第8卷，人民出版社，1960年版，第217頁。
〔註35〕詹姆斯‧R‧湯森、布蘭特利‧沃馬克合著：《中國政治》，江蘇人民出版社，2005年版，第59頁。
〔註36〕毛澤東：《中國社會各階級的分析》，《中國農民》第2期，1926年2月1日。
〔註37〕《毛澤東選集》第7卷，人民出版社，1999年版，第132頁。
〔註38〕《建國以來毛澤東文稿》第7冊，中央文獻出版社，1998年版，第178頁。
〔註39〕宋劍華：《紅旗譜：非農民本色的革命傳奇》，《福建論壇》（人文社科版），2009

被強化的邏輯推斷，並非事實，事實依舊是中國階級性不強，階級對抗不顯著。〕

那麼，主要作爲想像的中國左翼作家的革命「暴力敘事」是如何展開的呢？

首先，他們從社會階級分析入手，爲革命文學的「暴力敘事」製造社會輿論：如蔣光慈在《少年飄泊者》中指出：「現世界爲獸的世界，吃人的世界，⋯⋯獸類的生活，恐怕黑暗的程度還不及人類啊！」葉紫也在痛罵：「世界整個兒都是吃人的！」（《火》）「你們吃人不吐骨了啦！」（《電網外》）「四面都是那一些吃人不吐骨子的魔王。」（《鄉導》）「這世界全都是吃人的！」（《夜哨線》）其他如胡也頻的《黑骨頭》、《四星期》、《一個時代》、《海天無限》，洪靈菲的《氣力出賣者》、《在洪流中》、《大海》、《家信》等等作品，也都集中揭露了舊社會黑暗殘忍的「吃人」本質。

這種「吃人」本質一方面體現爲「壓迫剝削」：勞苦大眾的地位「已經和牛馬一樣，做著牛馬的工作，吃著牛馬的食物，受著牛馬的待遇。」〔註40〕洪靈菲在《大海》裏將這種「牛馬」的生活刻畫得淋漓盡致：裕喜叔因爲欠了地主清閒爺的穀租，被「弔佃」，空有牛馬的精力而無用武之地，開始「羨慕起牛馬來了」，貧窮讓他把兒子一個個出賣，變成一隻「食肉獸」；雞卵兄空有「狀元才」，因爲貧窮多了，繼承著他的父親遺留給他的地位，「佃農的地位，牛馬的地位」；而剝削壓迫人的社會制度「像一架奇怪的機器一樣，這機器在農村間可以剝削農民的膏脂，在城市上同樣地可以抽吸著工人的骨髓。」總之，「在這樣的制度下面，無產者們到處是走投無路的。」不僅「佃農們照例是應該過著悲慘的生活的，他們工作的結果，只建樹了田主的幸福」，〔註41〕連自耕農的生活也好不到那裏去，例如王統照《山雨》裏的各種災難：預徵錢糧，強派學款，過境的敗兵騷擾等等，使得奚大有「靠地吃飯」的幻想被打破。只是在作家的「階級苦難」敘事中，反而流露出一種「反階級」的色彩。例如裕喜叔和雞卵兄如果不是「多子」，會否一貧如洗？洪靈菲小說中充溢著分明是一種「劫富濟貧」的傳統思想，而不是理想的「階級仇恨」。而《山雨》中的時代「不比以前」，恰恰證明從前的生活還是可以的，

年，第 3 期。

〔註40〕洪靈菲：《洪靈菲小說精品》，中國文聯出版公司，1997 年版，第 375 頁。

〔註41〕洪靈菲：《大海》，花城出版社，1984 年版，第 214～215 頁。

而現在生活一落千丈是官府各種苛捐雜稅勞役造成的，如此勢必導致老百姓「官逼民反，民不得不反」的傳統「造反」之路。這就表明作家筆下的革命暴力是「罰惡」的「道德革命」而不是「階級革命」。

另一方面，社會的「吃人」本質體現爲「濫殺無辜」。在「刀槍因殺人而顯貴，法律乃權威之奴隸，淨地變了屠場，但人屍難與豬羊比價」〔註42〕的時代，其「吃人」特性顯露無遺：在農村，農民的「生命完全懸在田主爺手裏。他們對於我們實在操有生殺之權呢！」而在城市，「城市上的資本家的面孔是比鄉村間債主和田主更加可怕的」。他們以賤價購買「我們」工人的氣力，「倘使大家都一道地不幹，他們便會說這是罷工，抓到官廳去，便是槍斃！」（第 324～326 頁）無論城鄉，窮人都很難逃脫被殺的命運，「眞不知現在是怎樣的天年！眞是殺人如截蔥切蒜。殺！殺！殺！動輒就殺！……這夠多麼殘忍」（第 395 頁）在這種「濫殺無辜」草菅人命的武力壓制之下，「凡是被地主和官廳剝削得太厲害，敢於起來說幾句話或者表示反對的便會被叫做土匪或農匪」「被拿去砍頭和『打靶』」。（第 282 頁）〔註43〕更令人髮指的是虐殺：「一個：七刀，腦袋兒不知道落到哪裏去了。肚子上還被鑿了一個大大的窟窿，腸子根根都拖在地上。……一個三刀，一個手腳四肢全被砍斷了。滿地都是赤紅的鮮血。」〔註44〕甚而至之殺了人還要收監禁費、刀手費，結果將被殺者的家屬逼瘋逼死。（葉紫《刀手費》）統治階級這種天理難容、慘絕人寰的「吃人」本質，恰恰爲革命文學「暴力敘事」製造社會輿論，證明暴力抗爭暴力革命的必然性以及「箭在弦上，不得不發」的迫切性。

其次，他們強調啓蒙主體的思想與地位轉換，爲革命文學的「暴力敘事」增加政治色彩與戰鬥力量。如胡也頻在《到莫斯科去》與《光明在我們的前面》中，讓施洵白對素裳，劉希堅對白華去進行征服與改造；這兩部小說都帶有「完成一種革命，象徵服一個異性」〔註45〕的意味。出身富裕之家的小資產階級知識分子素裳對十三歲就在布店打工，度過三年非人的學徒生活的無產階級知識分子施洵白一見傾心，而傾向於馬克思主義的施洵白更將素裳的人道主義思想引向無產階級集體主義革命理念，成爲引導素裳「走向光明

〔註42〕胡也頻：《胡也頻選集》上冊，福建人民出版社，1981 年版，第 160 頁。
〔註43〕以上均見洪靈菲：《洪靈菲小說精品》，中國文聯出版公司，1997 年版。
〔註44〕葉紫：《葉紫文集》上卷，湖南人民出版社，1983 年版，第 196 頁。
〔註45〕胡也頻：《胡也頻選集》下冊，福建人民出版社，1981 年版，第 576 頁。

的人」，使她「把舊的一切完全棄掉了」，思想發生了一個「最大——也是唯
一」的「轉變」，從此，生活變得「有意義」，並認識到「在這時代中，……
除了資產階級的人們張著眼睛做夢……一切人——不必是身受幾重壓迫的
人，都應該踏著血路——也就是充滿著犧牲者的路——來完成吃人社會的破
壞。」〔註46〕而在《光明在我們的前面》中，原來信仰過無政府主義的劉希
堅自從信奉社會主義之後，儼然成為全書的思想導師，他以凌厲而持久的思
想攻勢，使得小資產階級女性白華的無政府主義、個人主義在他的無產階級
革命理念面前（以及事實教訓面前）潰不成軍繳械投降，這種「紅色的信仰」
令她感受到「紅色的瘋狂」「紅色的快樂」，「革命的紅色」，並理性認識到「在
群眾裏面才真的看見到革命的情緒」「革命應該有很好的實際行動，不是口
上的清談」。而劉希堅對白華的思想勝利，不是個人的勝利，而是「共產主
義的勝利」。兩部小說都有一個共同點，即是原來作為啟蒙者的資產階級知
識分子成為了被啟蒙者，他們由「人」的意識轉向「群」的意識。資產階級
的思想轉變旨歸在於「踏著血路」「破壞」「實際行動」的暴力革命；或者如
有的學者所說，「那些小資產階級出身的知識分子，只能通過無產階級知識
分子對其進行徹底的思想改造，他們才有可能真正融入到工農大眾的革命陣
營。」〔註47〕

　　然而革命要求於啟蒙精英知識分子的，不僅是思想的改造，還有身份地
位的轉換。如洪靈菲《蛋殼》將這種身份轉換的徹底性表現得淋漓盡致，鑒
於知識精英過的是「蛋黃的生活」，而無產階級過的是「蛋殼以外的生活」，「永
遠受不到保護」，思想轉變後的知識分子（P）強烈表示「我要把這蛋殼全部
打破，我要撕去了這重不應有的厚衣，我要走到他們中間去，我要做他們中
間的一員。」「我要更深刻地瞭解著他們，所以，我應該和他們過著同樣的生
活。總而言之，我要撕破我的西裝，我要焚毀我的大衣，我要克服我全部的
小資產階級的脾氣。我要無條件地走到他們中間去過著人家的鞋底下面的生
活。我要使他們見著我的時候，叫著我一聲喂，喂，你這樣，你那樣，而不
是向著我表示著懷疑而驚懼的神色叫著我，先生。我要使他們承認我是他們
中間的一個兄弟，一個缺乏經驗，缺乏教訓，缺乏戰鬥的勇氣的年輕的兄弟，
而不是要使他們驚詫著我是一個特殊的人物，是一個了不得的先知先覺的先

〔註46〕胡也頻：《到莫斯科去》，《胡也頻選集》下冊，第754頁。
〔註47〕宋劍華：《前瞻性理念》，文化藝術出版社，2005年版，第145頁。

生。……大部分的事情，我還是需要他們的教導，需要他們指示，甚至需要他們的叱責和告誡啊！」這種身份轉換與其說是「主觀上的要求，無寧說是一種客觀上的必要」。﹝註48﹞這種身份轉換的欲望將生活的同一（鞋底下面的生活）、身份的同一（他們中間的一員）、感情的同一（將「先生」轉換爲「兄弟」）融合在一起，但內中卻深藏著一種自輕自賤，從「先生」轉換爲「兄弟」之後更自願轉變爲「學生」，五四時期知識分子精英的那種教化世人，「做大眾的先生」的啓蒙主體身份在此轉換爲「做大眾的學生」的被啓蒙的對象。（若追溯之，這種啓蒙精英在大眾面前的自輕自賤在魯迅 1920 年創作小說《一件小事》裏就深有體現，當車夫扶著老女人走向巡警分駐所時，「我這時突然感到一種異樣的感覺，覺得他滿身灰塵的後影，剎時高大了，而且愈走愈大，須仰視才見。而且他對於我，漸漸的又幾乎變成一種威壓，甚而至於要榨出皮袍下面藏著的『小』來。」這件小事「教我慚愧，催我自新，並且增長我的勇氣和希望。」（魯迅《一件小事》）換言之，車夫（大眾）使「我」（知識分子）既感到自輕自賤、人格渺小（精神威壓），又得到教益（自新，增長勇氣和希望），在一定程度上是「我」的「先生」（教師）。因而我們可以推斷，魯迅《一件小事》對 30 年代的知識分子在身份轉換過程中的「精神自虐」現象是一種啓發，對毛澤東的「做工農兵的學生」的言論也未嘗不是一種影響因素）。

然而知識精英啓蒙主體的身份轉換卻並非如洪靈菲敘述的那樣輕鬆痛快，一蹴而就，它更多地帶著（或是人爲地強化的）一種「煉獄」意識，身份轉換過程本身就被賦予了「精神自虐」的暴力傾向。如蔣光慈《咆哮了的土地》（1930・3～11 寫作完稿）就是很好的例子。本來李杰參加學生運動，與富有的家庭決裂，投考黃埔軍校，捲入革命浪潮，「他久已不是一個學生，而是一個穿著灰軍服的兵士。他更久已不是一個少爺，而是一個堅毅的戰士。對於他，久已沒有了家庭，沒有了個人的幸福，有的只是革命的事業」。這一種經歷豐富的革命戰士身份本應讓他自豪，但與無家無業無親無戚（第二章「他不但沒有房屋，沒有天地，以及其它什麼財產，而且連一個親人也都沒有了」）的農民出身的張進德相比，他馬上感到一種出身富有地主家庭的身份「原罪」，產生一種無法消除的卑賤心理。（第二十六章「這討厭的過去啊！

﹝註48﹞洪靈菲：《洪靈菲小說精品》，中國文聯出版公司，1997 年版，第 386～388 頁。

它是怎樣地糾纏著人！」「可詛咒的過去」）張進德深受群眾信賴與愛戴，自己卻屢次被人懷疑，這使李杰深感壓抑，自輕自賤。就連對自己的稱呼也要求別人將「先生」改稱為「同志」。這種精神自虐甚至使李杰對張進德的吃飯、睡覺、做夢等細節表現的從容堅決，都崇敬有加。

> 飯菜異常地粗劣，碗筷在表面上看來是異常地不潔，那上面似乎粘著許多洗濯不清的黑色的污垢。張進德拿起碗筷來就咕哧咕哧地吃起來，似乎那飯菜是異常地甜蜜，而李杰在開始時卻躊躇了一下，皺了一皺眉頭，接著那飯菜的味道便使著他感覺到他和張進德的區別……「你怕吃不來我們的飯吧。」張進德不注意李杰的神情，這樣向李杰微笑著淡淡地說一句，便大吃大嚼起來了。不知為什麼，李杰聽了他這句話，不禁有點面赤起來，好像聽了什麼指責和譏笑也似的。這末一來，他更覺得飯菜的味道是怎樣地不合於他的口舌，雖然他勉力著吞食下去，但究竟難於下咽。於是他捉住自己了：「嗯哈！你原來是大少爺呵！為什麼張進德能吃得下去，你就不能吃下去？你這樣能立在他們的隊伍裏嗎？你這次回來是幹什麼的？你這種大少爺的樣子，能夠使農民相信你嗎？不，你這小子還是回去當你的大少爺吧，你不配做一個革命黨人！……」想到這裏，李杰便輕視自己，責罵自己起來了。〔註49〕

> 「張進德真是幸福極了！他每晚一躺在床上便睡著了，這是因為沒有什麼可詛咒的過去來糾纏他。他現在乾淨得如一根光竹竿一樣，直挺挺地，毫無回顧地走向前去……」

> 「起來，飢寒交迫的奴隸。起來，全世界的罪人……」

> 出乎李杰意料之外，張進德忽然從夢中嗯嗯地唱起歌了。

> ……

> 「呵哈！我唱出聲音來了嗎？奇怪！我做了一個夢，」張進德笑著說到，「我夢著我帶了許多人馬，將什麼……敵人的軍隊打敗了……後來又開了一個大會，到了很多很多的農人，我在演講臺上唱起歌來。剛唱了兩句，不料被你叫醒了。你說好笑不好笑？」

〔註49〕蔣光慈：《蔣光慈文集》第 2 卷，上海文藝出版社，1983 年版，第 184～185 頁。

> 「眞有趣！」李杰也笑者說道，「你已經做了革命軍的總司令了。我
> 願意做你的參謀長，你高興嗎？哈哈！」〔註50〕

從魯迅的《一件小事》（1920 年）到洪靈菲的《蛋殼》（1928 年），從胡也頻
的《到莫斯科去》（1929 年）《光明在我們的前面》（1930 年）到蔣光慈的《咆
哮了的土地》（1930 年），可以說作爲一條相對完整的線索，知識精英的身份
轉換精神自虐被展現得淋漓盡致。尤其是蔣光慈的《咆哮了的土地》，他不僅
將知識精英的精神自虐刻畫的入木三分，他還寫張進德從領導礦工即工人，
到領導農民，再到聯合併領導知識分子，把所有的革命力量都領導了一遍，
換言之蔣光慈要把他寫成救世主，眞正的革命英雄領袖；而知識分子李杰卻
只配充當助手。作者如此去設計人物角色的社會分工，具有其十分明確的思
想寓意性：「中國革命已經從思想啓蒙轉向了武裝鬥爭，『槍杆子』的重要性
明顯要大於『筆杆子』的重要性；既然拿『槍杆子』的工農大眾已被確定爲
中國革命的主導力量，那麼拿『筆杆子』的知識分子就必定要屈居中國革命
的從屬地位。工農大眾的思想提升與知識分子的精神淪落，這種價值尺度作
爲後來『紅色文學經典』的衡量標準，它既體現著蔣光慈對於中國革命性質
的準確把握，同時也昭示著蔣光慈對於中國革命文學的傑出貢獻。」〔註51〕

正是這種重視「槍杆子」輕視「筆杆子」的思路，使得知識分子即使思
想轉變爲無產階級革命理念，身份轉換爲無產階級還不夠，他必須成爲無產
階級革命「戰士」。如洪靈菲一再申明現代革命的「四化」原則（革命化、團
體化、政治化、鬥爭化），強烈要求知識分子確立革命人格並「成爲戰士」（《前
線》與《愛情》）。如蔣光慈《菊芬》中的革命文學家江霞就被「拿筆」（從文）
還是「拿槍」（尙武）的問題所折磨：

> 我這時眞是煩悶極了！有一個問題在我的心裏盤旋而不能解決：繼
> 續從事文學的工作呢，還是將筆丟下去拿起槍來？現在只有槍彈可
> 以解決一切的問題，我還寫什麼小說幹嗎呢？但是革命是多方面
> 的，我應當在文壇上做一員革命的健將，將我的筆鋒作爲攻敵的大
> 炮……但是這恐怕是妄想罷？還是去拿槍的好，現在是拿槍的時
> 代！

〔註50〕蔣光慈：《蔣光慈文集》第 2 卷，上海文藝出版社，1983 年版，第 269 頁。
〔註51〕宋劍華：《紅色文學經典的歷史範本——論蔣光慈〈咆哮了的土地〉的文本價
值與後世影響》，《河北學刊》，2008 年版，第 5 期。

> 只有大家去拿起槍來一條路，靠著人家的力量總是不會成功的。若
> 是達到我們的目的，除非我們自己去拿槍去；槍在別人的手裏，我
> 們無論怎麼樣宣傳，怎麼樣組織，都是沒有用處的。
>
> 我不願做什麼政治的工作，我看一些什麼標語，什麼宣傳大綱，都
> 是狗屁！沒有用處！自然，我並不反對宣傳，並不反對做政治工作，
> 不過我們若沒有槍拿在手裏，這些不過是空口說白話而已。〔註52〕

江霞的這種「拿槍」的想法雖然爲菊芬所否定、勸阻，但從菊芬後來鼓勵男
友薛映冰從軍這一點看來，棄文從軍、棄文尚武、棄筆執槍才是眞正的「現
代英雄」的典範。（同上第416頁）而這更使革命文學家江霞更加堅定地要成
爲戰士：「現在是拿槍的時代了！什麼文學？什麼革命文學，這都是狗
屁！……我應該拿起槍來」。〔註53〕

這一種崇尚暴力的思想讓我們很容易聯想起五四後期的「棄文尚武」
輕文重武思潮，與魯迅的「改革最快的還是火與劍」（《兩地書·一〇》）「有
希望的青年大抵打仗去了」（《兩地書·八五》），郭沫若的「以武力來從事
解決」（《由經濟鬥爭到政治鬥爭》）的思想不謀而合，歸根究底與中國傳統
的「尚武任俠」「寧爲百夫長，勝作一書生」的積極入世、急功近利的文化
心理緊密相關。

正是由於這種「戰士」的思想與身份轉換被高度認可，作家們才紛紛狂
熱地推崇暴力。如葉聖陶在小說《英文教授》中將反對暴力抗爭的董無垢教
授刻薄地形容爲「老鼠」。洪靈菲更是大聲疾呼革命只有通過暴力手段才能成
功：要消除「資本社會的罪惡」，「非經過一度流血的大革命不爲功」；（《流亡》
246頁）「沒有軍事的力量，便沒有革命的力量！工農階級如果不從速武裝起
來，便永遠沒有奪取政權的機會！……如果希望中國的革命早一點成功，非
有十萬革命軍出現不可！非把全體的工農武裝起來不可！（《前線》第123頁）
「槍聲比一切的聲音都要偉人，……我們的出路要由這樣的槍聲才衝得出
來」；（《路上》第293頁）「戰鬥！沒有戰鬥的精神，便沒有生存的資格。」「被
壓逼的人們唯一的出路只有戰鬥！戰鬥！」「我們有把一切資本家，地主惡

〔註52〕 蔣光慈：《菊芬》，《蔣光慈文集》第 1 卷，上海文藝出版社，1983 年版，第
404～408 頁。

〔註53〕 蔣光慈：《菊芬》，《蔣光慈文集》第 1 卷，上海文藝出版社，1983 年版，第
412 頁。

紳，貪官污吏都趕跑，都殺盡的權利。」應該「去流血，去犧牲」，「摧毀舊社會，建設新社會」，「用血的代價」，換「美麗的花園」（《家信》第 357～376頁）〔註 54〕就連穩重的茅盾對於武力革命也毫不矛盾毫不含糊，他在 1931 年寫成的《路》中指出知識階級的唯一出路是革命，不應談宣傳，而要「靠武力解決」，「只是武，不要文」，人物取名火薪傳就是象徵著暴力革命薪火相傳，以奪取最後的勝利。

再次，左翼作家從無產階級的父子衝突著眼，以最終子輩的正確性，昭示著暴力革命的正確性與生命力，令革命文學「暴力敘事」洋溢革命倫理氣息。無產階級的「父子衝突」，在現代文學史上有一條明晰的線索：如洪靈菲1928 年的《流亡》、《家信》父親始終反對兒子革命，1930 年 2 月 10 日、3 月10 日連載於《拓荒者》第 1 卷第 2、3 期的《大海》（寫農民革命）父親向兒子轉變，戴平萬 1930 年 1 月的《陸阿六》、1930 年 2 月的《村中的早晨》也是寫農民革命，也是父親向兒子轉變靠攏。蔣光慈 1930 年 3 月 10 日開始連載，11 月 5 日完稿的《咆哮了的土地》，茅盾 1932 年 11 月至 1933 年 2 月陸續寫成的《春蠶》、《秋收》、《殘冬》，一直到葉紫 1933 年 5 至 6 月作成的《豐收》、《火》，都將新舊農民的思想衝突和不同追求進行了充分的表現。

如戴平萬的《陸阿六》寫主人公陸阿六加入農會，為公忘私，與只為私不顧公的父親老陸產生矛盾：

> 「造你娘的！幹嗎不到田裏去！」當老陸看見阿六在張貼著一大張標語的時候，他走過去搶下它，而因為慣於握鋤頭的大手是太粗陋的緣故，那薄薄的紙給扯破了。於是阿六漲著臉孔，怒道：
>
> 爸！撕破了標語可是要受罪的呀！我們農會是不准一切的人有這種不法的行動的！現在去！和我到農會去！
>
> 「哇！你這狗種！你不認父了！」老陸氣得連手兒都在發顫。

總之，一個為私，一個為公，一個前進，一個保守，一個要擺父親大人的架子，一個卻以理力爭：「你想擺什麼架子呢，一個沒加入農會的老東西！」〔註55〕後來，陸阿六勇敢而有力地前進，學會宣傳、組織群眾，成為一個好槍手，被選為農會執委的候補人，父親老陸雖然還很「傲然」，但卻給兒子的「熱蓬蓬的生機所吸引著」；而當農村抗租的聲音擴大而成為力量，征服實行二五減

〔註 54〕以上均見洪靈菲：《洪靈菲小說精品》，中國文聯出版公司，1997 年版。
〔註 55〕戴平萬：《陸阿六》，上海現代書局，1930 年版，第 18～19 頁。

租的時候，老陸就不僅被吸引，還簡直高興得合不攏嘴。換言之，父子衝突以兒子的勝利，父親向兒子方面轉變告終。

又如洪靈菲的《大海》，父親錦成叔具有野獸性的反抗本能，他惱恨地主和資本家的雙重壓迫，敢於活埋地主和資本家，是一個主張個人反抗的血性漢子。但正因爲如此，剛從南洋回來的他瞧不起做蘇維埃農村常務委員的兒子阿九，稱他爲「稚鳥」，「不願意拿著好的神氣對待他的兒子，他看不起他。」但在兒子的勸說、兒子們的節節勝利的歡樂氣氛等思想與事實的影響下，最後他終於認識到自己從前的草莽英雄意識、丈夫氣概、野獸性格、復仇觀念等等只是「匹馬單刀的蠻幹，是絕對不能推翻整個的舊制度的。那種鬥爭的方式，只是農民的意識的反映。」必須用「集團的力量」，統一的意志、武力的革命這種「兒子時代的鬥爭方式」〔註56〕才能推翻整個舊制度。

而洪靈菲另一部小說《家信》（1928）中的父親的反抗性比錦成叔要差得多，他只知謹愼保守，「守本分」，信神佛，主張讓天老爺處治惡人就已足夠，不必鬧什麼革命；而兒子卻認爲天老爺只是特權階級的守家狗，在這個「菩薩無權，上帝已死的年代」，要信神就應該信「革命神」。與《家信》思路相近，但更加深入具體的是蔣光慈的《咆哮了的土地》。小說中父親王榮發爲人忠厚老實和順，長期受封建傳統文化的思想束縛，使他只相信菩薩相信命運風水而不相信革命，「種田的有種田的命，做老爺的有做老爺的命。田地是東家的，佃戶應當守著納租的本分」。所以，當他看到兒子與張進德等人混在一起，鬧什麼「革命」時，便聲色俱厲：「我看你發了瘋！什麼革命土地，土地革命！這是我們種田人的事嗎？」「發了瘋，中了魔，忘記了窮人的本分」。王榮發覺得這「世道的確大不相同了」，自己「雖然活了五十多歲，雖然比他兒子多吃了幾十年的飯，可是從來沒聽說過這些『違背天理』的思想。田地是東家的，爲什麼要把它奪來？李大老爺無論怎樣地不好，可是究竟他是東家，亘古以來，哪裏有佃戶打倒地主的道理？」兒子「叛逆」「要造反」的「危險的思想」令他擔憂：「如果這些話傳到李大老爺的耳裏，那還得了嗎？說不定連他這樣的老人家都要殺頭定罪。」但是當他冷靜地去面對不堪重負的生活現實時，又隱隱約約地感覺到也許兒子的「思想是對的，誰曉得！現在的世道是變了。也許這個世界的臉孔要改一改……說起來，我們種田的人也眞是太苦了！也許貴才是對的，讓他去！」他甚至本能地「感覺到他的兒子的

〔註56〕洪靈菲：《大海》，花城出版社，1984 年版，第 234～240 頁。

思想，符合著一種什麼到現在還未被人承認的眞理。」而在兒子被殘殺後，他更義無反顧地參加革命隊伍。王榮發的形象顯示了一種眞理：即使是保守懦弱的老一輩農民，在革命的感召下必將走上反抗之路。

茅盾寫於 1933 年的《秋收》中的老通寶與王榮發相似，他迷信守舊屈從於命運。聽說兒子領頭去「吃大戶」「搶米囤」，他大罵多多頭是土匪、強盜、畜生和「殺頭胚」，「有朝一日捉去殺了頭，這才是現世報！」他迷信兒子是「長毛投胎」的現世「報應」，他警告兒子，造反是「要殺頭的呢！滿門抄斬！我見過得多！」但他的轉變比王榮發慢得多，一直到「秋收」過後的「穀賤傷農」現象，再次給他以難以承受的沉重打擊，在臨死之前他才有所醒悟，他臨終的眼神彷彿對兒子有所暗示：「眞想不到你是對的！眞奇怪！」多多頭顯然是王貴才的形象翻版，他敢於反抗命運，現實生活的悲慘終於使他忍無可忍逼上梁山：「殺頭是一個死，沒有飯吃也是一個死！」故他不顧父親和家人的堅決反對，高喊著「有飯大家吃」的響亮口號，勇敢地組織青年農民四村八鄉去「吃大戶」；爲了保護農民自身生存的合法權益，他還帶頭搶奪「保衛團」的槍支彈藥，武裝起來同地主階級進行暴力抗爭。

葉紫的小說《豐收》和《火》中也以父子衝突作爲創作的興奮點。小說中的雲普叔與王榮發、老通寶同屬老一代農民形象，他堅信自己「原是應該發財的人，就因爲運氣太不好，連年的兵災水旱，才把他壓得擡不起頭來。」即便是因爲貧窮飢餓走投無路而賣掉女兒，他也從未產生過任何非分之想。「兒子他不聽自己的指揮，是雲普叔終身的憾事。」他罵兒子是一個「反種」，「懶精」甚至「狗入的東西」「狗入的雜種」「咬爛雞巴橫嚼的雜種」，成天「在外面拋屍」；他教訓兒子要勤懇做事規矩做人，「你不做事情天上落下來給你吃？」他極力反對兒子與革命者癩老大來往，怕他「變做了××黨」，堅決認爲他們「搶大戶」是野蠻的、好逸惡勞的「懶筋」行爲。然而，面對「整個兒都是吃人的」黑暗社會，雲普叔在糧食被搶後思想發生急劇變化，「無論如何，他不能帶著這一肚皮氣到棺材裏去」，他恨，他想出氣，他不但開始理解兒子的造反行爲，並且還主動去加入他們的革命行列。立秋則與王貴才、多多頭一樣同屬新一代農民形象，他認識到農民「下田！做死也撈不到自己一頓飽飯，什麼都給那些雜種得現成。」他相信癩大哥的預言：「不久的世界，一定是我們窮人的！」所以他發動村民反抗，最後在他的精神感召下，廣大村民「像瘋狂了的大海，像爆發了的火山」，向地主何八爺、李大杰、周競三

等人的家宅發起了猛烈攻擊。

總之，新舊兩代農民的父子衝突都無一例外的以子輩的勝利與正確得以化解，老一代農民都毫無例外向兒子所代表的新路轉變，而這也正昭示著暴力革命的正確性、感染力與生命力，打造了父子兩代皆革命的「革命倫理」關係。換言之，小說「全面展示青年農民的革命熱情與老輩農民的牴觸情緒」及其變化過程，是為了「真實地反映中國革命的正確出路和光明遠景」。〔註57〕

再四，他們集中揭示「豐收成災」的社會現象，為革命文學的「暴力敘事」提供合理依據。如茅盾的《春蠶》、葉紫的《豐收》、葉聖陶的《多收了三五斗》、洪深的《香稻米》等作品。例如葉紫的《豐收》的內容正與題目相反，「豐收」是「豐收」了，但卻「豐收成災」，「穀賤傷農」：「穀子一擔擔地由田中挑回來，壯壯的，黃黃的，真像金子。」「這墾上，沒有一個人不歡喜的。今年的收成比往年至少要好上三倍。」「人們見著面都互相點頭微笑著，都會說天老爺有眼睛，畢竟不能讓窮人一個個都餓死。他們互相談到過去的苦況：水、旱、忙碌和驚恐，以及餓肚皮的難堪！……現在他們全都好了啦。」但是好景不常，「天老爺」敵不過「地老爺」，窮人依舊是窮命一條：市面上，「物價只在兩三天功夫中，高漲到一倍以上，相反地，穀米的價格倒一天天地低落下來。六塊！四塊！三塊！一直低落到只有一元五角的市價了，還是最上等的遲穀！」「穀價瘋狂地暴跌」，「一塊二角錢一擔遲穀的聲浪，漸漸地傳播了這廣大的農村。」正因此穀價低賤，「更加以百物的昂貴，豐收簡直比常年還要來得窘困」，這種「豐收的災難」傳遍了「廣大的農村」，只「只等著某一個巨大的浪潮來毀滅它！」而茅盾的《春蠶》與《秋收》，一個寫「蠶」的豐收成災，一個寫「穀」的豐收成災，暗示了一個道理：除了反抗，別無出路。

很明顯左翼作家大量描寫農民破產的客觀事實，（丁玲的《水》也以震動全國的十六省大水災的事實證明搶糧的合理性）無疑是要為「暴力敘事」去做事前鋪墊。

其實，上述的舊社會「吃人」、父子衝突、豐收成災等等現象，看似革命，實則是傳統的逼上梁山的現代呈現。究其根源，是缺乏現實暴力革命經驗的現代作家把從小經歷的暴力記憶尤其是農村的械鬥等記憶轉化而來，即把沒

〔註57〕宋劍華：《紅色文學經典的歷史範本》，《河北學刊》，2008 年版，第 5 期。

文化、沒思想的盲民村與村、族與族的械鬥（群氓暴力）轉化爲三種暴力情節：其一是沒文化沒思想但有欲望有怨恨的暴力情緒（盲恨），如葉聖陶的《多收了三五斗》穀賤傷農，農民想逃債、務工、搶糧，但是路路斷絕，怨恨遂轉爲苦悶，被壓抑的苦悶積聚到一定程度就有爆發的可能。其二是沒文化沒思想沒計劃但有膽量或者有領頭的暴力反抗（盲動），如洪靈菲的《大海》、蔣光慈《最後的微笑》的個人反抗，以及茅盾的《殘冬》、葉紫的《火》、丁玲《水》的群體暴動。其三是有文化有思想的暴力鬥爭（革命），如蔣光慈《咆哮了的土地》中李傑的革命理學與革命抗爭。

　　第五，爲了能使革命「暴力」合法化，左翼革命文學作家做了兩方面的工作，第一項工作是追問殺人是否「應當」（合理）。例如蔣光慈《最後的微笑》中敘述工人王阿貴進行暴力復仇，一天之內連殺兩人（工會特務劉福奎和工頭張金魁），他自覺自己變成了具有「反抗精神的人」，而不是「豬」。並對自己的殺人行爲進行了自我思考與自我解惑：

> 「如果每一個被欺侮的人，都能像我王阿貴一樣，那世界將變成了一個什麼樣子呢？」阿貴忽然給了自己這麼樣一個問題。……思索的結果，他決定了：那時的世界將變成一個很平等的世界，因爲誰個也不敢欺侮誰了。現在的世界弄得這樣地不平等，這完全是因爲被欺侮了的人不敢反抗的原故。……

> 阿貴又給了自己第二個問題：「殺人到底是不是應當的事情呢？」阿貴覺得這個問題倒有點困難了，若說殺人是不應當的事情，那末阿貴今天一日之內連殺了兩人，這是很大的罪過了。……若說殺人是應當的事情，那末這樣殺將下去，似乎又有點不大妥當。你殺我，我殺你，這樣將成了一個什麼世界呢？而且人又不是畜生，如何能隨便地殺呢？……

> 阿貴有點遲疑不決了。阿貴既然不能承認自己是犯了罪，但同時又不敢直捷地決定：殺人是應當的事情。

> 阿貴忽然想起沈玉芳（一個革命黨）的話了，這樣很歡欣地自對自地說道：「凡是被壓迫者反抗壓迫者的行動，無論是什麼行動都是對的。既然如此，那末一個被壓迫者將一個壓迫他的人殺死，這事當然也是對的了。壓迫人的人都是壞人，被壓迫的人都是好人，好人

應當把所有的壞人消滅掉。……沈玉芳和李全發是最好的好人，……
他倆有殺張金魁的資格，而張金魁卻沒有殺他倆的資格。

阿貴解決了兩個問題之後，覺得異常地愉快。……阿貴不但是一個
勝利者，而且成了一個偉大的哲學家。……這個困難的問題爲從來
最勇敢的哲學家所不能解決的。〔註 58〕

由此可見，作家把階級性（壓迫、被壓迫）凌駕於人性之上，把道德（好壞）
凌駕於生命之上，殺人於是成爲階級行爲、道德行爲，而且是單方面的階級行
爲、道德行爲（只有被壓迫者能殺壓迫者，只有好人能殺壞人，而不能相反），
於是殺人被賦予了革命的正義色彩與道德神聖光輝，殺人成爲正確（「應當」）
與「偉大」的行爲。總之，無產階級革命打造了一種「革命理學」：存革命天
理，滅敵人之命。它以當前的合理（反抗壓迫者）與未來的合理（未來的世界
將因此變成一個「平等的世界」），使這種「革命理學」分外輝煌光彩奪目。正
因如此，那種殺了人「反而很快活，我以爲我復了仇」，很「得意」，並且「在
良心上從未承認過這種行爲是罪惡」的嗜殺思想被給予了充分的肯定。

第二項工作是爲了使「暴力」合理，左翼作家在大量的作品中有意無意
地將其表現爲一種循序漸進的心理過程或邏輯序列。比如，從蔣光慈《短褲
黨》中魯正平觀看反革命被砍屍體時的「心軟」與「難過」，到《咆哮了的土
地》中李杰「大義滅親」的革命壯舉，再到葉紫《火》中盡情宣泄革命「暴
力」的淋漓快感，左翼文學的「暴力敘事」，便在意識形態上獲得了邏輯嚴謹
的存在理由。

其一是略微「心軟」和「難過」：

殺人眞是一件不容易的事情！喜姑試幾試，終未敢下手。最後喜姑
想道，仇終歸是要報的，我爲什麼要這樣膽小？……無論如何，我
今天一定要殺死他！唉！他該害死了多少人呵！……喜姑越想越
恨，越恨越膽壯，於是噗嗤一聲，何慶三就安歸樂土了。〔註 59〕

穿著包打聽的裝束——戴著紅頂的瓜皮帽，披著大氅——的小滑
頭，這時的面色已經嚇得如白紙一般，大約三魂失了九魄，不省人

〔註 58〕蔣光慈：《最後的微笑》，《蔣光慈文集》第 1 卷，上海文藝出版社，1983 年版，
　　　　第 519～921 頁。
〔註 59〕《橄欖》，《蔣光慈文集》第 1 卷，上海文藝出版社，1983 年版，第 184～185
　　　　頁。

事了。大家讓開了之後，兩個工人在兩邊扯著他的兩隻手，使他動也不能動。說時遲，那時快，王貴發將手槍舉好，對著他的背心啪啪地連放了兩槍，扯手的兩位工人將手一放，可憐小滑頭就魂歸西天去了。工人們大家見著小滑頭已被槍斃，即大鼓起掌來，無不喜形於色，稱快不置。惟有這時翠英的心中忽然起了一種憐憫心情：好好的一個人為什麼要做工賊呢？當他破壞工會陷害我們的時候，大約沒曾想到也有今日。唉！小滑頭啊！你這簡直是自己害自己！……〔註60〕

這時一個手持大刀的工人李阿四走向魯正平面前說道：「這一把是他們用過的大刀，大約所殺死的工人也不在少數，現在我們可以請這兩位狗東西也嘗一嘗大刀的滋味。」

「好得很啊！」大家都這樣地叫喊著。

這時圍聚了許多觀眾，各人的臉上都呈現著一種慶幸的神情。在眾人歡呼的聲中，李阿四手持著大刀，不慌不忙地，走向前來將這兩位被捕的人劈死了。一刀不行，再來一刀！兩刀不行，再來三刀！可惜李阿四不是殺人的行家，這次才初做殺人的嘗試，不得不教這兩位老爺多吃了幾下大刀的滋味了。這時魯正平見著這兩具被砍得難看的屍首躺在地下，一顆心不禁軟動了一下，忽然感覺有點難過起來，但即時又堅決地回過來想道：對於反革命的姑息，就是對於革命的不忠實；對於一二惡徒的憐憫，就是對於全人類的背叛。……

〔註61〕

無論是猶豫「膽小」，還是「憐憫」，抑或是「心軟」，「難過」，都是為了使暴力行為（殺人）更加合理更加堅決──不殺此階級敵人惡人，他會害死更多人；多行不義必自斃，這樣的工賊不值得絲毫的憐憫；對於反革命的姑息，就是對於革命的不忠實；對於一二惡徒的憐憫，就是對於全人類的背叛。換言之，「膽小」是為了推出「膽壯」，「憐憫」是為了推出「憎恨」，「心軟」是為了推出「堅定」，無論是私報公仇還是公報公仇，這一種瞬息萬變的心理過

〔註60〕 《短褲黨》，《蔣光慈文集》第 1 卷，上海文藝出版社，1983 年版，第 262～263 頁。
〔註61〕 《短褲黨》，《蔣光慈文集》第 1 卷，上海文藝出版社，1983 年版，第 296～297 頁。

程都是建立在階級仇恨與道德優越的基礎上的，它以起初的「人性」豐富著革命者的靈魂世界，同時也增強著階級性與道德感，使得「革命」具有不同層次與縱深維度。然而，這卻是一種冰冷如雪堅硬如鐵的「革命理學」，一切都是爲了「存革命天理，滅敵人性命」。與雨果《九三年》「絕對正確的革命之上，有一個絕對正確的人道主義」的博大胸襟相距甚遠。

【從以上的執意「拿槍」尚武，到「革命理學」，「殺人應當」，應該說與左翼作家的中國傳統尚武「俠——士」文化心理積澱有著莫大的關聯。例如蔣光慈筆名「俠生」「俠僧」，「幼時愛讀游俠的事迹」，立志做一個「粗暴的抱不平的歌者」（第 86～87 頁）「生性要反抗，愛抱不平」，崇拜俠客朱家、郭解，崇拜土匪、英雄（第 23～24 頁）「懷著一腔暴徒的思想」，希望「在公道的戰場上做一個武士，在與黑暗奮鬥的場合中我能不怕死做一位好漢」「一個很強烈的英雄」（第 79 頁）；崇拜「關夫子，精忠報國的岳飛、岳夫子，還有梁山泊的好漢們。」（第 186 頁）〔註62〕正因爲左翼革命作家的喜愛俠客，要做「粗暴的抱不平的歌者」，那麼他們極力渲染暴力，打造「革命理學」就不足爲奇了。畢竟「粗暴的歌者」鑒於各種原因未能實施暴力行爲，但「歌」（文）卻可以盡情宣泄他們的暴力情緒，所以革命作家「以暴爲美」的審美風格的形成就順理成章了】

其二是「大義滅親」的正義凜然。

前述短暫的「心軟」和「難過」是針對非親非故的敵人惡人，所以實施暴力行爲時會「喜形於色」「慶幸」甚至「鼓起掌來」。而對於作爲親人的敵人惡人，在其「大義滅親」的同時，心理要複雜一些，豐富一些，至少不會喜形於色。早在 1929 年 8 月黎錦明就在小說《魯莽》中，以對比的方式表現主人公敬亭對地主親屬與爲百姓抱不平的革命黨的取捨：

「你不也說是過激黨在你鄉下搗亂，把你家裏的穀倉都拆了嗎？」

「不錯，不過我並不反對。」

「如果你家裏的人餓死了呢？」

「讓他們餓死算了。」

「好良心，」密斯史沉聲的說，「你還說人家是冷血動物哩。我看你才是配得上這名詞。」

〔註62〕以上均見《蔣光慈文集》第 1 卷，上海文藝出版社，1983 年版。

「好罷，你就這樣稱呼我好了，」敬亭的聲音變成坦白的了，「不過你要明白，家瑾，我的家裏的人並沒有餓死，還是照例的在鄉下收那些小百姓的租，你怎麼能說我沒有良心呢？老實說，如果我家裏的人因爲小百姓抗租以致打死了，我沒有話說；如果一個朋友因爲宣傳過激主義以致被打死了，我卻要無限的悲悼他。」〔註63〕

正是由於對地主剝削百姓，革命黨爲百姓抱不平的瞭解，傾向過激主義立場的敬亭才會憤激地宣稱即使地主親屬被餓死打死了也「沒有話說」，在此，階級的同情壓倒了親情，從親情的角度看的「沒良心」「冷血」變成了階級鬥爭所需要的「良心」「正義」。

但是，這裏的「大義滅親」還只是一種「如果」，一種言論，一旦它變成了「眞實」與行動時，其心理蘊含又是另一番景象：

如果何家北莊和胡家的房屋可以燒去，李家老樓爲什麼不可以燒？如果何二老爺和胡根富是農民的對頭，那他的父親李敬亭豈不是更爲這一鄉間的禍害？不燒嗎？不，李家老樓也應當燒啊，絕不可以算作例外。但是……躺在床上病著的母親……一個還未滿十歲的小姑娘，李杰的妹妹……這怎麼辦呢？啊！李敬齋是他的敵人，可以讓他去。李家老樓也不是他的產業了，也可以燒去。但是這病在床上的母親，這無辜的世事不知的小妹妹，可以讓他們燒死嗎？可以讓他們無家可歸嗎？這不是太過分了嗎，啊？……

李杰低下頭來。義務與情感的衝突，使得他的一顆心戰栗起來了……房中一時的寂然……無情的，如鋒利的刀口也似的聲音又緊逼著來了：

「不燒嗎？」

……

殘酷的，尖冷的，侮辱的聲調終於逼得李杰氣憤起來了。

「你願意怎麼辦就怎麼辦？好嗎？」

「聽隊長的命令……」

「他主張什麼呢？」張進德很性急地問。

〔註63〕 黎錦明：《黎錦明小說選》，人民文學出版社，1983 年版，第 173 頁。

「他主張將土豪劣紳們的房屋都燒掉，破壞他們的窩業，這是對的。何家北莊，胡家圩子……應當燒去……但是李家老樓燒不燒呢？木匠叔叔問我。你知道，木匠叔叔素來不相信我，如果我不准他燒李家老樓，那不是更要令他不相信我了嗎？而且那時候恐怕這一鄉間的農民都要不相信我了。別人的房子可以燒，可是你自己的房子就不能燒，哼！……他們一定要不滿意我。如果他們不滿意我，那我還能幹什麼革命呢？這一次對於我是最重大的考驗，我不能因為情感的原故，就……唉！進德同志！人究竟是感情的動物，你知道我這時是怎樣地難過啊。我愛我的天真活潑的小妹妹……」

「現在去止住他們還來得及啊。」

「不，進德同志！」李杰很堅決的搖頭說道，「讓他們燒去罷！我是很痛苦的，我究竟是一個人……但是我可以忍受……只要於我們的事業有益，一切的痛苦我都可以忍受……」〔註64〕

這裏包括這兩種「大義滅親」：李木匠是李杰的「族叔」，是地主李敬齋的「族弟」，這一點「沾親帶故」在他的階級仇恨之下絲毫不起作用，因此可以說他的「大義滅親」是絕對無情的。而李杰則不同，李家老樓有他的至親（父母、妹妹），李敬齋是鄉間禍害、階級敵人，但臥病的母親、天真活潑的小妹妹卻未曾作惡，這的確是一種「革命理念」與個人「感情」的矛盾，這一點就連張進德也明白，他直接批評李杰「發瘋」，要阻止燒李家老樓這種「瘋狂」舉動，但是帶著階級「原罪」的地主的兒子李杰，他要清洗這種「罪惡」，要得到農民的信服，要做真正的無產階級革命戰士，他必須做出犧牲，帶頭示範樹立榜樣來服眾，才能讓革命「徹底」「有力」，無堅不摧；革命是超越了個人情感之上的，一切的「難過」「痛苦」「絕望」都必須克服，經歷了「大義滅親」這種「最重大的考驗」，其他別的一切考驗都無所謂考驗，這樣才會「於我們的事業有益」（換言之，親人只是「他們」「他者」，形同陌路，在這種邏輯之下，「大義滅親」雖有感情上的痛苦，但在理智上卻無比堅決），這樣的無產階級革命戰士才會煉成「無情則剛」的金剛不壞之身。總之，李杰火燒李家老樓，大義滅親，看似痛苦有情卻無情，看似無情卻有理，是典型的中國傳統的以理制情，但是不同的是，傳統的「大義滅親」滅的是「有罪之親」，

〔註64〕《蔣光慈文集》第2卷，上海文藝出版社，1983年版，第378～381頁。

此處連「無罪之親」都滅了，更無情，也更光明正大，因爲他們屬於「有罪的階級」，這不能不說是「革命理學」的作用。他越痛苦，革命就越正確，因爲只有最正確的革命，才能讓他心甘情願承受最大的痛苦。

其三是渲染革命「暴力」的痛快淋漓。

這裏分「想像」（或「欲望」）與「現實」兩個層面，或稱「暴力想像」與「暴力實施」。所謂「暴力想像」即在想像中行使暴力，如蔣光慈的《少年漂泊者》、《菊芬》，洪靈菲的《流亡》，戴平萬《獻給偉大的革命》，胡也頻的《北風裏》，華漢的《馬林英》、《女囚》、《暗夜》、《蔞船上的一夜》等等作品就極力書寫一種暴力的幻想、想像、欲望。

這種「暴力想像」可以化老爲壯：

> （老羅伯）老眼一花，彷彿對面那灰茫茫的道上，忽然閃現出一個紅腫鼻子的矮胖子來，他認得明白：那便是他的田主人，那便是將要逼死他的大地主！他的血液突然沸騰起來了，憤怒的烈火燒遍了他的全身。給了他無窮的膽量和熱力，……氣昂昂的活像一個上陣的老英雄一般，……
>
> 「啊啊！你！你！你！你不容我們窮人生活下去的田主喲！你你你！你們眞該殺殺殺殺呀！……」
>
> 老羅伯直挺起手中木杖，向著現在他面前那個身影，迎胸便刺將過去！〔註65〕

「暴力想像」也可以化弱爲強：

> 我見著這種狀況，心內的火山破裂了，任你將太平洋的水全般傾瀉出來，也不能將它撲滅下去。我走向前向劉老太爺劈頭一菜刀，將他頭劈爲兩半，他的血即刻把我的兩手染紅了，並流了滿地，滿桌子，滿酒杯裏。他從椅子上倒下地來了，兩手繼續地亂抓；一班貴客都驚慌失色地跑了，有的竟駭得暈倒在地上。
>
> 大廳中所遺留的是死屍，血迹，狼藉的杯盤，一個染了兩手鮮血的我。我對著一切狂笑，我得著了最後的勝利……
>
> 這是我當時的幻想。……倘若在事實上我們戰不勝人，則我們在幻

〔註65〕《暗夜》，陽翰笙：《陽翰笙選集》第1卷，四川人民出版社，1982年版，第356頁。

想中一定可以戰勝人……〔註66〕

我現在也不知因爲什麼緣故，總是想殺人，總是想拿起一把尖利的刀來，將世界上一切混賬的東西殺個精光……殺，殺，殺盡世界上一切壞東西！〔註67〕

「暴力想像」是在暫時的弱者地位上，想反抗又無法反抗的一種仇恨的宣泄，他將敵人在想像中打敗，處決，因爲想像的無法控制，配合這苦大仇深所鬱積的憤怒，想像中的暴力行爲比現實的暴力行爲往往更加非理性，更加殘酷，當然也更加痛快淋漓。

而所謂「暴力實施」則是指現實的暴力行爲。這在左翼革命作家筆下比比皆是：

人們跑上去，三個都抓下來了！

「打死他們！」

「活吃了他！」

……

「哎喲！老子入你的媽！不好了！」雲普叔的眼淚雨一樣的流下來，再跑上去，又狠命的一口。

那個老團丁的耳朵血淋淋地掉下來。

……「你這活忘八呀！……老子要你的命，你也有今朝呀！」牙齒切了又切，……張開口一下子咬在高瓜子的臉上，拖出一塊巴掌大的肉來！

大家邊打邊罵地：

「你的種穀十一元！……」

「你的豆子六塊八！……」

「你硬買我的田」……

「你弄跑我的妹子！」……

「我的秋兒！……」

「……」

〔註66〕《蔣光慈文集》第1卷，上海文藝出版社，1983年版，第16頁。
〔註67〕《蔣光慈文集》第1卷，上海文藝出版社，1983年版，第415頁。

> 怒火愈打愈上升，何八爺已經只剩下一絲兒氣了。〔註68〕

> 張老七畢竟手快眼快，第二梭鏢已刺穿了他（胡奎）的手心。……
> 胡奎又想忍著疼痛再做最後的掙扎，撲撲撲的梭鏢，胡奎終於被衝
> 進房來的幾個人刺死在床上了！

> 張老七還不十分放心，伸手在那血淋淋的床上摸起那支手槍，砰砰
> 砰的又在他的頭上連打三下，才從房裏衝將出來。〔註69〕

在這裏，暴力行為成為一種「狂歡」，在這裏，無論多麼殘忍的暴力行為都變成
了「合理」：仇恨愈深，對敵人則愈暴虐，對敵人愈暴虐，革命隊伍的戰鬥力就
愈強大，戰鬥力愈強大，那麼翻身、自由、平等就指日可待。這依然是有仇不
報非君子的「革命理學」「復仇思想」在推波助瀾，或者深入地說，表面上是「革
命」，實質上還是「復仇」「除暴安良」的「聚眾反抗」罷了，即使作者高度評
價其為「偉大的怨氣」（《咆哮了的土地》），實質依然是「怨氣」。

　　正是基於這樣幾個方面的歷史原因，我們才能理解左翼文學「暴力」審
美的現實意義：

> 太陽血紅色的涌出來，高高地掛著。

> 曹家壋四周都騷動了。曠野中盡是人群，男的，女的，老的，小的，……
> 喧嚷奔馳，一個個都憤慨的，眼睛裏放出千萬丈高的火焰。

> 「去呀！衝到張家坨去！幹李大傑周競三那狗東西去呀！」

> 仍舊如同潮水似的，男男女女，老老幼幼的一大群，又向張家坨衝
> 去了！

這是葉紫在《火》中結尾處對農民造反場面的生動描繪，實際上也集中反映
了左翼革命文學的審美理想；這種因階級壓迫而不得不去進行暴力反抗的敘
事模式，對於新中國十七年文學暴力浪漫的史詩建構，其深遠影響自然是不
言而喻的。

三

　　上面提及左翼革命文學，就革命暴力文學理論而言是受影響於日本的無
產階級革命文學，但就「暴力敘事」「暴力精神」而言卻浸潤這中國尚武俠—

〔註68〕《葉紫文集》上卷，湖南人民出版社，1983年版，第114～117頁。
〔註69〕《暗夜》，《陽翰笙選集》第1卷，四川人民出版社，1982年版，第410頁。

一士傳統的汁液，故而左翼革命文學是理論（留日派）與創作（本土派）分離，是在日本表象中回歸傳統。20 世紀 30 年代的新感覺派，就暴力敘事而言，在一定程度上也是在日本表象中回歸傳統，但不同於左翼的「理論」與「創作」分離，新感覺派是「形式」與「精神」分離。因爲第一，縱觀中國新感覺派眞正留學日本的只有劉吶鷗一人，施蟄存、穆時英都未曾留日，雖然 1928 年劉吶鷗就在上海水沫書店出版了《色情文化》，把橫光利一的《七樓的運動》、片岡鐵兵的《色情文化》、中河與一的《孫逸仙的朋友》等日本新感覺派主將的作品譯介到中國。並向施蟄存等人推薦，使日本新感覺派的形式觀對後者產生了一定的影響或啓發。〔註70〕但終隔一層。而且，第二，日本的新感覺派與日本的無產階級文學不同，後者著重暴力革命，而前者一方面注重形式增殖，認爲「形式先行於內容」，並反對日本無產階級作家的內容決定形式的說法；另一方面注重新感覺，「新感覺派的表徵，就是剝去自然的表象，躍入物體自身主觀的直感的觸發物」，「沒有新感覺，就沒有新表現」，〔註71〕換言之，這兩方面都與暴力革命關係不大。所以，第三，既然日本新感覺派關注焦點在於形式、新感覺，而非暴力、革命，那麼中國新感覺派的「暴力敘事」就在很大程度上可以歸根於中國傳統的尚武俠──士文化。而且，第四，新感覺派「暴力敘事」包含的傳統俠士精神、尚武暴力因素在血氣方剛的作家筆下顯得更爲色彩鮮明。例如穆時英 17 歲創作了《黑旋風》，18 歲創作了《南北極》、《咱們的世界》，19 歲創作了《生活在海上的人們》，20 歲創作了《夜總會裏的五個人》；施蟄存 25 歲創作了《石秀》；劉吶鷗 28 歲創作了《殺人未遂》。血氣方剛、青春熱力融入暴力敘事創作之中，使得傳統的俠──士文化在其作品中開滿了「血之花」。簡言之，中國新感覺派在「形式」上借鑒了日本新感覺派，但在「暴力敘事」「暴力精神」上卻深受中國傳統文化所薰陶。

「語言粗暴」是「海派」小說的第一大特色，像「他媽的」、「老子」、「狗日的」、「混蛋」等粗俗口語比比皆是；像「刀子」、「槍」、「打架」、「流血」等暴力詞彙也隨處可見。在作者的筆下，主人公那種躁動不安的放縱行爲，或多或少都帶著血氣方剛的草莽英雄氣息。

〔註70〕施蟄存：《沙上的腳迹》，遼寧教育出版社，1995 年版，第 127 頁。
〔註71〕方長安：《選擇‧接受‧轉化》，武漢大學出版社，2003 年版，第 310～316 頁。

　　「暴力本性」是「海派」小說的第二大特色，如劉吶鷗的《殺人未遂》、施蟄存的《石秀》等作品，雖然熱衷於對人的潛意識進行描寫，但卻更向讀者展示了人的「暴力本性」。就拿《石秀》來說，它把《水滸傳》中的一個梁山英雄，改寫成一個因愛成恨的邪惡人物，並以對潘巧雲殺戮過程的欣賞視角，去盡情釋放主人公的變態情欲，其「暴力本性」令人讀後驚悸不已。

　　　　正如石秀所預料著的一樣，（迎兒）皓白的肌膚上，淌滿了鮮紅的血，手足兀自動彈著。石秀稍稍震懾了一下，隨後就覺得反而異常的安逸，和平。所有的紛亂，煩惱，暴躁，似乎都隨著迎兒脖子裏的血流完了。

　　　　那在樹上被綁著的潘巧雲發著悲哀的嬌聲叫道：

　　　　「叔叔勸一勸。」

　　　　石秀定睛對她望著。唔，眞不愧是個美人。但不知道從你肌膚的裂縫裏冒射出鮮血來，究竟奇麗到如何程度呢。你說我調戲你，其實還不止是調戲你呢，我簡直是超於海和尚以上的愛戀著你呢。對於這樣熱愛你的人，你難道還吝嗇著性命，不顯呈你的最最艷麗的色相給我看看麼？

　　　　石秀對潘巧雲多情地看著。楊雄一步向前，把尖刀只一旋，先拖出了一個舌頭。鮮血從兩片薄薄的嘴唇間直灑出來，接著楊雄一邊罵，一邊將那婦人又一刀從心窩裏直割下去到小肚子。伸手進去取出了心肝五臟。石秀一一的看著，每剜一刀，只覺得一陣爽快。……隨後看楊雄把潘巧雲的四肢，和兩個乳房都割了下來，看著這些泛著最後的桃紅色的肢體，石秀重又覺得一陣滿足的愉快了。眞是個奇觀啊！分析下來，每一個肢體都是極美麗的。如果這些肢體合併攏來，能夠再成爲一個活著的女人，我是會得不顧著楊雄而抱持著她的呢。〔註72〕

在這裏，一方面是「因爲愛她，所以要殺她」的變態情欲；另一方面是「天下一切事情，殺人是最最愉快的」，可以在「精神上和肉體上」感受到「輕快」「異常的安逸」「滿足的愉快」「爽快」，甚至視殺人爲「奇觀」的暴力欲望，

〔註72〕施蟄存：《石秀》，《十年創作集》，華東師範大學出版社，1996 年版，第 210 頁。

登峰造極無與倫比的極端殘忍的暴力欲望；再一方面是細緻入微、色彩艷麗的殺戮過程，以及懲罰通奸者、誣陷者，實行私刑，殺人有理的「暴力理學」。這一種複雜邪惡的「暴力本性」實在令人不寒而栗。

「暴力崇拜」是「海派」小說的第三大特色，如穆時英的《黑旋風》、《咱們的世界》、《生活在海上的人們》等作品，都極度彰顯流氓無產者盲目破壞與張揚暴力的野蠻心態。以《咱們的世界》中的李二爺為例，面對著血濺船艙的打鬥場景，他不是感到恐懼、後怕和自責，而是感到興奮、愜意與快感：「我活了二十年，直到今兒才算是做人。」這種「暴力崇拜」到了《生活在海上的人們》那裏，甚至還被演變成了拒絕約束、殺盡一切的瘋狂與殘忍：

> 「管他媽的！殺了他又怎麼樣？造反就造反！我們管不了這麼多！」
>
> 「不殺那傢夥嗎？不成！」
>
> 「馮筱珊，邵曉村那夥兒狗入的全要殺！」
>
> 外邊又鬧了起來，我只聽得大夥兒在嚷：「弔起來！」陳海蜇早已搶出去啦。捉到了誰呀？我也跟著跑了出去。土坪子那兒，許多人圍在那兒，像在搶什麼東西似的，你不讓我，我也不願意讓你。我拼命往裏邊擠，擠上一步，退下兩步，怎麼也擠不進去。等我擠到裏邊兒，只見大馬刀一起一落的，那傢夥那裏還有人模樣兒，早就砍成肉漿啦。他的腦殼子給人家剁了下來，不見了，不知給誰拿去了。我問是誰呀，也沒人回答。鬧了半天，那傢夥連骨架也沒了，黑不溜秋的一堆，也不知成了什麼！血滲到泥土裏邊兒，泥土也紅啦。我可還沒知道那傢夥是誰。
>
> 咱們又抓了許多人，……挪在土坪子那兒，四面堆著乾劈柴，燒。咱們在四面跳，他們在裏邊掙扎，叫。那火勢好凶，逼得人不能跑近去，只一回兒就把那狗子們燒焦了。燒焦了的人和燒焦了乾劈柴一個模樣兒！〔註73〕

無論是「造反」的粗暴，「全要殺」的凶暴，還是群起而攻之、「砍成肉漿」的殘暴，將敵人「燒焦了」的狂暴，這種種「唯恐不暴」的暴力心態和「一

〔註73〕《生活在海上的人們》，《穆時英小說全集》，中國文聯出版公司，1996 年版，
　　　　第 76、88、93 頁。

暴到底」的暴力崇拜程度都令人膽戰心驚觸目驚心。這種「暴力崇拜」的瘋狂完全拒絕約束，無法控制，連發動「造反」的領袖唐先生也只有乾著急：「群眾簡直是盲目的。」

推究這種「暴力崇拜」的心理基礎，大致如下：

其一是草莽根性。如《黑旋風》中的汪國勛「把武松欽佩到極點」，他們想「到山東去上梁山泊，招兵買馬，造起『忠義堂』來，多結交幾個赤膽忠心的好男兒漢，替天行道，殺盡貪官污吏」；「天不怕，地不怕的，給巡警抓了去，頂多腦袋上吃一槍，反正再過一十八年又是一條好漢。」又如《咱們的世界》中的盜亦有道：「咱們跑海走黑道兒的，有福同享，有禍同當；靠的是義氣，憑的是良心」，「做強盜去！人家搶咱們的，咱們也搶人家的！」再如《南北極》的「暴力」眞理：「誰的胳膊粗，拳頭大，誰是主子。等著瞧，有你們玩兒樂的日子！」這一種尚武任俠、粗暴野蠻的草莽根性使「暴力崇拜」有了「暴」的心理和「力」的保證。

其二是「仇富」情結。由於貧富懸殊，窮人心中往往鬱積著怨情和不平：他們「頂恨汽車」（《黑旋風》）「有時咱們躲在胡同裡邊兒拿石子扔汽車。咱們恨極了汽車！」「媽的那汽車！總有這麼一天，老子不打完了你的？」（《咱們的世界》）而「恨汽車」恨的是汽車所代表的富人有錢人：「有錢的住洋房，坐汽車，吃大餐，穿西裝，咱們想要分口飯吃也不能！洋房，汽車，大餐，西裝，哪一樣不是咱們手造的，做的？他媽的，咱們的血汗卻白讓他們享受，還瞧不起咱們！咱們就不是人？老天他媽的眞偏心！」這種貧富懸殊所造成的生活不平衡和心理不平衡，使窮人「恨極了錢，恨極了有錢人」。而且這種「不平衡」所導致的「仇恨」是可以延續數代的，父傳子，老傳幼，「他又叫我記著，我們一家都是害在錢的手裏。我大了得替他老人家報仇。」（《咱們的世界》）這種「仇富」情結從經濟角度看是貧富懸殊造成的，而從道德、人性角度看則是「爲富不仁」引爆的。「媽的，好好兒的在街上走，汽車就猛狐丁的趕來也不問你來不來得及讓，反正撞死了窮孩子，就算碾死條狗！」（《咱們的世界》）保鏢老彭爲保護主人家屬而受重傷，「只剩下了一條胳膊，老爺一聲兒不言語，給了五十元錢叫走，就算養老彭一輩子，吃一口兒白飯，也化不了他多少錢，他卻情願每年十萬百萬的讓姨太太化，不願養個男兒漢。」（《南北極》）而在《生活在海上的人們》中，財主蔡金生他們不但平時強搶民女，草菅人命，在三十多對船出岔子只剩了五隻，人們萬分危難之際，還

分文不賠，如此惡貫滿盈，就難怪窮人們「沒一個不想吃他的肉」，而到聚眾造反的時候窮人們更是搶著去咬他們的肉，以致「柏樹上那五個狗入的，肉早給咬完了，雞巴全根兒割去啦，別提腦袋咧。」如此崇拜暴力，以暴為樂，全歸因於那種恨之入骨的仇恨，那種「恨不得吃了他」的仇恨，那種為富不仁則天誅地滅的「暴力理學」「仇富情結」，以及那種「這世界多早晚總是咱們窮人的」造反理想。

魯迅就曾追究中國人這種怨憤、仇恨的根源，「中國人所蘊蓄的怨憤已經夠多了，自然是受強者的蹂躪所致的」，並提醒要對之進行疏導：「對於群眾，在引起他們的公憤之餘，還須設法注入深沉的勇氣，去鼓舞他們的感情的時候，還須竭力啟發明白的理性；而且還得偏重於勇氣和理性，從此繼續地訓練許多年。」否則，「單靠一種所謂『氣』，實在是非常危險的。」〔註74〕但是，在穆時英筆下，「深沉的勇氣」被置換成「瘋狂的蠻勇」，「明白的理性」被替代成「渾濁的非理性」，倒是那種危險的「氣」（怨氣、惡氣）被蔓延開來，當遇著富人，特別是惡貫滿盈無惡不作凶神惡煞的富人時，窮人們不由得怒從心上起，惡向膽邊生，來個「窮凶極惡」（「窮」得太「凶」，只有出「極」一口「惡」氣，以求平衡），殺富濟貧。這種暴力崇拜心態可以理解，但不容寬恕。

「暴力自虐」是新感覺派小說的第四大特點。如穆時英的《夜總會裏的五個人》就將精神自虐（精神暴力）和肉體自虐（自殺）融合在一起。小說寫破產的金子大王胡均益、失戀的音樂家鄭萍、由紅轉黑年華漸老的舞女黃黛茜、與世隔絕孤獨難耐的學者季潔和被撤職而失業的市政府一等書記繆宗旦，這五個「同是天涯淪落人」在「沒有理性的」「上帝進了地獄的日子」——星期六的晚上——共聚舞廳宣泄苦悶，季潔在拗火柴，鄭潔在自己給自己講笑話，其餘三人都在瘋狂地、不知疲倦地、爭分奪秒地跳舞，他們用笑來掩飾苦悶和絕望，但對笑的瞬間清醒：「多怪的笑聲啊！」「這是我在笑嗎？」「這是人的聲音嗎？」使一種「又害怕又寂寞的心情侵襲著他們」他們只能用再次的瘋狂來逃避，但一切的苦悶、絕望、恐懼都是「逃不了的！逃不了的！」隨著「時間的足音」，每個人又重新更加清楚地感到苦悶、絕望和恐懼，「覺得心臟慢慢兒的縮小了下來」，感覺自己「像一隻爆了的汽球似的」，於是笑話沒法講下去，舞累得跳也跳不成，買醉尋樂，甚至渴望黑的槍眼。最

〔註74〕魯迅《雜憶》，《魯迅全集》第 1 卷，人民文學出版社，1981 年版，第 225～226 頁。

後，金子大王胡均益開槍自殺，這些「幽靈似的」「沒了靈魂似的」「疲倦的人」給他送殯，但也只是「傷心人送傷心人」，明爲悼人實爲悼己（自傷自悼）——「我真做人做疲倦了！」「能像他那麼憩一下多好啊！」「我也有了顆老人的心了！」「你們的話我全不懂。」從精神自虐到肉體自虐再到自殺，這一種「暴力傾向」將都市人的寂寞、迷茫、孤獨、苦悶、絕望和恐懼體現得淋漓盡致，但是「No one can help！」「前面是一條悠長的，寂寥的路」，這種「遼遠的城市，遼遠的旅程」極具現代派的色彩，「暴力」讓一切色彩紛紜喧嘩騷動花天酒地尋歡作樂嘎然而止，又重新開始這種非理性的「精神自虐」。

綜上所述，無論是左翼作家，還是新感覺派作家，當他們由「詩人」向「戰士」轉變的過程中，那種「戰士」的激情、思想與身份特徵使他們推崇暴力。無論是暴力革命，還是暴力殺戮，無論是階級正義，還是道德正義，說到底都是日本表象下回歸傳統尚武、俠——士文化的一種表現。那種貧富、善惡、無權有權的二元對立思維和鬥爭實際，使得階級鬥爭實質上是一種罰惡、奪權的行爲。作家們一方面明白「階級鬥爭的思想傾向於提煉『暴力觀』」，要警惕暴力的泛濫；另一面則認爲「只要無產階級爲了實現馬克思的觀念，堅定地擁護革命思想，就可以避免世界未來面臨的危險。……作爲階級鬥爭情感的一種純粹和簡單的表達的無產階級暴力，也必然是美好和高尚的事物；它是爲文明的永恒利益服務的；或許，它不是獲取暫時物質利益的最佳手段，但是，它能把世界從野蠻主義裏拯救出來。」〔註 75〕願望相當美好，實踐難免有所偏差，當深受中國傳統文化浸潤的作家們以「戰士」的激情配合著詩性的手段進行寫作的時候，就難免會偏離「馬克思的觀念」（無產階級集體主義革命理念），而演繹爲中國「俠——士」傳統的除暴安良嫉惡如仇的「文學行爲」。當然，左翼和新感覺派的「暴力敘事」的「理性」與「非理性」的心理基礎還是不能混淆。如果說左翼文學的「暴力敘事」，是出自於一種政治理性的「革命想像」；那麼「海派」小說的「暴力敘事」，則體現爲都市情緒的非理性發泄（尤其是在「暴力自虐」中有著充分的展現），即使它的階級暴力敘事受到左翼文人稱讚，但很明顯它不具有左翼的政治理性，反而顯得野蠻衝動、缺乏方向。兩者間思想本質上的巨大差別，是最終導致社會對其不同取捨態度的關鍵原因。

〔註75〕【法】喬治・索雷爾著、樂啓良譯：《論暴力》，上海人民出版社，2005 年版，第 70～88 頁。

第二節　準左翼作家的暴力敘事

一

　　要明白何爲「準左翼」，就得從「左翼作家」入手。「左翼」（left wing）的「左」（left）是指擁護社會主義的，「左翼」是指在政黨中的擁護社會主義者。但是中國的「左翼」（左聯）卻非政黨，只是一個群眾組織作家聯盟，裏面有不少非共產黨員作家（如魯迅等）。根據有關資料，當時中共對左聯關心、領導不夠，只通過年輕黨員來執行運作，把其視爲一般群眾的革命團體，忽略其「作家」身份（特殊的文學與思想鬥爭），而注重其「左翼」的政治屬性。〔註76〕一方面並非政黨，另一方面具有政治屬性；一方面是「作家」，另一方面是「左翼」。隱約可知左翼作家是一個歧義百出、非常含混複雜的概念。因爲一、從身份上看，似乎只有加入「左聯」（中國左翼作家聯盟）的作家才能被稱爲「左翼作家」，但是，這種劃分方法有兩個問題難以解決：第一是「左聯」這個名稱是「中國左翼作家聯盟」的簡稱，換言之左翼作家早就存在，「左聯」只是這些左翼作家的「聯盟」罷了，是先有左翼作家然後才有了這個「聯盟」，這個時間順序和邏輯關係不能顛倒互換。第二，曾經參加左聯而又被左聯除名的作家算不算左翼作家，如葉靈鳳在三十年代初參加左聯，後因參加民族主義文學運動，於 1931 年 5 月被左聯執委會通報除名；又如周全平曾被選爲左聯的候補常委，但 1931 年因一筆革命經費在他手裏下落不明而被左聯執委會通報除名，他們到底算不算左翼作家？還是算「曾經的、從前的左翼作家」？從「身份」上推斷似乎比較困難，那麼從「精神傾向」上看，似乎只有主張階級鬥爭、無產階級革命的作家才算得上左翼作家，但是持這類主張的語絲社、創造社、太陽社又彼此針鋒相對，互不相讓，似乎很難判斷誰「更左翼」，「更無產」。而且，戴著「革命」的帽子耽於唯美主義和愛情書寫的葉靈鳳，寫過《塵影》但趨向「精神共產」並曾爲民族主義文學刊物撰稿數篇的黎錦明，〔註77〕甚至宣稱「曾受過小資產階級的大學教育的我輩，是決不能作未來的無產階級的文學」的郁達夫似乎在「精神傾向」上更多小資產階級的精神趣味，又很難算作嚴格的「左翼作家」。另外，寫過《八月的鄉

〔註76〕馮雪峰：《回憶魯迅》，《魯迅回憶錄》，專著中冊，北京出版社，1999 年版，第 586 頁。
〔註77〕《黎錦明小說選》，人民文學出版社，1983 年版，第 296～297 頁。

村》的蕭軍，在革命經驗和革命精神上不比任何一個左翼作家遜色，卻未被批准加入左聯，只能被視爲「同路人」，這恰恰形成了對「精神傾向」標準（以及以上的「身份」標準）的否定。那麼，從第三個標準即「創作風格」（注重無產階級集體主義革命精神在創作中的作用，注重革命暴力，昭示革命必勝的信念，等等）來判斷，又如何呢？似乎也不大容易。因爲左翼作家至少有三種「革命」風格：一種是革命理論色彩相對較濃的創作，如胡也頻、蔣光慈、洪靈菲、戴平萬、華漢等作家，他們的創作中時不時會出現諸如「集團的革命」「統一的意志」「無產階級精神」「組織革命」「爲了無產階級」「鬥爭的本體」等等比較顯著、浮露的革命話語。一種是在人生寫實或鄉土寫實中顯示革命的必然性，如茅盾、柔石、魏金枝、沙汀、艾蕪、蔣牧良、葉紫、張天翼等等左聯作家，以及葉聖陶、王統照、吳祖緗、巴金等非左聯作家（但他們都有「革命」傾向）。還有一種就是像東北流亡作家群那樣的直接書寫革命經驗和革命精神的作家創作，如左聯的端木蕻良、舒群，非左聯的蕭軍等等。這樣一來，三種「風格」誰更「左翼」呢？很難區別。即使說三種風格都是左翼風格，以表明左翼文學的豐富性，那麼相似風格的非左聯作家是否也可以被稱爲左翼作家？如果不可以，那麼這個「創作風格」的標準也就等於無用。如果說可以，那麼左翼（左聯）作家的隊伍一方面會進行擴大，將非左聯的作家納入進來，另一方面又會縮小，將非此風格的葉靈鳳等人「驅逐出境」。這樣，左翼作家和是否參加「左聯」就變得關係鬆散，「中國左翼作家聯盟」這個名稱就有自相矛盾自打嘴巴之嫌，「左翼作家」也就變成了一個非常不穩定的概念。

簡言之，「身份」、「精神傾向」和「創作風格」這三個標準都不足以嚴格限定「左翼作家」這個概念。那麼，有一個折中的、相對辯證的分法是：一、參加「左聯」的都稱爲「左翼作家」（同時具備革命精神傾向和創作風格的稱爲「嚴正的左翼作家」，通稱「左翼作家」，楊義的《中國現代小說史》注重的正是這種作家）。二、因爲「左翼作家」只是作家的一個身份、一種特色，當作家的其他身份、特色比「左翼作家」更爲顯著、更爲獨特的時候，可酌情列爲後一特色的作家，如楊義在其《中國現代小說史》中就將左聯的端木蕻良、舒群、李輝英等，與非左聯的蕭軍、蕭紅共同列爲「東北流亡作家群」，又將艾蕪、沙汀、周文等左聯作家全數歸入「四川鄉土作家群」，這應該是一種比較辯證的劃分方法。三、沒加入左聯，但又具有革命傾向和創作風格的

作家，可稱為「準左翼作家」，如蕭軍、巴金、葉聖陶、王統照等等，這樣既保證了「左翼作家」的團體（左聯）性質，又照顧到「準左翼作家」的相似特徵，又避免了「非左翼作家」這個概念的寬泛無邊、大而無當，可以說相當合理。說到底，左翼並非一種流派和風格，而是作家的一種政治身份或傾向。

在 20 世紀 30 年代的準左翼作家當中，巴金、蕭軍、葉聖陶、王統照等人都與日本「尚武」文化不發生直接關係，但是他們的小說創作卻都推崇「尚武」而鼓吹「暴力」，這一現象不能不引起我們研究者的高度重視。

眾所周知，巴金是一位無政府主義思想的忠實信徒，巴金從對「專制的王國」似的「富裕的大家庭」的憎恨、不滿出發，開始覺得「社會組織的不合理」，要「改造」社會。他 15 歲的時候，他的這種苦悶情緒遇到了知音，那就是克魯泡特金的《告少年》（節譯本），廖亢夫描寫俄國革命青年反抗沙皇統治而英勇犧牲的話劇《夜未央》以及《實社自由錄》第一集中的高德曼的文章。這些無政府主義的名家名文，以「煽動性的筆調」使青年的巴金的「心燒成灰」，並且「第一次在這另一國度的一代青年為人民爭自由謀幸福的鬥爭裏找到了我的夢幻中的英雄，找到了我終身的事業」，才「有了明確的信仰」。不久他就通過書信、會談等方式與重慶的無政府主義團體「適社」建立了密切的聯繫，並做了適社《半月》刊的同人和編輯。並組織了秘密的無政府主義團體「均社」，被稱為「安那其主義者」，找到了友情和信仰，無政府主義照徹了他「靈魂的黑暗」，使他「好像一隻破爛的船找到了停泊的港口」，使他「懷著拜佛教徒朝山進香時的虔誠」。這種信仰使他直到老年也「一直不肯拋掉無政府主義的思想」。〔註78〕正是這種信仰促使巴金 1921 年初就以「芾甘」的筆名發表了《怎樣建設真正自由平等的社會》這樣飽含無政府主義思想的論文，並於 1927 年赴巴黎求學，探討無政府主義原理，翻譯了廖亢夫的《夜未央》和克魯泡特金的《倫理學的起源和發展》（上卷）等著作，並於 1928 年寫出了《滅亡》，正式將無政府主義思想融入其文學（小說）創作中。比較其他無政府主義思想，巴金更傾向於其中的暴力革命主張。

無政府主義的暴力革命主張，在巴金的眼中，大致分為兩個方面：一方面是主張階級鬥爭與革命。或者將「政府」毀滅於「無」的狀態，因為「政

〔註78〕巴金《我的幼年》，《無政府主義思想資料選》下冊，北京京大學出版社，1984
　　　年版，第 1003～1008 頁。

府是一種強權機關，是保障法律的，它只有殺害我們，掠奪我們的衣食住，又能侮辱我們，幫助資本家殺害貧民的。我們人類本是自由的，它卻創造出許多法令來束縛我們；我們是酷愛和平的，但它卻叫我們去戰爭」，所以，「我們要想尋幸福，第一步就是推翻它」。但這幸福的獲得是必須付出代價的，就是用「無量數的熱血」，「賭一點自由新血，與魔王破釜沉舟一戰而亡」，巴金極爲狂熱地鼓吹「我願我們的朋友和我們預備著滿腔的熱血，來幹這最痛快、最愉快的革命事業，齊向這幸福的路上走！」〔註 79〕或者主張階級鬥爭，反對資本家，因爲「那些資本家，壟斷世界公有的財產，使我們貧民不能生活，政府不但不去罰他，反設法律來保護他。人民沒有吃的，只得搶些來吃；沒有穿的，只得搶些來穿；沒有用的，只得搶些來用；這都是那些資本家強迫我們人民做的。但是政府又說我們是強盜，要拿我們去槍斃。」故而要反對資本家及其保護者政府，「要建設眞自由、眞平等的社會，就只有社會革命」，否則「就要爲資本家的魚肉了！」〔註 80〕鑒於人類「早分成爲兩個對抗的階級」，他宣稱「無政府主義乃是階級鬥爭中被掠奪階級的理想和觀念學」，並贊同「無政府主義眞正的創造者是革命的無產階級」，認爲「無政府主義者並不反對階級鬥爭，而且還主張著」，因此，他極力推崇勞動階級的「橫暴」舉動，並建議「燒幾處縣知事衙門，搗毀幾所監獄，也可以幫助農民組織農村公社」，總之想法使暴動「帶有一點無政府主義的色彩」。〔註 81〕應該說，在無產階級反抗資產階級的「階級鬥爭」問題上，在反抗黑暗政府問題上，巴金與左翼作家沒有多大分別（除了他的無政府主義色彩相對較濃一些），故此，巴金可以說是一位「準左翼作家」。另一方面，巴金還主張以暗殺作爲革命的手段。他「並不反對暗殺」，認爲「恐怖主義既是現社會的罪惡造成的，則只要現社會──多數人受苦少數人享樂的社會存在一日，它便不能避免」，「恐怖主義的要點在『自衛』和『報復』，『自衛』是儆戒以後政府的行動，『報復』是報過去的仇。這在『地底下的』組織裏是需要的」，「是『地底下的』國家裏應有的現象」，在俄國如此，在中國也如此。簡言之，他爲暗殺尋找「社

〔註79〕茆甘：《愛國主義與中國人到幸福的路》，《無政府主義思想資料選》下冊，北京大學出版社，1984 年版，第 542～543 頁。

〔註80〕茆甘：《怎樣建設眞正自由平等的社會》，《無政府主義思想資料選》下冊，第533～534 頁。

〔註81〕茆甘：《無政府主義與實際問題》，《無政府主義思想資料選》下冊，第 831～837 頁。

會土壤」的合理性。而且他還為暗殺（恐怖主義）尋找「精神與手段」的合理性：他自問自答「我便反對恐怖主義，反對暗殺？不，不然。就恐怖主義的本身來說，它也有它的價值，我非但不否認，而且多少還贊同。」表明他對暗殺（恐怖主義）的價值的認可與肯定。他甚至認為在暗殺事件中「擲炸彈放手槍的人都有他不得不『放』，不得不『擲』的苦衷在」。這種「苦衷」或者為了「自衛和報復」，或者「為了愛」。巴金對「為了愛」的暗殺推崇備至，因為人造的各種制度漸漸將愛鏟除，使得人們彼此相恨，使得少數人壓制多數人，使得多數平民生於憂患，死於痛苦。「我們既不能活著使得人們彼此相愛，使受苦的多數人過幸樂的生活，那麼，我們可以犧牲自己的生命來破壞那制度或維持著制度的人，使得『憎』早點消滅，『愛』早點降臨。因為我不能生活在這沒有愛來統治的世界上，我沒有力量來實現愛，那麼我只能為愛之故而死。所以為了愛而殺人，而自己被殺。以我的一命報被殺者的一命，被殺者會感到種種痛苦，然而同樣的我以自己的痛苦來報償。」「極端的愛而不得不用恐怖主義表現出來，自己無所不愛，而不得不拋棄所愛的一切，殺身成仁，來為將來的人謀普遍的愛的生活」，這種為了愛而暗殺，為了愛而「破壞這恨的世界」的無政府主義戰士，「他的手槍，他的炸彈，不是鋼鐵和炸藥，而是自己的血和淚以及無數平民的血和淚造成的」，而這一切都是根源於廣博的愛。正因如此，巴金對「為了愛」而實行暗殺的無政府主義戰士的人格精神讚賞有加，將之譽為具有「崇高的人格」的「有偉大人心之至人」，「世間最優美的人」，並認為「這樣的死比耶穌之被釘十字架、蘇格拉底之仰毒藥，還要光榮得多。這才是真正是為愛之故而死呢！」對無政府主義的暗殺可謂推崇到登峰造極無以復加的地步。總之，無政府主義的暴力革命思想，使他「對於恐怖主義相當贊成，並且對於『恐怖主義者』也極佩服」。〔註82〕然而，歸根結底，這種暴力革命思想，雖然有無政府主義色彩，但對於熟讀四書五經和古代小說〔註83〕的巴金來說，更多「替天行道」「殺身成仁」〔註84〕的中國俠士文化的氣息，或者嚴格來說，是中國俠——士傳統使巴金找到了無政府主義，也使無政府主義這種外來思想在中國俠——士文化的土壤中

〔註82〕苶甘：《無政府主義與恐怖主義》，《無政府主義思想資料選》（下冊），北京大學出版社，1984年版，第742～749頁。

〔註83〕巴金：《我的幼年》，《無政府主義思想資料選》下冊，第1007頁。

〔註84〕苶甘：《無政府主義與恐怖主義》，《無政府主義思想資料選》下冊，第744、748頁。

紮根，並成爲他的信仰。這種辯證的關係，必須認眞對待。

也正因此，在「滅亡三部曲」(《滅亡》、《新生》、《死去的太陽》) 與「愛情三部曲」(《霧》、《雨》、《電》) 中作者宣揚無政府主義的暴力革命暴力暗殺，歌頌主人公肉體「滅亡」的獻身精神，我們很容易就能找到其「暴力敘事」的思想動機。

例如在《滅亡》中，巴金的無政府主義暴力革命思想主要體現爲兩方面。一方面，是主人公杜大心的「憎恨哲學」，他對人壓迫人的社會與階級現實極端憎恨，他教人「憎」而不是教人「愛」。他反對愛、和平以及大自然的美，認爲這些東西「欺騙人，麻醉人」，「至少在我，在那被汽車碾死的人，在那無數凍死餓死的人，這些東西都是不存在的！所以我要詛咒人生！」(第六章)「我已經敲遍了人生底門，但每一扇門上都塗滿著無辜受害者底鮮血。在這些血迹未被洗去以前，誰也不配來讚美人生」(第七章)，正因爲這種帶血的現實，杜大心強調「我要叫人們相恨，唯其如此，他們才不會被騙，被害，被殺。」(第七章)「我不能愛。我只有憎。」「我既然不能爲愛之故而活著，我卻願意爲憎之故而死。到了死，我底憎恨才會消滅。」(第十二章)「至少在這人掠奪人、人壓迫人、人吃人、人騎人、人打人、人殺人的時候，我是不能愛誰的，我也不能叫人們彼此相愛的。凡是曾經把自己底幸福建築在別人底痛苦上面的人都應該滅亡。我發誓，我拿全個心靈來發誓說，那般人是應該滅亡的。至少在他們滅亡之後，人們才能相愛，才配談起愛來。在現在是不能夠的。」(第十章)面對著貧民像狗一樣被撞死不理，面對偷蘿葡的小孩被送巡捕房，面對賣小孩、吃活人 (人吃人) 的各種因貧富懸殊、階級壓迫、社會不公而造成的悲慘境況，他要「宣告一個階級、一個社會底死刑」，歌頌撒旦的反抗。(第七章)正因如此，他不僅鼓吹「憎恨哲學」，還宣揚暴力抗爭，以流血、復仇來消滅憎恨之情與憎恨之源。「我所負的責任乃是擔起人間的恨和自己的恨來毀滅這個世界，以便新世界早日產生。我應該拿自己的痛苦的一生做例子，來煽起人們底恨，使得現世界早日毀滅，吃人的主人和自願被吃的奴隸們早日滅亡。」(第十二章)爲達此目的，他決定要做一個「爲同胞復仇的人」，「以自己底壯烈的犧牲去感動後一代」(第九章)「就是死，也要像狼一般地奮鬥到死，總得把敵人咬幾口才行！」(第十章)但是這樣暴力復仇暴力抗爭的結果是「滅亡」，不僅是把幸福建築在別人苦痛之上的壓迫者的「滅亡」(或詛咒其滅亡)，也是反抗壓迫英勇獻身者的「滅亡」：他

明白「對於最先起來反抗壓迫的人，滅亡一定會降臨到他底一身」，但是「在什麼時候，在什麼地方，沒有犧牲，而自由居然會得勝在戰場？」所以，「爲了我至愛的被壓迫的同胞，我甘願滅亡」。（第七章）還是旁觀殺革命黨，沒有同情心的看客的「滅亡」：相信他的社會主義主張以及用革命推翻不平社會思想的革命者、「大孩子」似的張爲群運送傳單被捕，被殘酷斬首，但看客們將之視爲「殺人盛典」，爭先恐後「見見世面」，甚至咒革命者爲「瘟豬」「無父無君的禽獸」「殺革命黨越慘越好」，甚至踢人頭玩。這種愚昧、奴性與冷漠使杜大心感到一種「不能抑制的憤怒」，「他現在確實相信所有這些人都要滅亡，而且要先他而滅亡。……一個破壞的激情在他底身體內發生了，他很想把這一切人，這一切建築毀壞乾淨！……在他底利刀般鋒利的眼光之下，所有過往的盛服艷妝的男女都被剝下衣服，而且剮了皮，只剩下那直立著的骷髏」，於是他感到「一種復仇的滿足了！」（第十八章）正是這樣的一種絕望發現，使他失去了「革命的對象」，如果爲這種看客而獻身，革命又有什麼用呢，又能改變什麼呢，因爲正是這種看客支持著黑暗壓迫的存在。正因如此，在這三種「滅亡」的夾擊之下，他從「暴力革命」演變爲「暴力復仇」，從爲受苦的大眾復仇演成爲個人復仇：「他感到一種劇烈的良心上的譴責。他明白是他斷送了張爲群底性命，是他斷送了『他』底妻子底幸福。『他』死了，而他自己仍然活著，這是不可能的。他應該用自己底生命來替『他』復仇。」（第十九章）於是，他從精神暴力（「憎恨哲學」、鏟除看客的心理）走向實實在在的暴力復仇（暗殺），他冒充新聞記者在總商會歡宴戒嚴司令的席上，向戒嚴司令連開四槍，打死一個馬弁，並開槍自殺。他的這種義無反顧的絕望復仇心態和孤注一擲的個人恐怖行爲，得來的結果是：

> 戒嚴司令並沒有死，半個多月以後就恢復了健康。他勃然大怒，說這是商會會長底陰謀，就把商會會長扣留起來。結果商會會長報效了二十萬元軍餉，買回了自己底自由。
>
> 戒嚴司令並沒有死。他正在慶幸杜大心底一顆子彈，使他得到二十萬現款，他底幾個姨太太也添了不少的首飾。然而杜大心底頭卻逐漸化成臭水，從電杆上的竹籠中滴下來，使得行人掩鼻了。（第二十二章）

戒嚴司令沒有滅亡，半個多月就恢復了健康，倒是杜大心長久滅亡了，戒嚴司令因禍得福，得到巨額的物質賠償，而杜大心卻永劫不復，身體腐朽。這

一種強烈的對比併不是對暴力復仇有所懷疑，而是彰顯了壓迫階級的殘忍、腐敗，並以此警示後人作前赴後繼的反抗。杜大心的這種雖有著「對於人類的深刻的憎恨」，但「終爲愛而死」「爲愛之故而殺人」的思想與行爲，正與巴金《無政府主義與恐怖主義》中提及的「犧牲自己的生命來破壞那制度或維持著制度的人，使得『憎』早點消滅，『愛』早點降臨」「爲愛之故而死」「爲愛而殺人，而自己被殺」的無政府主義思想有著驚人的一致，也與蔣光慈的《最後的微笑》中被壓迫者殺壓迫者天經地義的「革命理學」不謀而合。正是因爲這種爲了愛而實施暴力的反抗性與合理性，使得他的精神並沒有隨肉體而滅亡，反而感動後人：「他也不是白死的。在他死後一個多月的光景，他底足迹常到的那所海格路的洋房底鐵柵欄門便加上了重鎖。幾年以後全上海紡織工人實行大罷工，在這個鬥爭裏，工人占據了工廠，使各廠主不得不屈服。」而這場階級鬥爭、暴力抗爭的領導人物就是曾經反對杜大心「暴力革命」思想和爲愛而殺人流血思想的李靜淑。

《新生》的精神在一定程度中是《滅亡》中杜大心精神的延續與更新，然而更爲理性。杜大心的「滅亡」換來李靜淑等人的「新生」，又以李靜淑等人的階級鬥爭思想，改造李冷的個人主義思想、否定一切的虛無主義思想，使他相信人應該「在滅亡之前做一點事情」（三月二十五日）「凡是爲事業死的人都會復活在事業裏」（五月二十八日）「把個人底生命連繫在群體底生命上面，則在人類向上繁榮的時候，我們只看見生命底連續、廣延，哪裏還會有個人底滅亡？」（六月十日）。思想改變後的李冷不僅積極參加階級鬥爭運動，「用死來造成解放人類的力量，來把這個世界改變成一個非常值得人留戀的地方」，讓「那班吸血的人」「沉沒在這個血海裏面」（六月十一日）；還宣揚復仇，「血底債是需要血來償還的」（頁 286），並最終相信了「力量」（暴力），相信「槍」比「筆」有用，相信「我們要的正是力量！要摧毀這個黑暗的世界是需要力量的」「便是拿生命來冒險我也願意」。（225～233 頁）最後，這種階級反抗暴力革命換來的是李冷被捕被殺，但是這樣的「滅亡」換來的卻是李冷的「新生」，「我底死反會給我帶來新生」，而且更耐人尋味的是巴金將李冷比作基督，「戴著這荊棘的冠昂然地走上犧牲底十字架」「一粒麥子……若是死了，就結出許多子粒來。」可見他對暴力的極端尊崇景仰。這種暴力（階級鬥爭、暴力革命）——滅亡——新生的寫作模式在《死去的太陽》裏再次出現，王學禮經歷罷工示威鬥爭、群眾被殺或餓死等暴力事件後，「他不再相

信訴諸正義的手段」「他終日終夜所想的只是復仇，用一種狂暴的力量去毀滅敵人」，甚至連面貌上也「帶著一種狂暴的痕迹」。（第十八章）他「在飢餓與痛苦中他想到那班過幸福日子的人，不禁起了一種絕望的復仇的思想。……理性漸漸地失去了它底力量。他如今所需要的只是一種行動，一種血的滿足」，「變成受傷以後渴望復仇的猛獸」。（第二十章）於是實行焚燒工廠的「血與火」的復仇，最終被查證逮捕殺害，但是「滅亡」之後依舊是「新生」，「王學禮並不曾死去，他不過是一個死去的太陽」「經過了短時間的休息以後，死去的太陽又會以同樣的活力在人間新生。」

在接下來的「愛情三部曲」之中，「滅亡三部曲」那種「與汝偕亡」的暴力復仇思想逐漸有所收斂，或者嚴格地說，暴力復仇衝動被韌性戰鬥的革命理性所限制，二者時有衝突，顯示出一種劍拔弩張的緊張氣氛。例如在《雨》中，激憤的吳仁民反對用研究、讀書、宣傳等文弱的手段進行革命，並語含譏諷：「大學校，實驗室，書齋只會阻礙革命的精神。讀書愈多的人，他的革命精神愈淡薄。……拿書本來革命豈不是大笑話！」（第二章）嘲笑文字宣傳革命「只是知識階級的精神手淫」。（第五章）他極力反對這種「迂緩」的革命方法，主張「速成」的暴力反抗，認為「要革命，還是從行動做起」（第二章 126 頁），而這種「行動」其實就是「暴力」，他要「這個卑鄙的世界！就索性讓它毀滅也好！完全毀滅倒也是痛快的事，比較那零碎的遲緩的改造痛快得多。」（144 頁第四章）「毀滅罷，這個世界真是罪惡之窟」。（第五章 171 頁）這種暴力毀滅的情緒衝動使吳仁民強烈渴望「把生命作孤注一擲」（165 頁第五章），相信沒有「血」的進步是不存在的，（158 頁第四章）他甚至要拿高志元帶回來的手槍去冒險（只是沒有找到手槍），「復仇的念頭咬著他的腦子和他的心」。（269 頁第十六章）最後，朋友們的理性、冷靜、韌性的戰鬥精神使他認識到「仇敵是制度」（269 頁），「這個黑暗的世界裏的確潛伏著一種如此巨大的力量。……痛苦把無數的人團結起來，使他們把自己煉成一根鞭子，這根鞭子將來有一天會打在整個的舊社會制度上面，把它打得粉碎！」（272 頁）從暴力復仇衝動回歸韌性的革命鬥爭精神。

而《電》在某種意義上是《雨》的精神寧馨兒。只不過吳仁民在這裏變得理性沈穩，而他原來的激憤暴力復仇衝動被敏所繼承。小說在理性與衝動、持久革命與暴力暗殺（復仇）的辯論之間展開：

「羅馬的滅亡並不是一天的事情」（吳仁民）

「那麼毀滅一個勢力，究竟需要多少人犧牲呢？」「那麼從現在走到那光明的將來，這條路上究竟需要多少屍首來做脚墊？」（敏）

「我的血每夜每夜都在叫。我知道這是那些朋友的血。他們在喚我。我眼看著好些朋友慷慨地交出了生命。他們爲了信仰沒有絲毫的猶豫。我不能夠再做一個吝嗇的人。」（敏）

「一刹那的痛快固然使你自己滿足了，可是社會要繼續存在下去。它需要勇敢的人長期爲它工作。」（吳仁民）

「我不能夠坐等滅亡。我要拿起武器。」（敏）

「我們的工作做得還不錯。我們現在不需要暴力。暴力會先毀掉我們自己！」（方亞丹）

「沒有一次犧牲是白費的，沒有一滴血是白流的。抵抗暴力的武器就只有暴力！」（敏）

「血固然很寶貴，可是有時候也會蒙住人的眼睛。痛快地交出生命，那是英雄的事業。我們似乎更需要平凡的人。」（李佩珠）——以上第四章

他說過他不能夠做一個吝嗇的人。他也應該交出他的生命。那麼，與其由別人來發動，還不如由他先下手，由他先使用暴力。（敏）

「不行，我們恨的是制度，不是個人」。他相信在目前暴力並不是必需的，個人的恐怖更沒有好處。……一時的痛快只會給他們摧毀一切。（方亞丹）——以上第六章

但是無論哪一種理性的革命思想都不能抑制敏的暴力暗殺（復仇）衝動，他置生死於度外、孤注一擲，用炸藥暗殺旅長，用自己的生命與鮮血詮釋了「爲愛而死」「不能忍受的生活應該用暴力毀掉」（《滅亡・七版題記》）「用死來證實信仰」（《〈愛情的三部曲〉作者的自白》）的無政府主義思想，以及巴金自己「我的憎恨是盲目的，強烈的、普遍的。……我常常把我的愛變成憎恨」，「感情與理智的衝突，思想與行動的衝突，理想與現實的衝突，愛與憎的衝突……把我拋擲在憎恨的深淵裏」的複雜內心世界。〔註85〕

從上可知，從「滅亡三部曲」到「愛情三部曲」，都存在著階級鬥爭、暴

〔註85〕《愛情的三部曲・總序》，《巴金全集》第 6 卷，人民文學出版社，1988 年版，第 44～45 頁。

力革命的思想與行動，那種「爲愛而殺人」的無政府主義暴力復仇（暗殺）的衝動更是一直不減，到了《電》裏面更是不可遏止、不受控制。正是這種暴力衝動使巴金寫出了與革命關係不大的純粹報私仇性質的《復仇》和《短刀》：例如《復仇》中福爾恭席太因爲妻子復仇，相信「復仇是最大的幸福」，殺了仇人還把匕首放在嘴唇邊，把血都吃了。《短刀》中主人公爲報奪妻殺父之仇，把仇人（紳士）像「殺一口豬」一樣瘋狂殺死。到了四十年代的抗戰小說「《火》三部曲」裏，巴金更把這種暴力暗殺正義化，這從他在《火》第一部、第三部裏描寫暗殺漢奸的理直氣壯、大義凜然、激情洋溢就可以略知一二。

綜上所述，巴金小說中那種爲民請命、替天行道、殺身成仁、血債血償、視死如歸的無政府主義暴力革命思想，恰恰是中國俠——士傳統的體現，在這裏，外來的無政府主義思想被中國俠——士文化所浸潤，帶著中國作風與中國氣派。

二

而蕭軍、林珏、舒群等東北作家則與巴金等有所不同：一方面長期的日本殖民歷史和尚武事實曾對他們產生過潛移默化的心理影響。另一方面是作家身份的特殊性，他們也都具有過習武從軍疆場廝殺的切身經歷，如蕭軍自幼痴迷中國武術，好爲人打抱不平，1925 年入陸軍 34 團當騎兵，1927 年考入「東北陸軍講武堂」，曾當憲兵，後在東北憲兵教練處任少尉軍事及武術助教。舒群於「九一八」事變後加入抗日義勇軍。端木蕻良於「九一八」後參加在綏遠抗日的孫殿英部隊。〔註86〕再一方面是黑土地文化的獨特性。東北地域廣闊，跨海擁陸，山嶽、密林、草原、沼澤、江河、平原相間，鳥獸蟲魚遍布，物產資源豐富，氣候極爲嚴寒。這種獨特的自然地理條件，致使東北土著民族便於以漁獵爲生。而由於氣候嚴寒、環境嚴酷，東北各族長期延續的漁獵經濟及文化中最引人注目的習俗和精神價值取向，莫過於勇悍尚武（另一方面，團體的協作精神也比較重要）。〔註87〕而這種好勇鬥狠雄強剽悍

〔註86〕舒群和端木蕻良雖然加入左聯，但是在左聯中他們的風格是非主流風格，其暴力敘事風格和茅盾、蔣光慈、葉紫、胡也頻、洪靈菲、華漢等等左翼作家不同，反而與準左翼作家的蕭軍相似，具有東北作家群的風格特徵，所以在此略爲提及此二人未爲不可。

〔註87〕逄增玉：《黑土地文化與東北作家群》，湖南教育出版社，1995 年版，第 14～

的尚武風氣便使東北鬍匪的大批出現成爲可能。就如蕭軍回憶的那樣：

> 當時在民間雖然有這樣的諺語：「好男不當兵，好鐵不打釘。」但在我們的家鄉——遼寧錦州、義州一帶，人們卻並不這樣看待的。當兵和當匪不獨沒什麼嚴格的區分以至恥辱的意味，相反的，這當兵竟成了那一帶某些青年人們的一種「正當」出路，一種職業，而且是一種近乎「光榮」的職業。這是因爲當時統治東三省的大大小小軍閥，幾乎全是當兵或當匪出身的。例如有名的軍閥：張作霖、馮麟閣、張作相、湯玉麟（綽號湯大虎）、孫烈臣，以至後來成爲抗日起義將領赫赫有名的馬占山（綽號「馬老疙疸」）將軍，就全是「綠林」大學出身，這是時代的產物，時代的風氣……

> 我家鄉那地方，地屬山區，民風是很閉塞、剽悍的，一般並不崇尚讀書。當軍官或「紅鬍子」（土匪別稱）是一般懷有野心的青年所嚮往的理想。〔註88〕

換言之，由於東北民風剽悍，故而重武輕文，尋求出路時也往往走向尚武之業（從軍或當匪）。綜觀源自西漢而盛於清末以後的東北土匪現象，雖有無惡不作、殺人越貨的「惡」的一面，但也有官逼民反投身綠林，殺富濟貧、「替天行道」及在民族危難的歷史關頭奮起抗日的壯舉善舉。〔註89〕

從上可知，若從「尚武」角度切入，則可以說漁獵文化和土匪（兵匪）文化是黑土地文化的鮮明特色。

上述一切，無疑是東北作家作品擅長於「暴力敘事」的精神資源。由於是「棄武」後才「從文」，東北作家群筆下的「暴力敘事」，往往給人一種經驗追溯的眞實感覺。如林珏的《血斑》，描寫了一個東北傷兵，面對著日本人的囂張氣勢，高呼著「祖國萬歲」的響亮口號，最後飲彈自盡誓死不當俘虜；又如蕭軍的《八月的鄉村》，描寫唐老疙瘩因李七嫂而連累戰友戰死，主動請求鐵鷹隊長槍斃他以明軍紀。再如舒群的《戰地》，描寫姚中受傷爲了不當俘虜，劉平向其頭部連開四槍，而後來自己也爲同一原因而飲彈自盡：

> 「你要做敵人的俘虜嗎？」

---

20 頁。

〔註88〕蕭軍：《蕭軍近作》，四川人民出版社，1981 年版，第 133、280 頁。

〔註89〕逢增玉：《黑土地文化與東北作家群》，湖南教育出版社，1995 年版，第 127 頁。

「不！」

「那你想怎麼的？」

「我受傷了，完了……這種時候，我爲什麼要兩個人幫我一個已經沒有用了的人呢？你們兩個人在鬥爭中不是很有用處的嗎？」

「這裏，不是容許我們救你的嗎？」

「救？忘記我吧！總是免不了死。」

「你不是還沒有死嗎？我們怎能忘記你呢？……」

他手抖索了幾下，從胸脯摸到腰間，他囑咐著我：

「忘記了我吧……可不要忘記我身上的槍和子彈！」

他說完了，很快地從腰帶間抽出了匣槍，向自己的頭上放了一彈。

〔註90〕

爲了不做俘虜，爲了不連累戰友，爲了使得戰鬥力充分發揮而從容自盡，在暴力場景中傳達出一種寧死不屈、以身許國的英雄主義精神，將軍人的榮譽和軍人的氣節，表現得慷慨悲壯氣勢如虹。東北作家慣於直接寫人物的暴力行爲，特別是戰爭中的暴力描寫顯得迅速、眞實而殘酷，盡顯戰場瞬息萬變的特徵，與左翼作家的在想像中實施暴力的寫作方式存在著極大的差異。

與此同時，黑土地文化中的「野性」意識與「鬍子」情結，更是他們藝術闡釋的書寫對象，例如蕭軍不僅在《側面》裏渲染著「我強壯」的剽悍人性，同時也在《第三代》中感歎著「女人也英雄」的民俗風情。

在《第三代》裏，「女人」、「土匪」「種」是詮釋尚武野性風俗的三個關鍵詞。就「女人」而言，凌河村的姑娘都喜歡好漢，而且她們自己就是英雄好漢，「能夠放槍也能夠殺人」，一旦被人侵犯就要勇敢反抗以命相拼，「我不管什麼官員，什麼人命……就是當今的皇帝……他如果侵害到我……我也要殺了他」；甚至勇悍得能當土匪，「有好些好樣的女人當鬍子……騎馬打槍……自己報『字』領幫頭比男人還幹得凶！」不愧「英雄」，「好漢子」。她們都是「有刀一般斬斷力和蜂一般刺的女人」，具有著應該生長在男人們身上的「最好的和最強硬的骨頭」，她們就像一棵不知名的樹，「無論什麼樣的風，只能夠稍稍擺動一些它的枝枝葉葉，而那主幹總是一根棍樣地都夠挺立不動！」勇敢、堅

〔註90〕舒群：《舒群代表作》，華夏出版社，1998年版，第102頁。

強、剛毅是她們的總體性格特徵。而「土匪」呢？像海交一樣，「作商人我又不愛財」，又因「一向是看不起那些王八似的無能的東西」而不願做軍官，再就是因爲沒地可種又受壓迫而不做農民，習慣於自由粗野，終於走向「作鬍子」之路。他們「像天空的鷹一般地生活著」，超出這個社會法則以外生活著，不繳納捐稅，也不遵從任何法律。他們「快樂、輕飄、蔑視任何東西」，自由不羈。他們不相信一切，只相信武力，「他們只相信手裏的槍和腰裏的子彈，只有和它們同在，在他們才有了生命，有了靈魂，有了膽量，有了一切」，只有這樣，「他們才會一顆石塊似的，毫無思慮，無時無地覺得自己全是合理而堅強地存在著了」，他們相信「勇敢和忠誠」比「聰明」可貴。另外，他們講究「綠林義氣」，劫富濟貧，只搶大地主而不擾村民，也絕不投降官軍而回來捉拿自己的夥伴，他們同心同德，有仇必報，「至死不投降！……至死要用這支槍替他報仇！」甚至「窮人要報仇……只有一條路──當鬍子。」有仇不報非鬍子。除了「女人」「鬍子」之外，《第三代》中的尚武野性風俗還體現在「種」的觀念上。或者是粗獷強硬的「種」：孩子「要像他那英雄的爹」，「眞正凌河村的種子」有著「剛強的氣魄」。或者是勇於復仇的「種」：凌河村「連一個孩子也能放槍」「他們兒孫是懂得仇恨的」，他們「不要一個只會流眼淚的兒子」，而要一個「能報仇的兒子」，他們對仇人恨之入骨，「若不給你一個報復，就不能算我爹的種子」。他們以「三人松」的復仇傳說而自豪，更以「三人松，青青青！不怕雨，不怕風，不怕雷劈和閃崩，不怕水火和刀兵」的歌謠鼓勵「兒孫們復仇和前進」。正因爲這種野性尚武的風俗與精神，才使得他們喜歡在太陽底下戰鬥，而不喜歡猫頭鷹似的戰鬥，才使得敢於反抗洋人、地主、官員、神佛等一切壓迫人欺騙人的權威，曾參加「義和團」的老英雄井泉龍的笑聲成爲「凌河村的靈魂」，也使得作者蕭軍也崇尙那種豪俠仗義剛烈頑強的精神氣魄，甚至敬佩土匪：「當鬍子，我認爲是好漢子幹的，他們用自己的腦袋做本錢，所謂兩手換的買賣，堂堂正正地去搶奪，大大方方地來吃喝，痛痛快快地打死自己所不喜歡的人，這是多麼豪俠的生活啊！」〔註91〕而這些正是東北民族的特色，也是東北民族自信自強的本錢。

而這種「尚武」崇拜與民族自強的狂熱情緒，一旦被置放於「救亡圖存」的時代背景之下，那麼就形成了《八月的鄉村》等作品中那種剛烈無比的復仇心態。

〔註91〕蕭軍：《我的童年》，黑龍江人民出版社，1982 年版，第 78 頁。

例如蕭軍《八月的鄉村》中，「當過鬍子」的抗日游擊隊隊長鐵鷹，「他殺起人向來是沒有溫情的，……人們綽號全叫他鐵鷹，這是象徵他的猛鷙和敏捷」，是個「勇武的英雄」。與此同時，他還是個「民族的英雄」。他率領戰士們浴血奮戰，使得戰士們「全要顯示自己是英勇的，沒有一點膽怯或憐憫來殺一個日本兵，更是殺日本軍官。他們鄙視這些東西，他們知道再無能也沒有。」他打仗「比任誰全英勇」，他是「一個英勇的隊長，一個守革命軍的紀律，和遵守革命軍命令的戰爭員」，他打仗是「有計劃的打」，「他懂得了怎樣思想；怎樣非撲滅了日本軍不可；怎樣把同志看成比自己的弟兄更親切；怎樣遵守和奉行革命軍的紀律」。他相信如果「不想作奴才，也不想被日本兵趕跑、殺死」「要建設我們『自己的政府』」，那麼「一定要先把屠殺我們的日本兵，日本軍閥走狗們殺的一個不剩———一個不剩我們才能活著，我們子孫才能活著」。〔註92〕而農民出身又「當過兵」的陳柱司令更是一位英雄將軍，他要求革命戰士須有「鐵的紀律」，還要有「鐵的戰鬥意志」，作「為勞苦大眾，為全世界弱小民族爭自由、爭平等的好漢」，這樣即使是死，也是「光榮的死在我們敵人的手裏了！我們死是為了自己的志願，為了替人民做革命的先鋒，為了自己的責任，為了目前新的世界，為了向壓迫、殺戮我們的同志，和殺戮我們姊妹弟兄的敵人復仇」。〔註93〕正是在陳柱司令和鐵鷹隊長這樣的民族英雄的帶領下，這支由農民、鬍子、士兵組成的隊伍才具有了頑強的戰鬥力和堅不可摧的復仇意志。又例如端木蕻良的《科爾沁旗草原》（第一部）寫東北的鬍子由「老北風」領頭自己編為義勇軍，如旋風一樣一城一站地攻打日本鬼子，從「老北風，起在空，官倉倒，餓漢撐，大戶人家腦袋疼」的江湖豪杰變為「奮然起義，不斃倭奴不息」，並勸導人們「如有血氣，其各揭竿而起」的民族英雄。正是「老北風望南刮」的消息，使得農夫、小販、年輕人等等都嘯聚起來，使「我們要報仇呵，我們不能讓日本人永遠騎在我們的脖子上」的復仇聲音響徹天地。而端木蕻良的另一篇《遙遠的風沙》則略有不同，他寫了一個土匪二當家「煤黑子」和革命軍戰士們一同去見「大當家」作收編的最後磋商，他不僅從前殺人越貨，在去「收編」的路上還胡作非為，強迫店東為他一個人炒雞子，用炒豆子喂馬，夜間還強奸店東奶奶，把革命軍「艱難締造的紀律變成雙倍的無恥」；

〔註92〕蕭軍：《蕭軍代表作》，華夏出版社，1998年版，第79頁。
〔註93〕蕭軍：《蕭軍代表作》，華夏出版社，1998年版，第109頁。

但是他在遭逢「奴才的狗子」（敵軍）、朋友陣亡的情況下，「他臉上劇烈的一陣子痙攣，好像他對一切都忍耐不住了」，顯示出情深意重、義薄雲天的一面。即使隊長發出撤退的命令，他依然吼著「我不能走」，並在「我」的馬臀上猛刺，好讓「我」迅速撤離，他卻冒險斷後誓死為朋友復仇，最後浴血疆場，馬革裹屍還，展示其英勇無畏、殺身成仁的精神品格，這一點從作品最後那種悲痛惋惜的語氣就可以推斷出來。他從「私惡蠻勇」向「大善大勇」的轉變，從「土匪」向「英雄」的轉變，與被收編作革命軍參加民族解放事業的目的緊密相連，如果缺失這一目的，他最後的臨危不懼也不過是綠林豪氣絕不可能是民族英雄品格。周立波在《一九三六年小說創作的回顧》中就高度讚揚煤黑子，認為他是「一個在中國文學裏不常出現的土匪的典型的性格。……到末尾，有著土匪性格、無惡不作的煤黑子煥發著殉難者的聖潔的光輝，是怎樣令人懷念呵。」〔註94〕可以說，煤黑子走向最後「收編」的路正是一條使土匪向革命戰士昇華的路，是一條走向英雄的「心路」。有學者指出，「他的那些路途中的惡德惡行既是客觀的寫實又是具有象徵意義的『鋪墊』和對比，它們的存在為煤黑子最後的行為作了生動的襯托，益發增添、強化著其神聖和英雄色彩。或者說，煤黑子的所作所為正如一個『罪徒』走向最後的神聖，他的那些『路途』中的『罪孽』使其最後的『聖化』和『成仁』具有更加轟轟烈烈、驚心動魄的效果。」〔註95〕

從以上幾部作品可知，「野性」被轉化成了「民族性」、「鬍子性格」被演繹成了「英雄人格」，「暴力敘事」也因「愛國主義」的理想色彩，而理所當然地獲得了它藝術審美的合理價值。

三

在 20 世紀 30 年代的準左翼作家中，沒有加入左聯的文學研究會或人生寫實派作家如葉聖陶、王統照、魯彥、臺靜農等的「暴力敘事」與巴金、東北作家的「暴力敘事」相比，沒有巴金的無政府主義激情與俠士風範，也缺乏東北作家「真實」而「野性」的暴力書寫，當然也沒有左翼作家那種燃燒的革命激情與邏輯嚴密的革命理學，他們更多著一分文學研究會人生派作家

〔註94〕《周立波選集》第 6 卷，湖南人民出版社，1984 年版，第 142～143 頁。
〔註95〕逄增玉：《黑土地文化與東北作家群》，湖南教育出版社，1995 年版，第 130 頁。

的「切實」和「穩重」，不拔高人物的革命境界，也不肆意渲染暴力場景，他們的「暴力敘事」只是一種被控制得較好的「人生敘事」中的一個特徵，是被其他各家「暴力敘事」所啓發的一個特徵。

葉聖陶的《倪煥之》就將辛亥革命、「五四」運動、「五卅」運動和大革命（北伐）這一系列的暴力事件和思想事件串聯起來，展示主人公倪煥之從「族」的仇恨轉變爲「人」的意識，再轉變爲「群」的革命思想的心路歷程。茅盾就曾指出：「把一篇小說的時代安放在近十年的歷史過程中，不能不說這是第一部；而有意地要表示一個人——一個富有革命性的小資產階級知識分子，怎樣地受十年來時代的壯潮所激蕩，怎樣地從鄉村到都市，從埋頭教育到群眾運動，從自由主義到集團主義，這《倪煥之》也不能不說是第一部。在這兩點上，《倪煥之》是值得讚美的。」〔註96〕但是在這種「人生探索」的過程中，一直伴隨的卻是推崇暴力（革命）的思想。在辛亥革命的時候，那種革命的激情使倪煥之感到「彷彿有一股新鮮強烈的力量襲進身體，遍布到四肢百骸，急於要發散出來」「一面旗子也好，一顆炸彈也好，一枝槍也好，不論什麼，只要拿得到，他都願意接到手就往前衝。」那種「種族的仇恨，平等的思想，早就燃燒著這個青年的心」。即使光復前後一切幾乎照舊，教育改革由強勢轉向弱勢，但在「五四」運動時他的演講仍不改暴力「革命」本色，認爲「武人的升沉成敗裏頭就交織著民族國家的命運」，號召國民應當有一種「民氣」一種氣焰與氣概，「採取直接的反抗行動」，以團結而堅強的力量，外抗列強，內制蟊賊。他還意識到「我們要把社會看得同學校一樣重，我們不但教學生，並且要教社會」。而到了「五卅」運動時期，他更跳出教育救國的理想，指出「教育應該從革命出發」，接受了革命者王樂山的「要轉移社會，非得有組織地幹去不可」的革命理想，與工人們一起遊行示威，「齊握著仇恨的拳頭」，深深體會到「群眾的力量」與「反抗的必要」。在北伐期間，他與群眾一樣讚揚「爲民眾」的革命隊伍，推崇勞工武裝鬥爭，爲這種偉大的「力的聲音」而如痴如醉。但是，人革命的失敗及隨之而來的白色恐怖，使得王樂山等革命青年紛紛被害，使倪煥之的革命勝利的幻想被炸得粉碎，使他感到「人是比獸類更爲獸性的東西」，使他沉溺酒杯借酒消愁愁更愁，最後患腸窒扶斯而死。只是他臨死前的暴力幻象仍沒消除他暴力

〔註96〕茅盾：《讀〈倪煥之〉》，《茅盾全集》第19卷，人民文學出版社，1991年版，第207頁。

革命的意志：

> （王樂山）解開衣服似地拉開自己的胸膛，取出一顆心來，讓大家傳觀。大家看時，是鮮紅的活躍的一顆心；試把它敲一敲，卻比鋼鐵還要剛強。他又摘下自己的頭顱，滿不在乎地拋出去。接著他的動作更離奇了，他把自己的身體撕碎，分給每人一份，……受領他的贈品的都感到讚歎，像面對著聖靈。〔註97〕

很明顯，這種暴力幻象隱喻著將那種「比鋼鐵還要剛強」的敢於拋頭顱灑熱血的革命精神流傳後世，象徵著革命火種永遠不滅。正因如此，受其精神感染者才會像「面對著聖靈」一樣感服讚歎。而當這種崇尚暴力的思想延續下去的時候，葉聖陶更在《英文教授》中把反對暴力抗爭的董無垢教授形容爲一隻「有垢」「污垢」不堪的老鼠，這種對知識分子的貶損諷刺與蔣光慈的「精神自虐」（《咆哮了的土地》）相比有過之而無不及，恰恰反證葉聖陶暴力反抗思想的程度之深。

而王統照的《山雨》昭示了「山雨欲來風滿樓」的革命到來之必然。它首先揭示了農民活不下去的悲慘境況：預徵錢糧，強派學款，天旱，土匪侵擾，討赤捐，出兵差，強迫築路，過境的敗兵騷擾等等各種各樣接連不斷的災難，使得奚大有們「靠地吃飯」的幻想被打破，反正土地「橫豎留不了多少年，這樣下去，早淨晚淨，還不是一個樣」；即使要留地自力更生，但是時代「不比從前了，一個緊張的時代，求情告饒沒有效力。地畝的捐稅不但不能少下分毫，反而層層加重。誰知道一畝地應分交納多少？這裏的法律是說不到『應分』二字的，只能聽從城中下來的告示，催交的警役說糧銀多少就是多少。至於爲什麼？要作什麼用？問也白費。又是一些省庫稅，當地附捐，種種名目，他們聽聽不懂，也不會瞭解。但無論怎樣，都成了地的奴隸！他得隨時交付無量次數的『奴隸』的身價。」到後來，各種人爲苦難更逼得奚大有徹底地「成了一個無產者」。〔註98〕這樣，要對付多如牛毛的苛捐雜稅徭役，要從「奴隸」變成「人」，勢必要「官逼民反，民不得不反」，使農民們走上各自的反抗道路。例如徐利，本就性情剛烈，是「陳家村中頂不服氣的一個漢子」「就是不怕硬」，而且一身本領，渾身是膽，「與土匪作戰，

〔註97〕葉聖陶：《葉聖陶小説精品》，中國文聯出版社，2000年版，第234頁。
〔註98〕王統照：《王統照文集》第3卷，山東人民出版社，1981年版，第172、218頁。

他在村子裏一個人放步槍打接應」，出兵差時更領頭「做掉」兩個兵連夜逃跑回村。這一切造就他「對困難的爭鬥與強力反抗的性格」，在「不能過了」的時候，來個「瓮走瓢飛」，「非另打算不行」，被逼上梁山做土匪，火燒吳練長的房子，並下山報仇，同吳練長請來的兵苦戰一夜，子彈打完了，他把打空了膛子的槍丟到河裏去，被人捆綁時仍神色不變，是條敢於報仇的好漢子。而奚大有雖然比徐利馴順，具有農民的保守性，「老成保守的習性還沒完全去掉」，但是一次又一次的壓迫使得「十六七歲時學過鄉下教師傳授的拳腳」的他逐漸爆發出原始的反抗性，在單鋒脊殺兵偷營的戰功以後，他成了受村裏稱道的周身是膽的英雄。而當難以活下去時，他被杜烈的有錢有地有槍的是「吃人的老虎」的思想所啓蒙，被杜英所「引導」，更在兩天之內就被目光威嚴有力、態度鄭重明敏的「講主義」的祝先生所「征服」，於是從農民英雄好漢變成革命戰士，從農民的群體生活走向工人革命的集團生活，相信公道並不是「幾個想打抱不平的人」「從天空裏拿下來的」，而是要腳踏實地地爭取得來的，只有從原始的反抗轉向集團的反抗（革命），才能讓革命的大火燒遍全中國。

其他的準左翼作家如魯彥的《野火》、《鄉下》，臺靜農的《建塔者》等，都從原來的鄉土寫實或人生寫實，走向暴力反抗，不能不發人深思。

綜上所述，無論是巴金筆下的無政府主義式的暴力革命與暴力暗殺，還是東北作家筆下的英雄品格與野性復仇，還是葉聖陶、王統照等作家筆下的被迫反抗與趨向革命，都與中國俠——士文化的逼上梁山、替天行道、有仇必報、殺身成仁、積極入世等等精神氣質存在著千絲萬縷的聯繫。而這些暴力敘事與暴力思想也被「愛國」「革命」「英雄」等等神聖理由塗上了理想的色彩，從而獲得了「以暴為美」的審美價值，以及「以暴為路」的啓蒙價值。

第三節 沈從文的暴力——生命書寫

一直以來，學界大都關注沈從文的「從文」的一面，而人為地忽略其「尚武」暴力的一面（或者說注意其生命觀念，而沒發現其生命觀念與暴力的聯繫），筆者查閱了相關圖書資料，又以篇名、摘要為搜索範圍，在中國期刊網輸入暴力、殺頭、抗戰、戰爭、生命、俠義等等詞語，查閱了 1931～2011 的相關論文，發覺除了筆者 2009 年的博士學位論文，幾乎沒有關於沈從文暴力

敘事的專門研究，即使略爲涉及，或從形式角度分析其殺頭書寫，或從獵奇角度分析其軍旅描寫，或從表面分析其筆下人物的俠義特徵，但對沈從文筆下暴力敘事缺乏整體觀照，實際上，沈從文的暴力敘事折射出一種暴力──生命力的奇特形態與獨異觀念。

　　對於此一問題，首先要梳理何爲「暴力敘事」？如上所言，它主要是指中國現代文學史上，以推崇或表現暴力去進行思想啓蒙的一種文學創作傾向。中國現代文學「暴力敘事」甚具複雜性與豐富性，大概分爲三個層面。第一個層面也是最主要層面是政治層面的「暴力敘事」，如對革命、戰爭、翻身等直接暴力及主張以上內容的「觀念暴力」等的書寫。第二個層面是文化層面，它與前一層面相聯繫，或者說以前一層面爲底色，如梁啓超倡導尚武尚力精神，戰國策派尚力尚兵，等等，概言之是暴力文化精神。第三個層面是生命層面，以沈從文爲代表。沈從文的暴力──生命敘事非常獨特，從整體而言，他從破壞生命的暴力中尋找到建設生命的強力，即個體生命的強悍、雄武、健康與高尚，表現出一種暴力使生命力更加強悍，生命力因暴力而有價值的奇特的生命觀，暴力是其表現形態，生命是其內在含蘊。而考慮到人種弱化的現實，他繼而注重暴力──生命力的雙重「留種」，將湘西古典的游俠精神、「區域性的楚人氣質」打造成一種現代的、全國性的民族品德，即以「雄強的人生觀」建設國家，主張「生命力充溢者方能愛國」。無論是建設個體生命，還是建設國家生命，他的以生命力爲根基，從個體暴力──生命力──國家暴力（梁漱溟《中國文化要義》云「國家寄託在武力上」）的思路及其「一切精神更近於一個兵士」的特質都值得探究。

一

　　談及三十年代文學的「暴力敘事」，沈從文自然是一個無法排除的重要作家。從湘西邊城走向現代都市的沈從文，其軍人家世、從童年時代接觸的苗鄉風俗與生活、少年時代開始的軍旅生涯，毫無疑問是他小說「暴力敘事」的思想源泉。

　　就其家世而言，沈從文一家三代從軍，祖父沈洪富（沈宏富）曾統帥箅軍，二十二歲左右時，曾作過雲南通鎭守使，同治二年又作過貴州提督。「這青年軍官死去時，所留下的一分光榮與一分產業，使他後嗣在本地方佔了一個優越地位。」正是「由於存在本地軍人口中的那一分光榮，引起了後人對

軍人家世的驕傲。」〔註99〕沈從文的父親一出生，祖母便期望家中再來一個將軍。其父親從體魄和氣度兩方面說，從來就不缺少一個將軍的威儀，他碩大，結實，豪放，爽直，具有一個將軍所必需的種種本色；從十歲左右時，家中聘請武術教師同老塾師，讓其學習將軍所不可缺少的技術與學識。但遺憾的是，在晚清時期，他只作了一員裨將，到了民國二十年時還是一個上校。而沈從文一代，童年時他父親經常告訴他祖父的許多勇敢光榮的故事，給他一種軍人世家的驕傲。沈從文及其弟弟都曾從軍，後者更在二十二歲的時候便作了步兵上校，後來更位居團長（難怪沈從文的父親把當將軍的希望寄託在沈從文弟弟身上）。

如果說軍人家世遺留給沈從文尚力意識和榮譽意識，那麼從童年時他所接觸的苗鄉生活則培養了他的強悍與野性的性格因子。就其童年生活而言，直到沈從文離開家鄉多年已成著名作家的時候，他仍「常常生活在那個小城過去給我的印象裏，」〔註100〕可謂印象深刻，影響終生。例如苗鄉的好鬥風氣，就是產生這種影響終生的性格的土壤：

> 照地方風氣說來，一個小孩子野一點的照例也必需強悍一點，因此各處方能跑去。各處跑去皆隨時會有一樣東西在無意中撲到你身邊來，或是一隻凶惡的狗，或是一個頑劣的人。無法抵抗這點襲擊，就不容易各處自由放蕩。一個野一點的孩子，即或身邊不必時時刻刻帶一把小刀，也總得帶一削光的竹塊，好好的插在袴帶上；遇機會到時，就取出來當作軍器，尤其是到一個離家較遠的地方看木傀儡戲，不准備廝殺一場簡直不成。你能幹點，單身往各處去，有人挑戰時還只是一人近你身邊來惡鬥，若包圍到你身邊的頑童的人數極多，你還可以挑選同你精力不大相差的一人……
>
> 感謝我那爸爸給了我一分勇氣，人雖小，到什麼地方去我總不嚇怕。到被人圍上必需打架時，我能挑出那些同我差不多少的人來，我的敏捷同機智，總常常占點上風。有時氣運不佳，無意中被人摔倒，我還會有方法翻身過來壓到別人身上去。〔註101〕

正是這樣的一種好鬥風氣，使沈從文從童年時就崇尚野性、強悍，當其成為

〔註99〕沈從文：《沈從文全集》第 13 卷，北嶽文藝出版社，2002 年版，第 248 頁。
〔註100〕《沈從文全集》第 13 卷，北嶽文藝出版社，2002 年版，第 246 頁。
〔註101〕《沈從文全集》第 13 卷，北嶽文藝出版社，2002 年版，第 261～262 頁。

心理積澱時，便深深地影響了沈從文成年後的創作。例如在小說《我的小學教育》中，沈從文寫的並非文化教育，而是好鬥風氣給他的教育：

> 苗人們勇敢，好鬥，樸質的行為，到近來乃形成了本地少年人一種普遍的德性。關於打架，少年人秉承了這種德性。每一天每一個晚間，除開落雨，每一條街上，都可以見到若干不上十二歲的小孩，徒手或執械，在街中心相毆相撲。這是實地練習，這是一種預備，一種為本街孩子光榮的預備！全街小孩子，恐怕是除非生了病，不在場的怕是無一個吧。他們把隊伍分成兩組，各由一較大的，較挨得起打的，頭上有了成績在孩子隊中出過風頭的，一個人在別處打了架回來為本街掙了面子的，領率統轄。……
>
> 晚上，大家無事，正好集合到衙門口坪壩上一類較寬敞地方，練習打斤斗，拿頂，倒轉來手走路。或者，把由自己刮削得光生生的南竹片子拿在手上，選對子出來，學苗子打堡子時那樣拼命。命固不必拼，但，互相攻擊，除開頭臉，心窩，「麻雀」，只在一些死肉上打下，可以煉磨成一個挨得起打的英雄好漢，……總之，此種練習，以起疤為止，流血，也不過凶，不然，勝利者也覺沒趣，因為沒一個同街的啼哭回家，則勝利者的光榮，早已全失去了。
>
> 這一街與另一街必得成仇，不然，孩子們便找不出實際顯示功夫的一天！遇到某街某衕，土地戲開場，他們就有得是樂了！先日相約下來，做個預備。……各人自預備下應用的軍器，這真是少不得的一件東西！……最好最正式的軍器是「南竹塊」，這東西，由一個小孩子方面打到另一小孩子身上時，任怎樣有力，也不會大傷……缺少軍器的可以到都督（孩子頭──引者注）處去領取兩枚小錢，到錢紙鋪去，自己任意挑選。竹片在錢紙鋪中，除了夾紙已成了廢物，也幸有了這樣一種銷路，不然，會只有當柴燒了。〔註102〕

在沈從文的筆下，這種好鬥行為成為了少年人的普遍德性，成為了娛樂遊戲，成為了光榮，更變廢為寶，促進了竹片的銷路，融「力」「樂」「榮」為一體。而沈從文竟然將這種好勇鬥狠的風氣稱之為他的「小學教育」，可見其對這種野性強悍蠻勇行為的重視與留戀，也可見這種風氣對他的性格心理的教育或

〔註102〕《沈從文全集》第 1 卷，北嶽文藝出版社，2002 年版，第 263～265 頁。

塑形作用。

這種軍人世家和地方的好鬥風俗在一定程度上促成了少年沈從文的從軍。他從 15 歲到 20 歲之間入過湘西亦兵亦匪、似兵似匪的部隊。按他自己的說法，單是在懷化的一年零四個月，他就大致眼看殺過七百人，一些人在什麼情形下被拷打，在什麼狀態下被砍頭，他皆「懂透了」：一個「透」字正透露了他對這些暴力殺戮的熟悉，印象深刻，以及暴力對他心靈深處的滲透與透視。正因如此，他對這些暴力行為並沒有十分的憎惡，反而認為「這一分經驗在我心上有了一個分量，使我活下來永遠不能同城市中人的愛憎感覺一致了。……聽了些平常人不聽過的喊聲，且嗅了些平常人不嗅過的氣味；使我對城市中人在狹窄庸懦的生活裏產生的作人善惡觀念，不能引起多少興味，一到城市中來生活，弄得憂鬱強悍不像一個『人』的感情了。」〔註 103〕在這裏，他強調「善惡觀念」是城市人在狹窄庸懦的生活裏產生的，那麼，換言之，他的這種「暴力」軍旅經驗便以其廣闊與不平常造就了他的強悍心理，以及與城市人不一致的愛憎感覺。

簡言之，軍人世家的尚武意識與榮譽意識，好鬥風俗的野性與強悍，軍旅生活的暴力思想滲透，成為沈從文小說「暴力敘事」的思想源泉與心理根據。也正因為這些經歷與意識，已經灌注進他的情感與思想的血液，成為他生命中不可抹殺甚至不可否認的一部分，故此沈從文對於「暴力」現象的藝術書寫，並不是簡單地敘述某種殺戮行為，而是將其納入到生命本能的理性思考，進而去揭示原始人性的複雜因素。像「跳刀陣」、「獵野豬」、「沉潭」、「睡女屍」與「睡女匪」等故事題材，都市讀者所看到的只是荒野邊民的「野性」與「蠻性」，而在沈從文的思想意識裏卻體現為湘西精壯漢子性格的「烈性」與「血性」。

例如「通奸」與「沉潭」。在《巧秀和冬生》裏，沈從文寫二十三歲守寡的巧秀的媽媽年紀青，不甘心獨守空房，就和一個黃羅寨打虎匠相好，兩人被捉住，打虎匠被捶斷雙腳，私刑執行時，打虎匠不愧為打虎匠，咬定牙齒一聲不吭，只把一雙眼睛盯看這小寡婦，盡顯有情有義、強悍頑勇的男子漢本色與生命強力。而小寡婦則被沉潭，但沉潭的重點除了宣示這種刑罰的殘忍，更以小寡婦的剛強不屈的生命力反襯族祖們道德的虛偽與虐待的迷狂：小寡婦「青春康健鮮鮮的肉體」透露出其生命力的旺盛，而她「看不出恨和

〔註103〕《沈從文全集》第 13 卷，第 306 頁。

懼，看不出特別緊張」的神情使人們「都有點見輸於小寡婦的沉靜情勢」，使得「一切沉靜，誰也不肯下手」，即使族祖突然動手，也只是「貌作雄強，心中實混合了恐怖」，這一切都表明小寡婦以寧死不屈剛烈無懼的生命力挑戰僞善的道德。

而在《三個男子和一個女人》、《從文自傳》、《湘西‧沅水上游幾個縣份》中，沈從文則對「睡女屍」表示了極大的興趣。在《三個男子和一個女人》中，商會會長年輕的女兒新死第一天，喜歡她的號兵想像他到了墳邊，若聽到有呼救聲音，便來作一次「俠義事」，從墳墓中把人救出；第二天，他聽說吞金死去的人，新死七天之內，只要得到男子的偎抱，便可以重新復活，便決定掘墳救其所愛，可惜被人（豆腐鋪年輕老闆）搶先一步，後悔不叠。後來「這少女屍骸有人在去墳墓半裏的石峒裏發現，赤身的安全的臥到洞中的石床上，地下身上各處撒滿了藍色野菊」，這便使事情「離去了猥褻轉向神奇」。這種離奇的小說題材到了《從文自傳》中便成了記憶的印象：一個商會會長年紀極輕的女兒，得病死去埋葬後，當夜便被本街一個賣豆腐的年輕男子，從墳墓中挖出，背到山洞中去睡了三天，並又送回墳墓去。後來事情被人發覺，年輕男子就被捉住押往衙門正法。臨刑前一刻，他頭腦還清清楚楚，毫不糊塗，只沉默地注意到自己受傷的腳踝，沈從文還以爲他的腳是被打傷的，怎知年輕男子微笑了一會，輕輕的說：「那天落雨，我送她回去，我也差點兒滾到棺材裏去了。」當被詢問爲何做這件事時，他只當沈從文是小孩子，「不會明白什麼是愛」，而且自言自語的輕輕的說：「美得很，美得很。」當兵士恐嚇他「瘋子，要殺你了，你怕不怕？」他就說：「這有什麼可怕的，你怕死嗎？」爲了愛而不懼死屍，（恰證其愛之強烈與生命力之強盛）爲了愛而視死如歸，甚至臨刑前還爲了愛而如痴如醉，回憶與死者共處的種種「美」事，頭腦「清清楚楚」，彷彿死後便可以與所愛的人共舞黃泉，眞正長相厮守，不必擔心陰陽相隔，形神相離。這種「生命洋溢的性情」（《沅水上游幾個縣份》），這種對愛與生命力的雙重自信，如非血性男兒豈能爲之！正因爲如此，「睡女屍」便由「猥褻轉向神奇」，由死亡轉向生命，由恐怖轉向雄強。

與被沉潭的小寡婦、睡女屍的年輕男子一樣，被處極刑而絲毫不求饒盡顯生命野性與血性的是睡女匪的漢子。沈從文在《說故事人的故事》、《一個大王》（《從文自傳》的一個片段）中都對其極度讚賞。這個曾經做過土匪、山大王的弁目被沈從文稱爲「一個眞眞實實的男子」。他具有男兒的體魄：「這

大王身個兒小小的，臉龐黑黑的，除了一雙放光的眼睛外，外表任你怎麼看也估不出他有多少精力同勇氣。」此外，他還具有男兒的氣魄與勇敢：當大冬天有人說：「誰現在敢下水，誰不要命！」他什麼話也不說，脫光了身子，即刻撲通一聲下水給人看看。且隨即在寬約一里的河面游了將近一點鐘，上岸來時，走到那人身邊說：「一個男子的命就為這點水要去嗎？」另外，那個「長得體面標致」「為人著名毒辣」「十八歲時作了匪首，被捉後，年輕軍官全為她發瘋，互相殺死兩個小軍官，解到旅部後，部裏大小軍官全想得到她，可是誰也不能占到便宜」的匪首王夭妹，卻輕而易舉心甘情願地「信託了他，夜裏在獄中兩人便親近過了一次」。從此亦可見「這大王」的英雄了得。而且，他更有男子的重情重義：在女匪死去後，這弁目躺在床上約一個禮拜左右，一句空話不說，一點東西不吃，大家都怕他也不敢去撩他。到後忽然起了床，又和往常一樣活潑豪放。說是「夭妹為我死的，我哭了七天」，可謂重情義敢擔當的真漢子。「這大王」的種種罪行，在沈從文看來，卻是隱伏著「生命意識」，「我從他那兒明白所謂罪惡，且知道這些罪惡如何為社會所不容，卻也如何培養著這個堅實強悍的靈魂。」〔註104〕當他再次犯罪，從司令官口中得知他的命運歸宿時，就不再喊公道，「勇敢一點做個男子」，「做男子的作錯了事，應當死時就正正經經的死去」。這一個睡女匪、犯罪不斷的棄匪從軍的山大王在沈從文的筆下卻是個血性男兒，「一個真真實實的男了」，具有堅實強悍勇敢的靈魂與生命意識，從此亦可以看出沈從文對湘西精壯漢子性格的由衷讚美。

　　而在《我的教育》、《黃昏》、《節日》等作品中，逞凶鬥狠與殺人狂歡作為「湘西」文化的一種獨特形態，明顯被沈從文投以了為常人所難以理解的贊許或留戀目光。

　　例如「決鬥」，這種在沈從文故鄉可謂並不出奇的現象卻被沈從文津津樂道，在《從文自傳》中他就敘述過兩次。「當場集時，常常可以看到兩個鄉下人因仇決鬥，用同一分量同一形色的刀互砍，直到一個人躺下為止」，沈從義將之譽為比「所有的決鬥還公平」。（《清鄉所見》）在另一個場合，他將之娓娓道來：「至於我那地方的大人，用單刀在大街上決鬥本不算回事。……但本地軍人互相砍殺雖不出奇，行刺暗殺卻不作興。這類善於毆鬥的人物，在當地另成一組，豁達大度，謙卑接物，為友報仇，愛義好施，且多非常孝順。」

〔註104〕《沈從文文集》第13卷，北嶽文藝出版社，2002年版，第348頁。

並爲這類公平決鬥、光明磊落、豁達大度的人物的漸漸消失而噓唏不已。(《我讀一本小書同時又讀一本大書》)

而在小說《漁》中，沈從文則將這種決鬥仇殺大加渲染與讚賞：

> 過去一時代，這仇視，傳說竟到了這樣子。兩方約集了相等人數，在田坪中極天眞的互相流血爲樂，男子向前作戰，女人則站在山上吶喊助威。交鋒了，棍棒齊下，金鼓齊鳴，軟弱者斃於重擊下，勝利者用紅血所染的巾纏於頭上，矛尖穿著人頭，唱歌回家。用人肝作下酒物，此尤屬諸平常事情。最天眞的還是各人把活捉俘虜拿回，如殺猪把人殺死，洗刮乾淨，切成方塊，用香料鹽醬攙入，放大鍋中把文武火煨好，擡到場上，一人打小鑼，大喊吃肉吃肉，百錢一塊。凡有呆氣漢子，不知事故，想一嘗人肉，走來試吃一塊，則得錢一百。然而更妙的，卻是在場的另一端，也正在如此的喊叫，或竟加錢至兩百文。在吃肉者大約也還有得錢以外在火候鹹淡上加以批評的人。〔註 105〕

沈從文將這種決鬥與仇殺稱爲「天眞」、「流血爲樂」，絲毫看不出他對之的批判，反而帶有讚許之意：「近日因爲地方進步，一切野蠻習氣已蕩然無存，而仍不免有一二人藉械鬥爲由，聚眾搶掠牛羊，然虛詐有餘而勇敢不足，完全與過去習俗兩樣了。」言外之意是他不滿現在的「進步」「虛詐有餘而勇敢不足」，而有意爲「野蠻」「勇敢」的「過去習俗」立一紀念碑。

在小說《鳳子》中，沈從文更將「決鬥」推崇到登峰造極的地步，認爲「這個民族業已消滅的固有的高尚和勇敢精神」，在決鬥中存在，換言之，暴力使生命力更加強悍，生命力因暴力而有價值。因此，決鬥「這種習俗原有它存在的價值」。〔註 106〕所謂「勇敢」是指強悍苗人、獵戶等，「因了他們的勇敢、眞實以及男性的剛強，常常容易發生爭鬥」，彼此用那些放光的銛利的刀，亂斫亂劈，用長長的扁擔，橫來斜去，有時還跑著追著，「在沉默裏來解決一切」，「在法律以外的爭持，只有在刀光下能得其平」。而所謂「高尚」，一是由於這種決鬥的「極合理」「極公正」，「這種解決既然是公正的，也就應當得到神的同意」；二是當決鬥結束，一人受傷倒地，失去了自主防禦能力時，甲長一類的人物便大聲制止，「虎豹不吃打下的人，英雄也不打受傷的虎豹」，

〔註 105〕《沈從文全集》第 5 卷，北嶽文藝出版社，2002 年版，第 271 頁。
〔註 106〕《沈從文全集》第 7 卷，北嶽文藝出版社，2002 年版，第 145 頁。

大家一齊救護傷者，體現出一種公平的氣概與救弱扶危的憐憫之情。故此，這種決鬥被譽爲「極美麗的風俗」，〔註107〕被高尚化與神聖化了。

「決鬥」這種風俗因其「天眞」「公平」「勇敢」「美麗」而被高尚化與神聖化尚情有可原，令人難以理解的是，沈從文竟然還能從充滿暴力的血淋淋的「殺人」行爲中提煉出生命的健旺與快樂，眞可謂「從血泊中尋覓詩意」。

小說《新與舊》中的戰兵楊金標初當劊子手時，年紀正二十四歲，尚是個光身漢子，體魄健康，生命力強，生活自由自在，殺人本領高強（一口氣用拐子刀團團轉砍六個人頭不連皮帶肉，創造殺頭「奇迹」），一切皆來得幹得，對於未來的日子，懷著種種光榮的幻想。而且當時的殺頭並非殘忍，而是具有人神合作的傳奇色彩：劊子手領命殺頭後，必要到城隍廟菩薩面前磕頭，躲到香案下去，由縣太爺捉來打四十下殺威棍，以警醒人們，即使是爲官家服務的劊子手，殺人時也有罪過，對死者負了點責任。然而這罪過卻由神來作證，用棍責可以攘除。如此，楊金標便成了一個生活自由、體魄強健、本領高強、心懷良知的英雄好漢，使「同隊人也覺得這傢夥將來不可小覷」。而《劊子手》則往冷冰冰的殺頭之中添加了日常生活的暖意：劊子手是一份享受優待的職業：口糧拿雙份，不必出防、下操、值班，殺一個人有一兩銀子的賞號，而每次殺人後，把刀拿到各處屠桌邊去時，屠戶因爲敬重這「特殊的屠戶」的緣故，照例有割肉贈劊子手的習慣，如此當年臘肉就不必出錢再買了。而且劊子手也是一個平常人：他不僅怕老婆，被老婆調教得服服帖帖，不敢囂張；他還毛手毛腳，殺人要用酒來壯膽，演習殺人都要用半個月，一遍一遍地背臺詞，記手續，練動作──「弟兄，二十年後又是一條好漢，穩住，不要慌，不要忙」（揚手介，練習一個劊子手應有的動作，有背誦對犯人所說的話語）「牽過來，拍頸項，說道：好朋友，好漢子，男子漢大丈夫一人作事一人當，硬朗點，値價點，不要慌，不要忙，──將刀舉起，砍嚓剮人頭落地。」一切都爲了「第一次出手就有人喝彩」。在這裏，絲毫看不出殺頭有什麼陰森恐怖、鮮血淋漓、殘忍無情的地方，殺頭反而成爲一個妙趣橫生、可以顯示本領、充滿日常生活的快樂的人生片段。殺頭作爲一種已過去的風俗，被沈從文賦予了傳奇色彩與日常詩意，從此可以解讀出沈從文對這種生命健康與快樂的無限留戀。

〔註107〕《沈從文全集》第 7 卷，北嶽文藝出版社，2002 年版，第 146 頁。

　　如果說「過去」的殺頭因其時間差距、風俗蘊含而具有文化的意義，那麼「親歷」的殺戮則因其與作者的整個人生過程的複雜糾結與不可分離而具有豐富的人生意味。在沈從文的人生中，「殺人印象占記憶的主要部分」，而且看殺人看得多，覺得「不難受」、「很平常」〔註108〕，正因殺人印象作為他人生的一個過程，不可切割不可抽空，否則就不「真實」，而人生若要「真實」就須正常化「平常化」，將其從童年到參軍的二十年經歷的「殺頭印象」暴力記憶進行時間疏離與心理疏離（否則他的人生就會一片黑暗，失去「人生」的價值），並且從黑暗中發現亮光，從泥塗中發現清水，如此他的那些暴力經歷才會成為他的人生夢境，精神家園。正如叔本華指出：「一個人一生中最初的歲月為他整個人生觀——無論它是淺薄的還是深刻的——奠定了基礎；儘管這世界觀在後來人生旅途中還會得到豐富和完善，但其實質是無法改變的。」〔註109〕特別是當他成為一個作家，在都市中謀生，那種被抽離的異地感陌生感使他「我的身體，卻為都市生活揪著，不能掙扎」，他必須回到過去尋找精神慰藉，那麼充滿暴力的過去便成為使他「靈魂安寧」的「愛悅的一切」，使他回到那個「完全不是文學的世界」，使他認識到「我太與那些愚暗、粗野、新犁過的土地同冰冷的槍接近、熟習，我所懂的太與都會離遠了」，並且「總是夢到……過著兵士的日子」的士兵之夢。〔註110〕正因如此，當這些「暴力的經歷」變為「文學的敘述」時，沈從文的眼光才會照亮這些「暴力陰影」，使它成為「生命的沫」，使這些「完全不是文學的世界」變成「文學的世界」，成為被「間離」的「真實」與被「表現」的「審美」，如他在《虹橋》中所說的一樣：「若寫實，反而都成了夢境」。

　　這些被書寫的暴力之夢固然有其展現人類獸性的「惡夢」的一面，但更多的是「好夢」與「難分善惡之夢」，《我的教育》、《逃的前一天》、《黃昏》、《節日》、《從文自傳》等便將暴力之夢書寫得淋漓盡致。它一方面是罪惡中的娛樂：無論是童年的沈從文還是青少年的沈從文都曾經以玩死屍看殺頭為樂，「若從殺人處走過，昨天殺的人還不收屍，一定已被野狗把屍首咋碎或拖到小溪中去了，就走過去看看那個糜碎了的屍體，或拾起一塊小小石頭，在那個污穢的頭顱上敲打一下，或用一木棍去戳戳，看看會動不動，若還有野狗在那裏爭奪，

〔註108〕《沈從文全集》第 27 卷，北嶽文藝出版社，2002 年版，第 343～344 頁。
〔註109〕叔本華：《叔本華論說文集》，商務印書館，2004 年版，第 203 頁。
〔註110〕《沈從文全集》第 16 卷，北嶽文藝出版社，2002 年版，第 306 頁。

就預先拾起許多石頭放在書籃裏，隨手一一向野狗拋擲，不再過去，只遠遠的看著，就走開了。」〔註111〕「明天要殺人，是有趣味的一件事，……要刺激，除了殺頭，沒有算是可以使這些很強的一群人興奮的事了。」「我們以爲今天會要殺人了，都彷彿有一種歡喜。」沈從文自然也感到「歡喜」，於是「大清早就約了幾個不曾看到昨天人頭的兵士去欣賞那奇怪東西。」「我洗了衣，又約同了三個兵士到殺人的地方去看」，「見了人頭大眾爭到用手來提，且爭把人頭拋到別人身邊引爲樂事。我因爲好奇就踢了這人頭一脚，自己的脚尖也踢疼了。」〔註112〕從「欣賞」的態度，從「趣味」「刺激」「興奮」「歡喜」等表情，從「爭」「拋」「踢」等動作，都可以將「欣賞殺人」看作是「樂事」。這種「樂事」當然可以說是由回憶的間離效果引起的留戀所致，但更可以說是沈從文不同尋常的觀念所致，看過殺頭無數的沈從文「對於城市中人在狹窄庸懦的生活裏產生的作人善惡觀念，不能引起多少興味，一到城市中來生活，弄得憂鬱強悍不像一個『人』的感情了。」〔註113〕這裏體現出沈從文極強的「反都市」情緒，從觀念上以殺頭的「善惡難辨」反對城市人的「善惡觀念」，從性格上，以自己的「強悍」反對城市人的軟弱。而正因爲生長於「出強悍的人同猛鷙的獸」〔註114〕的邊城的沈從文性格裏的這一點「強悍」，使得他能從殺人（殺頭）的罪惡中發現強悍的靈魂，而這也是他「殺頭印象」暴力記憶書寫的特點所在——即「罪惡中的強悍」。其一是殺人者的強悍，那個弁目兩隻手殺過「兩百個左右的敵人」，他的這些行爲的背後有著「隱伏的生命意識」，罪惡「培養著這個堅實強悍的靈魂」。〔註115〕其二是被殺者的強悍，「如果是別地方的人，對於死，總缺少勇敢的接近，一個軟巴巴的縮頭龜，是縱有快刀好脚色，也不容易奏功的。這一點，XX地方土匪眞可敬佩，他們全不把嘲笑機會給人。」都要表示「不弱於人的男子光榮氣概。」〔註116〕

很明顯，「殺頭印象」（殺人狂歡）中的「暴力」「殘忍」成分被沈從文淡化了，沈從文更願意提及其「樂」（非善惡）與「力」（強悍）兩方面，換言

〔註111〕《沈從文全集》第13卷，北嶽文藝出版社，2002年版，第256頁。
〔註112〕《我的教育》，《沈從文全集》第5卷，北嶽文藝出版社，2002年版，第207～217頁。
〔註113〕《沈從文全集》第13卷，北嶽文藝出版社，2002年版，第306頁。
〔註114〕《沈從文全集》第13卷，第262頁。
〔註115〕《沈從文全集》第13卷，第347～348頁。
〔註116〕《沈從文全集》第5卷，北嶽文藝出版社，2002年版，第210～216頁。

之，將其平常化人生化。這當然不能說沈從文贊成殺人，但至少可以說當親歷的事實被敘述或虛構而成為「文學」的時候，它已經被間離或審美化了，它已經成爲「文學事件」而非「道德事件」，對於沈從文來說，「一切道德標準在我面前都失去了拘束」，他不過是想「把我的世界，介紹給都會中人，使一些日裏吃肉晚上睡覺的人生出驚訝」，〔註117〕以此驚訝甚至恐嚇都市人（從《我的教育》與《節日》等小說的命名就可以看出這種「驚訝」或「恐嚇」意味），以此求得心理的平衡。另外，在都市生活的不適感與異地感，使他憑藉回憶來尋找精神安慰與溫暖，以此過一種超脫現實的「在別處」的生活，這就必然要從現實的「道德判斷」中超脫出來，把暴力經歷轉化爲「文學判斷」，並憑此展示他與都市人的不同之處，以求身份確認：或者「我不明白一切同人類生活相聯結時的美惡，另外一句話說來，就是我不大能領會倫理的美。接近人生時我永遠是個藝術家的感情，卻絕不是所謂道德君子的感情。」〔註118〕或者「我雖然已經好像一個讀書人了，可是事實上一切精神更近於一個兵士」。〔註119〕（從更嚴格的意義上說，是「藝術家」的感情使他離開軍隊，而「士兵」的習慣和思維使他在獨闖文壇後回憶軍旅生活，回憶其中包含的罪惡、快樂和強悍）再者，藉此表達他的複雜特殊的生命觀，即「生命是無處不存在的東西」「凡是生命照例在任何情形中有它美好的一面。醜惡，下流，墮落，說到頭來還是活鮮鮮的『人生』」，就像「一片髒水塘生長著綠黴，蒸發著臭氣，泛著無數泡沫，依然是生命」。〔註120〕簡言之，沈從文的「殺頭印象」暴力經歷一方面是被疏離的「文學敘述」，另一方面則又體現出原汁原味的複雜生命觀與生命形態。

從上可知，沈從文的「暴力敘事」，無論是「獵野獸」、「沉潭」、「睡女屍」、「睡女匪」，還是「決鬥」、「殺人」（殺頭）都不是簡單的敘述某種暴力行爲，而是將其納入到「生命」的理性思考，並從中挖掘出生命的強悍、勇敢、雄武、健壯、快樂與高尚，將湘西精壯漢子的「血性」「烈性」與「野性」展現得入木三分。同時，「暴力敘事」也以其「力」與「美」將沈從文「美麗與殘忍……交縛不可分」的思想〔註121〕發揮得淋漓盡致。

〔註117〕《沈從文全集》第 16 卷，北嶽文藝出版社，2002 年版，第 305～306 頁。
〔註118〕《沈從文全集》第 13 卷，北嶽文藝出版社，2002 年版，第 323 頁。
〔註119〕《沈從文全集》第 13 卷，北嶽文藝出版社，2002 年版，第 330 頁。
〔註120〕《沈從文全集》第 10 卷，北嶽文藝出版社，2002 年版，第 189 頁。
〔註121〕《沈從文全集》第 11 卷，北嶽文藝出版社，2002 年版，第 403 頁。

二

　　但是，當我們以客觀的眼光審視沈從文的「暴力──生命敘事」，就不能不承認其誘因除了思想源泉（軍人家世、苗鄉風俗、軍旅生活等）、身份確認（士兵、鄉下人等）、逆反心理（驚訝都市人、精神返鄉）等之外，更重要的是人種弱化的嚴峻現實，而這就是他自評性格「憂鬱強悍」中的「憂鬱」之源。首當其衝的是都市的人種弱化。他將這種弱化形象地概括爲「寺宦人格」：「活在中國作一個人並不容易，尤其是活在讀書人圈兒裏。大多數人都十分懶惰、拘謹、小氣，又全都是營養不足，睡眠不足，生殖力不足：這種人數目既多，自然而然會產生一個觀念，就是不大追問一件事情的是非好壞，『自己不作算聰明，別人作來卻嘲笑』的觀念。這種觀念普遍存在，適用到一切人事上，同時還適用到文學上。這觀念反映社會與民族的墮落。憎惡這種近於被閹割過的寺宦觀念，應當是每個有血性的青年人的感覺。」〔註122〕「街上人多如蛆，雜聲囂鬧。尤以帶女性的男子話語到處可聞，很覺得古怪。……雄身而雌聲的人特別多，不祥之至。」「其屬於精神墮落處，……在受過高等教育的公務員中，就不知不覺培養成一種閹宦似的陰性人格」。〔註123〕「閹寺性的人，實無所愛，對國家，貌似忠誠，對事，馬馬虎虎，對人，毫無情感，對理想，異常嚇怕。……精神狀態上始終是個閹人。」〔註124〕「它完全建立在少數人的霸道無知和多數人的遷就虛僞上面，政治、哲學、美術，背後都給一個『市儈』人生觀在推行。換言之，即『神的解體』！」「神既經解體，因此世上多斗方名士，多假道學，多蜻蜓點水的生活法，多情感被閹割的人生觀，多閹宦情緒，大多數人的生命如一堆牛糞，在無熱無光中慢慢燃燒，且結束於這種燃燒形式，不以爲異。」或「懶惰麻木」，或「怯懦小氣」，或「靈魂異常小」。〔註125〕總之，這種「寺宦人格」缺乏生命力，缺乏血性，缺乏雄壯，而多懶惰、拘謹、小氣、無所愛、市儈、虛僞、麻木、怯懦、墮落，是一種被閹割過的人格（情緒、精神與人生觀），是沈從文對中國人尤其是城市人人格的一種生動描繪與絕妙諷刺。沈從文描寫都市人種弱化的篇什不少，諸如《八駿圖》、《有學問的人》、《紳士的太太》、《煥乎先生》、《如蕤》

〔註122〕《沈從文全集》第8卷，北嶽文藝出版社，2002年版，第195頁。
〔註123〕《沈從文全集》第12卷，北嶽文藝出版社，2002年版，第36～39頁。
〔註124〕《沈從文全集》第12卷，第43頁。
〔註125〕《沈從文全集》第17卷，北嶽文藝出版社，2002年版，第361～362頁。

等等。例如《八駿圖》寫作家達士先生在青島的大學任教期間，發現周圍的七個教授除了經濟學者庚「精神方面極健康」之外，其餘六個都像「閹雞樣子」，「心靈皆不健全」，患有嚴重的性壓抑變態的「身」病與道貌岸然口是心非的「心」病。但是小說結尾，達士先生（第八位教授）卻爲教授庚女友的曖昧神態所迷惑，爲一封離奇的匿名信、海灘上的神秘字迹圖畫所誘惑，居然在暑假歸家車輛將出發的一個多小時前拍電報給未婚妻推遲歸期，託言害小病要在海邊多住三天。時間之短，思想轉變之快，皆證明性之誘惑之強烈與性的貪欲之強烈。換言之，嘲人有「病」的達士先生也不過是病症潛伏或不承認自身有病的「病人」罷了，他也同樣患上了沈從文所指出的「都市病」「知識病」，具有一種被閹割的「寺宦人格」。因此，《八駿圖》的標題隱喻的正是如「駿馬」一樣地位較高的都市知識分子（男性知識分子），在精神人格上大多並非「駿馬」，而是「病馬」。

　　其次是鄉村的人種弱化，主要是指湘西民族的人種弱化。這幾乎是與都市人種弱化同時出現在沈從文的筆下，如 1929 年 7 月的《夫婦》、1930 年 4 月的《丈夫》、1933 年 6 月的《如蕤》，都同時指出城鄉人種弱化的惡劣性。例如《夫婦》寫璜先生厭惡都市而搬到鄉村，以爲可以從清淨中把都市病（神經衰弱症）治好，但是「愚蠢好事鄉下人」竟然把一對在山坳大草集旁白日「恩愛」的年輕夫婦捉住，極盡敲詐、恐嚇、虐待之能事。璜先生竭力爲這夫婦出於健康人性的事情辯護，並漸漸「厭煩」這鄉村，「地方風景雖美，鄉下人與城市中人一樣無味」。而《如蕤》中那個充滿生命力的女主角對「民族衰老了，爲本能推動而作成的野蠻事，也不會再發生了」，都市中的「戀愛則只是一群閹雞似的男子，各處扮演著丑角喜劇」的城鄉人性深感失望，並對鄉下人缺乏左拉小說中的粗野農夫，甚至「帶著鄉下人氣分的男子」「也會成爲庸碌而無個性的城市中人」的鄉下人人種現狀與前景不無憂慮。而《漁》（1931 年 5 月）也對湘西民族那種尚武敢野性的風俗喪失而黯然神傷。

　　而 1934 年初沈從文從北平重返湘西，種種人事變遷，使得沈從文對當前的湘西民族弱化現象甚爲痛心，他感到他原來當作「故事」來「敘述」的鄉村人種弱化已然成爲十分嚴重的「現實」，這種「現實」的壓迫與焦慮集中反映在他 1934 年之後的作品中，如《邊城‧題記》、《鳳子‧題記》、《小寨》、《湘西‧題記》、《長河‧題記》等等。他洞察到「二十年來的內戰，使一些首當其衝的農民，性格靈魂被大力所壓，失去了原來的樸質，勤儉，和平，正直

的型範……他們受橫征暴斂以及鴉片烟的毒害，變成了如何窮困與懶惰！」〔註126〕「這地方……人民體力與道德，都似乎在崩潰，向不可救藥的一方滑去。」〔註127〕「去鄉已經十八年，一入辰河流域，什麼都不同了。表面上看來，事事物物自然都有了極大進步，試仔細注意注意，便見出在變化中那點墮落趨勢。最明顯的事即農村社會所保有那點正直素樸人情美，幾幾乎快要消失無餘，代替而來的卻是近二十年實際社會培養成功的一種唯實唯利庸俗人生觀。敬鬼神畏天命的迷信固然已經被常識所摧毀，然而做人時的義利取捨是非辨別也隨同泯沒了。『現代』二字已到了湘西……地方上年事較長的，體力日漸衰竭，情感已近於凝固，自有不可避免的保守性，唯其如此，多少尚保留一些治事作人的優美崇高風度。所謂時髦青年，便只能給人痛苦印象……那點年青人的壯志和雄心，……可完全消失淨盡了。」〔註128〕

　　如果說「都市人種弱化」是從空間角度，以鄉村人種的強健反襯都市人種的怯懦無力、寺宦人格。那麼，「鄉村人種弱化」則是從時間角度，將「過去」鄉村人種的雄強與「當前」鄉村人種的退化進行對比，「認識這個民族的過去偉大處與目前墮落處」〔註129〕並從中尋找出路。正因為對都市、鄉村人種「雙重病態」的發現，使得沈從文對全民族（中華民族）的人種生命力憂心忡忡：「雄身而雌聲的人特別多」「這正是中華民族的悲劇」。〔註130〕「實在說來，這個民族如今就正似乎由於過去種種文化所拘束，故弄得那麼懦弱無力的。這個民族種種的惡德，如自大，驕矜，以及懶惰，私心，淺見，無能，就似乎莫不因為保有了過去文化遺產過多所致。」〔註131〕

　　正是鑒於中國人種弱化，「民族品德的消失」（《長河·題記》）的嚴酷現實，沈從文上下求索尋覓出路，務使「種強」而致「國強」，「寄無限希望於未來」。（《長河·題記》）

　　第一條路是「留種」，即留下勇健雄強的生命種子，「留種」才得以「播種」，使「強種」不弱不滅。沈從文在一系列作品中都流露出濃烈的「留種」意識。首先是強種展示。例如「死去了百年另一時代的白耳族王子」龍朱，

〔註126〕《邊城·題記》，《沈從文全集》第8卷，第59頁。
〔註127〕《沈從文全集》第10卷，第187頁。
〔註128〕《長河·題記》，《沈從文全集》第10卷，第3～5頁。
〔註129〕《沈從文全集》第8卷，第59頁。
〔註130〕《沈從文全集》第12卷，第36頁。
〔註131〕《鳳子·題記》，《沈從文全集》第7卷，第79頁。

年十七歲，「美麗強壯像獅子，溫和謙馴如小羊。是人中模型。是權威。是力。是光。」他勇敢，熱情，壯美，是人中之神，獸中之獅。(《龍朱》)而《男子須知》中的山大王也是男子的榜樣，他彪壯、年青，聰明有學識，「有一副打得十個以上大漢的臂膊」，爲人「道義存心愛國，要殺貪官污吏，趕打洋鬼子，恢復全國損敗了的一切地盤財物」，替天行道，除暴安良，膽大強幹，「對外是一隻虎」令人敬畏，對妻子則溫柔馴善如一匹羊，並棄匪投軍，以求建功立業，保境衛國，是一個能文能武、雄強柔順的「將來的英雄」。而且這些強種往往野性難馴，例如《虎雛》中那個「在野蠻地方長大」的小勤務兵，「勇敢如小獅子」，雖貌似溫順，但「心野得很」，主人公想用都市的知識、秩序與文明改造他，但一個多月就宣告失敗，他是「一個野蠻的靈魂，裝在一個美麗盒子裏」，最終因闖禍打死人而逃走亡命天涯。這個故事恰恰反證了沈從文的「留種」意識，即這種「野蠻的靈魂」強悍的生命並不是都市文明在短時間所能改變的，他應該回到適合他生長的土地，才能根深葉茂，「一切水得歸到海裏，小豹子也只宜於深山大澤方能發展他的生命」。〔註132〕而且令沈從文欣慰的是，他重返湘西時再遇「虎雛」，才知道他這種「日曬雨淋吃小米苞谷長大的人，不輕易打死」，他以「打架」爲行業，八歲時就用石頭從高處砸壞了一個比他大過五歲的敵人，當時雖只十八歲，就親手放翻了六個敵人，是「一個漂亮戰士」。「這個人打來打去總離不開軍隊，一點生存勇氣的來源卻虧得他家祖父是個爲國殉職的游擊。『將門之子』的意識，使他到任何境遇裏皆能支撐能忍受。」其強悍的生命力讓沈從文感慨不已。(《虎雛再遇記》)更令沈從文自豪的是，家鄉比虎雛「了不起的人多著哪」，僅從哥哥家中見到的五個青年軍官身上就得到了證實。(《一九三四年一月十八日》)而到了1938年的《湘西》，沈從文的這種「留種」意識愈加強烈：他爲湘西人的「負氣」即「山民的強悍本性」而感歎(《湘西·題記》)，爲湘西的「地極險，人極蠻」「交織野蠻與優美」(《湘西·引子》)而著迷，爲「慷慨好義，負氣任俠，楚人中這類古典的熱誠」在麻陽、鳳凰等地的湘西男子中遺留至今而讚不絕口，爲「長方形大木筏，數十精壯漢子，各據筏上一角，舉橈激水，乘流而下。……弄船女子，腰腿勁健膽大心平，危立船頭，視若無事」這種「無處不可以見出『生命』在這個地方有光輝」的景象而激動不已(《沅陵的人》)，爲「特點是面目精悍而性情快樂，作水手的都能吃，能做，能喝，能打架。……婦女

〔註132〕《沈從文全集》第11卷，北嶽文藝出版社，2002年版，第298頁。

多壯實能幹，大手大脚，善於生男育女」(《常德的船》)的普通鄉親的生命洋溢狀態而欣悅，更爲湘西那種「爲友報仇，扶弱鋤强，揮金如土，有諾必踐」「豪俠好客，待友以義」「勇鷙剽悍」的游俠者精神，以及具有此種精神的英雄田三怒、龍雲飛，軍人陳渠珍、顧家齊，文人田星六等人那種「游俠者風度」「游俠者霸氣」而折服。(《鳳凰》)

　　從上可知，無論是男是女，是青年還是老人，無論是平民、土匪、軍人還是文人，他們身上都流淌著湘西原初人性的勇健雄强的血液。尤其是軍人，一方面由於沈從文「詩人的氣質，軍人的派頭」，〔註133〕「一切精神更近於一個兵士」，〔註134〕另一方面鑒於故鄉「新陳代謝，人事今昔情形不同已很多。……老年多頑固墮落，青年多虛浮繁華，……即從青年知識分子一方面觀察，不特知識理性難擡頭，情感勇氣也日見薄弱」〔註135〕的令人「痛苦」的「變化中那點墮落趨勢」，沈從文認爲「唯一有希望的，是幾個年青軍官」，〔註136〕把國家出路和精神出路寄託在年輕軍官身上，如《男子須知》、《虎雛》、《虎雛再遇記》、《湘西·鳳凰》、《一個傳奇的本事》等就寄託著他的「希望」。作爲湘西强悍種子的軍人有賴於湘西文化的薰陶，湘西文化中「那點迷信卻被歷史很巧妙的糅合在軍人武德裏，因此反而增加了軍人的勇敢性與團結性」，他們「個人的浪漫情緒與歷史的宗教情緒結合爲一，便成游俠者精神，領導得人，就可成爲衛國守土的模範軍人。」〔註137〕但是沈從文的「留種」希望馬上遭遇了沉重的打擊，因爲軍人與戰爭的天然聯繫，軍人精神的可歌可泣與軍人肉體的滅亡幾乎同時並存，湘西(鳳凰)軍人們抗日戰爭中「每一硬役必得參加，每役參加又照例是除了國家意識還有個地方榮譽面子問題在內，雙倍的勇氣使得下級全部成仁，中級半死半傷，而上級再回來補充調度。」如此導致「一個城市把少壯全部抽去，每家陸續帶來一分死亡」。抗戰結束，拼補湊集雖然還有一師部隊，但是緊接著的國共內戰，使得這些「八年抗戰猶未死盡的最後殘餘」全部覆亡，「這一來，眞是『連根拔去』，筸軍再也不會成爲一個活的名詞……而個人想從這個有野性有生活力的烈火焚灼

〔註133〕《沈從文全集》第 7 卷，第 18 頁。
〔註134〕《沈從文全集》第 13 卷，第 330 頁。
〔註135〕《湘西·題記》，《沈從文全集》第 11 卷，第 329～330 頁。
〔註136〕《長河·題記》，《沈從文全集》第 10 卷，北嶽文藝出版社，2002 年版，第 3～5 頁。
〔註137〕《沈從文全集》第 11 卷，北嶽文藝出版社，2002 年版，第 394 頁。

殘餘孤株接接枝，使它在另外一種機會下作欣欣向榮的發展，開花結果的企圖，自然也隨之而摧毀了。」〔註138〕換言之，沈從文設想中的「留種」便以軍人的精神「留種」與現實的肉體「滅種」告終，「連根拔去」的悲慘局面，使得沈從文從寄託在軍人身上的「留種」希望，讓「有野性有生活力」的人種「欣欣向榮」「開花結果」的希望轉眼之間烟消雲散。

　　然而，箄軍「滅種」嚴酷現實並不意味著沈從文「留種」意識的消亡，因爲還有「孩子」。「孩子」與「留種」的精神聯繫在沈從文爲介紹黃永玉木刻而寫的《一個傳奇的本事》中體現得極爲深刻。文中寫「那一死一生黯然無聞的兩個美術教員的長子」黃永玉，作爲父母遺留的生命種子，十四歲即離開了所有親人，到陌生而廣大的世界上流蕩，與作者十六歲不通音問，直至抗戰結束才以一個「技術優秀特有個性的木刻作者」的身份忽然出現在作者面前，那種生命的強悍與生命的莊嚴使沈從文既驚喜又痛苦。黃永玉由「孩子」而「成人」，與家鄉游離卻更深地彰顯了家鄉的特點，影響其木刻「精力彌滿」「粗豪與精細同時並存而不相犯相混」的正是其「所生長的地方性」，那種「地方性的特質與負氣，會合了一點古典的游俠情感與儒家的樸素人生觀」，使他作爲湘西精壯種子的個性分外鮮明。又如《邊城》，沈從文要「留種」，結果種子或者「老」（順順、楊馬兵），或者「死」（天保、爺爺），或者「走」（儺送），剩下的是一位少女和兩位老人，誰來延續這強種呢？所以小說結尾「這個人也許永遠不回來了，也許『明天』回來」以兩可又兩難的意味對野性種子進行呼喚，但同時又是對此的哀傷。

　　正是考慮到「留種」對外在條件的依賴性，沈從文在選擇走「留種」一路的同時，也選擇走內在的道路，即「重造民族品德」，只有這樣，現實的「弱種」才有可能成爲未來的「強種」，現在的「強種」也才有希望眞正「留種」，生生不息，而不是如沙漠中的綠洲，由強而轉弱，由弱而滅亡。「重造民族品德」與「留種」一樣，或者說它就是對品德的「留種」，旨歸都在於尙武尙力以建國，「想借文字的力量，把野蠻人的血液注射到老態龍鍾、頹廢腐敗的中華民族身體裏去，使他興奮起來，年青起來，好在 20 世紀舞臺上與別個民族爭生存權利」。〔註139〕這是因爲「寺宦人格」、人種弱化、墮落趨勢使得「返

〔註138〕《一個傳奇的本事》，《沈從文全集》第 12 卷，北嶽文藝出版社，2002 年版，第 228～229 頁。
〔註139〕蘇雪林：《沈從文論》，《蘇雪林選集》，安徽文藝出版社，1989 年版，第 456

回過去已無望，便是重造未來也無望」〔註 140〕，也是因爲中國文化「那些古典的名貴與莊嚴，救不了目前四萬萬人的活命」，〔註 141〕所以必須「重造民族品德」，尚武尚力以興國。其一是游俠精神。上文已經說過，游俠精神在湘西的平民、軍人與文人身上都有所體現。在《湘西》中沈從文指出「這種游俠精神既浸透了三廳子弟的腦子，所以在本地讀書人觀念上也發生影響」。作爲詩人的田星六，詩中充滿游俠者霸氣，後來成爲藝術家的黃永玉的木刻也流露出一種「地方性的特質與負氣」以及「古典的游俠情感」。（《一個傳奇的本事》）而軍人政治家，如陳渠珍，年近六十，體氣精神，猶如三十許青年壯健，平時律己之嚴，馭下之寬，以及處世接物，帶兵從政，就大有游俠者風度。少壯軍官中，如師長顧家齊，戴季韜等，雖受近代化訓練，面目文弱和易如大學生，精神上多因游俠者的遺風，勇鷙剽悍，好客喜弄，一如《史記》中人。游俠精神若配合以自尊心，將使人成爲大脚色（《湘西・題記》），使土匪也能被改造成爲「當前最需要的保衛國家土地一分子」（《湘西・苗民問題》），使軍人以其勇敢和團結，成爲「衛國守土的模範軍人」（《湘西・鳳凰》）。總之，這種慷慨好義，負氣任俠的「游俠精神的浸潤，產生過去，且並形成未來。」〔註 142〕

　　而爲了使這種古典的游俠精神、「區域性的楚人氣質」〔註 143〕更合理更便利地進入現代社會，進而成爲現代的、全國性的民族品德，沈從文將之打造成「雄強有力」的人生觀，以達到尚武尚力以強國的目的。沈從文認爲「愛國也需要生命，生命力充溢者方能愛國。」〔註 144〕他感覺「楚人血液」給他「生命中儲下的決堤潰防潛力太大太猛，對一切當前存在的『事實』、『綱要』、『設計』、『理想』都找尋不出一點證據，可證明它是出於這個民族最優秀頭腦與眞實情感的產物。只看到它完全建築在少數人的霸道無知和少數人的遷就虛僞上面。政治、哲學、文學、美術，背面都給一個『市儈』人生觀在推行。」他相信「一切因庸俗腐敗小氣自私市儈人生觀建築的有形社會和無形觀念，都可以用文字作爲工具，去摧毀重建。」那就是用「勇敢與健康」「去

　　　　頁。
〔註 140〕《小寨》，《沈從文全集》第 10 卷，北嶽文藝出版社，2002 年版，第 189 頁。
〔註 141〕《鳳子・題記》，《沈從文全集》第 7 卷，北嶽文藝出版社，2002 年版，第 79
　　　　頁。
〔註 142〕《沈從文全集》第 11 卷，北嶽文藝出版社，2002 年版，第 407 頁。
〔註 143〕沈從文：《自傳》，《沈從文全集》第 27 卷，第 60 頁。
〔註 144〕沈從文：《生命》，《沈從文全集》第 12 卷，第 43 頁。

建設這個國家有形社會和無形觀念」，促使「民族自信心的生長」。〔註145〕他強調雄強人生觀必須與建國相聯繫，認爲「一定要在作品中輸入一個健康雄強的人生觀，人物性格必對做一個中國人的基本態度與信念，『有所爲有所不爲』，取予之際異常謹嚴認眞。他必熱愛人生，堅實樸厚，坦白誠實，勇於犧牲。……除自尊自愛之外，還要如何加強自信！相信個人是國家一個單位」，因爲「在作品中鑄造一種博大堅實富於生氣的人格，方能啓發教育讀者的心靈。……必需從這種作品中注意，有勇氣將民族弱點加以修正，方能說到建國！」〔註146〕沈從文心目中的雄強有力人生觀是一種「更美麗更勇敢的人生觀」〔註147〕，是一種保存著「戰鬥性」的「更新的堅韌素樸人生觀」與「更強有力光明的人生觀」。〔註148〕他將這種人生觀的發展希望寄託在年青人身上，「我們似乎需要『人』來重新寫作『神話』」，而這些「人」正是懷著「對重造社會國家應有的野心」的「年青的生命」。〔註149〕只有如此，「某種向上理想，好好移植到年青生命中，似乎還能發芽生根。」「保留些本質在年青人的血裏或夢裏，相宜環境中，即可重新燃起年青人的自尊心和自信心。」〔註150〕也只有這樣，年青的生命才會如沈從文所讚賞的「鄉下人」一樣「生氣勃勃勇敢結實」「崇拜朝氣，歡喜自由，讚美膽量大的，精力強的」，〔註151〕以「生命洋溢」彰顯「民族品德優美偉大」。〔註152〕而這種被沈從文視爲人性本眞的生命意識、雄強有力健康人生觀，恰恰被供奉於他自己所建造的「希臘小廟」——「選山地作基礎，用堅硬石頭堆砌它。精緻，結實，勻稱，形體雖小而不纖巧，是我理想的建築。這神廟供奉的是『人性』。」〔註153〕這種「人性」所具備的「堅硬」「精緻，結實，勻稱」「不纖巧」等幾個特點正是其雄強有力健康人生觀的絕佳詮釋，而所謂「希臘」者不過是「湘西」的代名詞，

〔註145〕《長庚》，《沈從文全集》第12卷，第39～40頁。

〔註146〕《新的文學運動與新的文學觀》，《沈從文全集》第12卷，第50～52頁。

〔註147〕《燭虛》，《沈從文全集》第12卷，北嶽文藝出版社，2002年版，第9頁。

〔註148〕《一個傳奇的本事》，《沈從文全集》第12卷，第230～232頁。

〔註149〕《北平的印象和感想》，《沈從文全集》第12卷，第284頁。

〔註150〕《長河·題記》，《沈從文全集》第10卷，北嶽文藝出版社，2002年版，第5～6頁。

〔註151〕《蕭乾小說集題記》，《沈從文全集》第16卷，第324～325頁。

〔註152〕《短篇小說》，《沈從文全集》第16卷，北嶽文藝出版社，2002年版，第504頁。

〔註153〕《習作選集代序》，《沈從文全集》第9卷，北嶽文藝出版社，2002年版，第2頁。

它們共同以「力」與「美」為「生命」作注解，只不過「希臘」二字使「湘西」蒙上一層由傳統進入現代的西方色彩，但無論沈從文如何把「蠻性」「血性」改寫成「人性」，大概都改寫不了這種「人性」中所蘊含在的苗民、山民、鄉下人、士兵的血氣與精魂。

綜上所述，沈從文小說的「暴力──生命敘事」，是他重建「湘西」世界乃至重建民族人格的人文想像，面對人種弱化的嚴酷現實，他渴望用「湘西」精神或苗民血氣，去賦予現代中國人以威武不屈的強者風範。而這種被他視為是人性本真的生命意識，恰恰被沈從文供奉於他自己所建造的「希臘小廟」，成為他反覆咀嚼並由衷崇拜的永恒主題。從「棄軍從文」以求「讀書救國」，又回到「以文尚武」，「國」與「武」都是沈從文的思想背景與踪迹，兼且由於受 20 世紀 30 年代社會背景的強大制約，沈從文小說的「暴力──生命敘事」同樣沒有擺脫民族振興的話語環境，與「尚武尚力」興國的民族理想，保持著「剪不斷、理還亂」的內在聯繫。他只是以其區域文化的特殊性和故事描述的新奇性，極大地拓展了廣大讀者藝術審美的想像空間罷了。如果說左翼文學的「暴力敘事」，是出自於一種政治理性的「革命想像」，「海派」小說的「暴力敘事」體現為都市情緒的非理性發泄，那麼京派代表沈從文的「暴力敘事」則以生命力和文化視野別開生面，表現出其特質中「一切精神更近於一個兵上」的一面，而這正是沈從文的獨異所在。

第四章　四十年代：暴力敘事的民族戰鬥激情

第一節　四十年代暴力敘事的精神資源與思維模式

　　四十年代文學的戰爭「暴力敘事」，主要體現爲全民族反法西斯的抗戰情緒，以及重建現代民族國家的政治想像。無論是國統區還是解放區、無論是進步文學還是自由文學，國家民族意志和革命英雄主義相結合，幾乎成了各類文體與各種流派的創作導向。

　　四十年代文學的戰爭「暴力敘事」，其主導思想可以劃爲四大理論板塊：其一是日本的「尙武」精神，這與郭沫若、胡風等人的留日經歷不無關係；其二是德國的「強權」（強力）思想，這與林同濟、雷海宗、陳銓、賀麟等人的留德經歷或者崇德心態不無關係；其三是蘇聯的革命哲學，這與毛澤東等人的客觀政治身份不無關係；其四是古代的「俠義」傳統，這又與現代作家的文化積澱不無關係。

　　可以說，四十年代戰爭暴力敘事的精神資源與以往不同，如果說晚清和五四是日本浪潮與傳統暗涌，三十年代是日本表象與回歸傳統，那麼四十年代則是多樣資源與傳統主流，無論是日本的「尙武」精神，德國的「強權」（強力）思想，還是蘇聯的革命哲學，都自覺地向中國傳統的殺身成仁、舍生取義、除暴安良、爭於力等精神思想回歸，即是向中國的「俠——士」傳統回歸，這大概與四十年代的時代氛圍、戰爭心態及中國現代作家的傳統文化積澱息息相關。

　　那麼，這四大理論板塊（精神資源）又是如何在中國現代文學理論家身上體現的呢？

一、日本的「尚武」精神

四十年代的文學理論家們有不少都曾經留學日本，深受日本「尚武」精神薰陶，如郭沫若、胡風等人便是如此。郭沫若一開口便是《把精神武裝起來》：「我們要把民族精神振奮起來，目前正是絕好的時期。我們希望全國的青年都受軍訓，全國的壯丁服兵役，這於民族精神的改造上，必然有良好的效果。……所當注意的，不僅是形式上的武裝化，而是精神上的武裝化。而這精神的武裝化不僅是在受訓的期間，服兵役的期間當注意，而是應該推廣它成爲一般的國民生活。要使一般的國民有團結的精神，有強健的體魄，有堅實的生活，有敏捷的行動，道之以理，輔之以技能，使之徹內徹外成爲一個近代的鬥士。……服務文職者，至少要在精神上穿上武裝。」〔註1〕這種「武裝化」的呼籲與「鬥士」的崇拜，應該說與郭沫若多年留學、居住日本深受日本「尚武」文化感染不無關係。日本「尚武」文化的忠、勇、恥、神使得郭沫若大聲疾呼：「我們的力量很薄弱，但我們的意志卻很堅強，……我們要拼卻我們的一切，至少是要達到與日本軍部同歸於盡的一步。」因爲只有這樣勇往直前、奮不顧身的抗戰，才「替我們的國家、民族，爭回了人格不少。」而「烈士的壯烈行爲同時也使我們頑廉懦立，把我們的士氣和民氣，愈見鼓舞，興奮，而增高了。」〔註2〕郭沫若正是以這樣的「尚武」精神與「愛國」情懷印證了這樣的觀點：「留日學生，……反而要抗日、排日，並且成爲最堅決的排日、反日論者。其最主要的原因，除了日本的不斷侵略中國，危及中國的獨立生存等外因以外，最直接的是在於他們留學期間，受到了日本的教育，加深了他們的民族意識，國家觀念。」〔註3〕而國家一語，激成暴力，這與日本原初的「尚武」文化一起影響著郭沫若，使他的「尚武」言論虎虎生威，力拔山河。

而胡風在 1926 年之前就讀過魯迅翻譯的日本學者厨川白村的《苦悶的象徵》，〔註4〕1929 年至 1933 年還曾留學日本，但是他與郭沫若的「尚武」言論有所不同，他更爲內在，更多地將日本文化的「力感」融鑄在他的文學理論之中。例如胡風的「主觀精神」或「主觀戰鬥精神」十分注重「生命力」的

〔註1〕 郭沫若：《郭沫若全集·文學編》第 18 卷，人民文學出版社，1992 年版，第 253～256 頁。
〔註2〕 《郭沫若全集·文學編》第 18 卷，第 130～136 頁。
〔註3〕 汪向榮：《日本教習》，中國青年出版社，2000 年版，第 214 頁。
〔註4〕 胡風：《魯迅先生》，《魯迅回憶錄》（散篇下冊），北京出版社，1999 年版，第 1337 頁。

張揚和表現，注重蓄積著「向人生搏擊的精神力」「受難的靈魂」「火辣辣的心靈」的作品；就連語言風格也充滿力感，在他筆下，「搏戰」「搏鬥」「突進」「突擊」「自我擴張」「原始強力」「精神奴役創傷」「相生相剋」「燃燒」「蒸騰」「擁抱力」「把捉力」「藝術力」「文藝力」「思想力」諸如此類的詞語，層出不窮。就其「主觀戰鬥精神」而言，不少學者例如溫儒敏先生就在其《中國現代文學批評史》中認爲這是胡風批評者對其理論的概括，在胡風的論著中並沒有出現過「主觀戰鬥精神」一詞。其實這是一種無意的疏忽或有意的迴避，因爲僅在胡風的《文藝工作底發展及其努力方向》中就多次出現「主觀戰鬥精神」這一詞語與提法，〔註5〕而在其他場合，他將「主觀戰鬥精神」置換爲「戰鬥精神」、「主觀精神」、「主觀力」，向現實艱苦的「搏戰」等意思相近的說法。無論是無意疏忽，還是有意迴避，學界或多或少都忽略了胡風「主觀戰鬥精神」的「戰鬥」性格與「力感」品質，而這正是胡風關注的重點所在，故此直到1984年胡風依舊重申這一說法，如「我的文藝觀點如『主觀戰鬥精神』」「我說的『主觀戰鬥精神』」「我的幾個具體論點是：作家的『主觀戰鬥精神』」等等，〔註6〕這些都表明「主觀戰鬥精神」是胡風本人提出而且重視的，並非單純由別人概括而來。

那麼，「主觀戰鬥精神」又是如何表現它的「戰鬥」性格與「力感」品質的呢？首先，「主觀戰鬥精神」強調一種戰鬥的精神，它源自於作家的人格與戰鬥要求，「就文藝家來說，要克服人格力量或戰鬥要求底脆弱或衰敗，就社會說，要抵抗對於文藝家底人格力量或戰鬥要求的蔑視或摧殘。」〔註7〕正是這種戰鬥精神，使得胡風盛讚魯迅爲「用新的思想做武器，向『舊壘』『反戈』的一刀一血的戰士」，認爲「魯迅底戰鬥還有一個大的特點，那就是把『心』『力』完全結合在一起。」以此達到「詩人」與「戰士」的統一，「這是一個偉大戰士底基本條件，也是一個偉大文藝家的基本條件。」〔註8〕也因爲這種戰鬥精神，胡風主張作家的戰鬥性：他認爲理論家批評家必須以「戰鬥的熱情」，結合對民族生活現實等方面的深刻理解，以求產生「戰鬥的力量」。（《民族革命戰爭與文藝》）爲此，胡風呼籲「長期地受著束縛的、苦悶的作家底戰

〔註5〕　胡風：《胡風評論集》下冊，人民文學出版社，1985年版，第10頁。

〔註6〕　胡風：《胡風評論集》下冊，人民文學出版社，1985年版，第405～406頁。

〔註7〕　《文藝工作底發展及其努力方向》，《胡風評論集》下冊，第12頁。

〔註8〕　《關於魯迅精神的二三基點》，《胡風評論集》中冊，第10頁。

鬥的意志」的爆發與張揚，〔註9〕並且在「苦悶得最深、期待得最切」的時候，各自在「自己的強度上奔向一個總的方向」，〔註10〕使作家的戰鬥性發揮到極致。而正是「由於這種精神，它在人民底千千萬萬的心靈裏面散佈了火種，在今天的我們民族底不屈服，不苟且偷生，堅信勝利，堅信未來的光明的、神聖的鬥爭裏面燃燒了起來，放散著燦爛的光華。這種精神由於什麼呢？由於作家底獻身的意志，仁愛的胸懷，由於作家底對現實人生的真知灼見，不存一絲一毫自欺欺人的虛偽。」〔註11〕而這，正是影響胡風最深的魯迅式的戰鬥精神，是「敢於直面慘淡的人生，敢於正視淋漓的鮮血」的「真的猛士」（人生戰士和革命民族戰士的融合）的戰鬥精神。

其次，「主觀戰鬥精神」是指「創造過程上的創造主體（作家本身）和創造對象（材料）的相生相剋的鬥爭；主體克服（深入、提高）對象，對象也克服（擴大、糾正）主體，這就是現實主義底最基本的精神。」（《人道主義和現實主義的道路》）由此，便產生了「搏鬥」「突進」「突擊」「自我擴張」「自我鬥爭」的「堅強」而充滿力感的「主觀力」與「客觀力」的對抗與糾結。胡風指出「文藝創造，是從對於血肉的現實人生的搏鬥開始的」，而對於血肉的現實人生（即感性的對象）的搏鬥，「是體現對象的攝取過程，但也是克服對象的批判過程」，同時也是作為主體的作家「不斷的自我擴張過程，不斷的自我鬥爭過程」，通過這種「創作實踐裏面的一下鞭子一條血痕的鬥爭」以及「伴著肉體的痛楚的精神擴展的過程」，才有可能「得到創造力底充沛和思想力底堅強。」〔註12〕如此，「主觀精神」與「客觀對象」的結合，「文藝家有氣魄把他底戰鬥精神潛入到生活對象底深的本質裏面，得到了思想力底加強和豐富」，「主觀精神（創造力量）底更堅強，更沉煉」，「因而也就相應地產生了感覺能力和感受能力底新的特點，在美感的性格上開始了變化和高揚。」（《文藝工作底發展及其努力方向》）從而使「美感」轉向「力感」，使「主觀精神」更加「堅強」而轉向「戰鬥精神」。這就難怪胡風一而再再而三地強調創作的「搏鬥」：或者「和否定的人物搏鬥」；〔註13〕或者和「生活內容搏鬥」，〔註14〕或者「和現實搏鬥」，或者「突進對象的具體內容；……從

〔註 9〕 《民族戰爭與新文藝傳統》，《胡風評論集》中冊，第 143 頁。

〔註10〕 《文藝工作底發展及其努力方向》，《胡風評論集》下冊，第 6 頁。

〔註11〕 《現實主義在今天》，《胡風評論集》中冊，第 320 頁。

〔註12〕 《置身在為民主的鬥爭裏面》，《胡風評論集》下冊，第 18～22 頁。

〔註13〕 《現實主義在今天》，《胡風評論集》中冊，第 323 頁。

〔註14〕 《置身在為民主的鬥爭裏面》，《胡風評論集》下冊，第 21 頁。

那裏搏鬥出來」，或者「抱著強烈的思想要求，通過那要求向現實對象艱苦搏鬥的創作實踐的鬥爭」，「在寫黑暗的作品裏面感到血肉的搏鬥，引起爭取光明的渴望。」（《論現實主義的路》）在胡風看來，缺乏主客觀「搏鬥」的結果是「引起主觀戰鬥精神底衰落，主觀戰鬥精神底衰落同時也就是對於客觀現實的把捉力、擁抱力、突擊力底衰落。……各自任憑經不起抵抗力的惰性自由地流去，於是出現了各自的病容，各自的窮態」，使得「作品裏的世界只是在失去了生命力的現象裏面受動地飄來飄去，沒有經過主觀精神底突入、發掘、以至融解、凝結的創造努力」的病態的傾向，而非健康積極有力的傾向。〔註15〕而當創作具有這種敢於「搏鬥」的「主觀戰鬥精神」，就會「產生了新文藝底戰鬥的生命」，（《現實主義在今天》）並從深入現實之中「加強思想力量」，「獲得實踐鬥爭底主觀力量」，〔註16〕從而「使文藝成為能夠有武器性能的武器」「執行血肉的鬥爭」〔註17〕，充分發揮文藝的戰鬥性，只有這樣，「包含著深刻的思想力或批評力的、雄大的構成性的作品」的出現與繁榮才具備了可能性。〔註18〕

胡風的這種強調生命力，強調戰鬥，強調主客觀「搏鬥」的「主觀戰鬥精神」無論從精神實質上，還是從用語方式上，都與他早期閱讀的厨川白村的《苦悶的象徵》中那種生命力與壓抑力的衝突，由「苦悶的象徵」轉向「力的象徵」、力的對抗搏戰的觀點，以及「要爆發，要突進」「戰鬥」「猛進」的用詞與文風存在著千絲萬縷的聯繫。正是在胡風「主觀戰鬥精神」等文藝思想的感召之下，丘東平鑄煉出「英雄人格」，路翎歌頌其「原始強力」，田間狂呼「戰鬥精神」，七月派作家們大多從事的無疑是一種「力的文藝」。

二、德國的「強權」思想

四十年代的「戰國策」派致力於戰時文化重建，作為文化派別，他們的核心人物主要是陳銓、林同濟、賀麟、雷海宗等人，在這些人之中，能夠對四十年代文學「暴力敘事」造成影響並對文學興趣甚濃的理論家似乎只有曾經留學德國的陳銓，和未曾留德但喜愛德國學說有著崇德心理的林同濟。該派核心五人，都是清華學校畢業，除了陳銓、賀麟有留德經歷，其他都是留

〔註15〕《文藝工作底發展及其努力方向》，《胡風評論集》下冊，第 10 頁。
〔註16〕《論現實主義的路》，《胡風評論集》下冊，第 289 頁。
〔註17〕《逆流的日子·序》，《胡風評論集》下冊，第 4 頁。
〔註18〕《民族戰爭與新文藝傳統》，《胡風評論集》中冊，人民文學出版社，1985 年版，第 146 頁。

美的，但都具有崇德心態。例如陳銓，1928 年赴美留學，先後獲奧伯林大學文學學士、碩士學位，後赴德國克爾大學留學，獲哲學博士學位，1934 年回國。例如賀麟 1927 年獲美國奧伯林大學學士學位，1926 年開始閱讀黑格爾、斯賓諾莎等德國哲學家著作，1928 年入美國芝加哥大學，1929 年獲哈佛大學哲學系碩士學位，1930 年經短期德文和拉丁文補習，進入德國柏林大學攻讀博士學位，未獲學位，1931 年 8 月回國。在 1931 年九一八事變以後，為了宣傳愛國主義，鼓舞抗戰士氣，他作長篇論文《德國三大哲人處國難時之態度》。又例如林同濟，1928 年獲美國密西根大學政治學學士學位，1930 年獲美國加利福尼亞州大學伯克利分校政治學碩士學位，1933 年獲該校政治學博士學位。1931 年開始大量閱讀尼采、斯賓諾莎等學說。再例如雷海宗，1922 年公費留美芝加哥大學，主修歷史，1927 年獲該校哲學博士學位，期間涉獵德國歷史哲學。又例如何永佶，清華學校畢業後，赴美哈佛大學攻讀政治學，獲政治學博士學位，涉獵德國政治哲學，曾寫作文章《中西人風格一較》，盛贊希特勒的強力性格與使命感等。

陳銓早在離德返國不久的 1936 年就出版了專著《中德文學研究》，1943 年正中書局出版的《文學批評的新動向》第三章的全部內容即《狂飆時代的德國文學》《浮士德的精神》《狂飆時代的席勒》，第四章的《尼采思想的演變》《寂寞的易卜生》《赫伯爾的泛悲觀主義》《尼采與〈紅樓夢〉》，1944 年在創出版社印行的《從叔本華到尼采》一書中的第二部分《尼采的哲學》中全部內容即《尼采思想的轉變》《尼采的政治思想》《尼采心目中的女性》《尼采的道德觀念》《尼采的無神論》，1947 年大東書局出版的《戲劇與人生》中的《論英雄》，以及散篇論文如《德國民族的性格和思想》《尼采與近代歷史教育》《狂飆時代的歌德》《論英雄崇拜》等等都直接與德國尤其是尼采的強權（強力）思想相關，其他如《指環與正義》《民族文學運動》《五四運動與狂飆運動》《盛世文學與末世文學》等等論文，以及《狂飆》《野玫瑰》《無情女》《金指環》等等文學作品，都飄蕩著德國強權思想的氣息。而林同濟 1931 年開始大量閱讀德國哲人尼采的學說，從其《我看尼采》《薩拉圖斯達如是說──寄給中國青年》《嫉惡如仇──戰士式的人生觀》《力》《寄語中國藝術人──恐怖·狂歡·虔恪》等文見出尼采對他的影響，他甚至宣稱柏拉圖的《共和國》，尼采的《薩拉圖斯達》是他「百讀不厭」的書。〔註19〕

〔註19〕《我看尼采》，許紀霖等編：《天地之間──林同濟文集》，復旦大學出版社，

應該說，留學德國的陳銓和較熟德文的林同濟是「在現代中國思想史上，眞正在學理上全面理解尼釆」的學人。〔註 20〕但本文不欲全面研究尼釆，只想就德國或尼釆的強權（強力）思想對四十年代文學「暴力敘事」的影響因子展開必要的說明。所謂德國的強權思想或尼釆的權力意志，著重的並非政治意義上的權力，而是生命意志上的強力（周國平就在《尼釆：在世紀的轉折點上》將之譯爲「強力意志」），而這正是陳銓他們關注的焦點所在。「戰國策派」用幾束光（思想）向這個「焦點」集聚。

第一束光是「戰」或「力」的思想。陳銓他們首先強調當時是一個「戰國時代」，陳銓在 1940 年 4 月 1 日發表的《浮士德精神》認爲「中華民族⋯⋯在這一個戰國時代」，〔註 21〕而在《政治理想與理想政治》中強調「中國現在處的是一個戰國時代。這一個時代的特徵，就是民族生存競爭已經到了尖銳化的時代；國與國之間談不到什麼正義，什麼和平，要的是軍事力量的優越，勝利的獲得；達到這個目的，就可以生存，否則，就只有消滅。」〔註 22〕他甚至將「戰國時代」無限泛化與延長，「我看人類的歷史，永遠是一部戰爭史。無論什麼時代，都是戰國時代。」〔註 23〕而林同濟則認爲「在過去歷史中，凡是自成體系的文化，只需有機會充分發展而不受外力中途摧殘的，都經過了三個大階段：（一）封建階段，（二）列國階段，（三）大一統帝國階段。」〔註 24〕中國這個早已進入「大一統」階段的國家面對四十年代這個「戰國時代」，必須明確認識到「『戰國』必須是我們入手的途徑」，「『倒走』二千年，再建起『戰國七雄』時代的意識與立場，一方面來重新策定我們內在外在的各種方針，一方面來仔細評量我們二千年來的祖傳文化！」〔註 25〕從歷史與現實角度，以「列國酵素」重鑄中國文化健康

2004 年版，第 144 頁。

〔註 20〕許紀霖：《林同濟的三種境界》，《林同濟文集・代序》，復旦大學出版社，2004年版，第 14 頁。

〔註 21〕溫儒敏等編：《時代之波——戰國策派文化論著輯要》，中國廣播電視出版社，1995 年版，第 367 頁。

〔註 22〕《國統區文藝資料叢編・「戰國派」（一）》，重慶師範學院中文系組編，1979年版，第 22 頁。

〔註 23〕陳銓：《指環與正義》，《國統區文藝資料叢編・「戰國派」（一）》，重慶師範學院中文系組編，1979 年版，第 16 頁。

〔註 24〕林同濟：《從戰國重演到形態史觀》，《林同濟文集》，復旦大學出版社，2004年版，第 35～36 頁。

〔註 25〕《戰國時代的重演》，《林同濟文集》，復旦大學出版社，2004 年版，第 13 頁。

有力活潑的新生命。

而要達到這一目的，必須倚靠「戰」或「力」的思想。陳銓在《德國民族的性格和思想》中指出「國與國之間，沒有是非，只有強權；……戰爭是不可避免的，這不是希特拉一人在短時間的提倡，乃是德國民族從有歷史以來根深蒂固的思想。」這種「強權」思想造成德國民族的性格之一就是「好戰」：德國人「在戰爭中間，我們看見人生主要的快樂」，因而加強軍訓和戰爭意識，甚至德國牧師也對充滿暴力的《舊約》更表同情，到了必要的時候，會鼓勵戰爭和軍國主義，德國人深切地認識到「國際間沒有正義人道可講，所以征服的意志非常強烈。」〔註26〕陳銓將德國人的這種「好戰」性格的根源上溯至古希臘柏拉圖的《理想國》，柏拉圖「用全力來培養軍人，他計劃了最嚴密的教育系統，每一個軍士從孩提到成人，都要經過極嚴格的訓練。這些保衛理想國的軍人，一定要能夠勇敢、忠誠」。而「柏拉圖要他理想的國家整軍經武，就是因為他徹底看清人生的真實，人類的本性。」「生存意志是推動人類行為最偉大的力量。」〔註27〕陳銓還將德國人的好戰性格追溯到柏拉圖之後的狂飆時代，認為狂飆時代一個「重要的基本觀念」就是「力量」，「力量是一切的中心，它破壞一切，建設一切。」〔註28〕陳銓還將德國人的「好戰」性格定位在希特勒身上，「在希特拉以前，有千百個德國思想家，同希特拉是一樣的思想，在希特拉背後，有千萬的德國青年戰士，同希特拉是一樣的性格。」〔註29〕但是，陳銓最終還是將他「戰」或「力」的思想重心放在尼采身上。狂飆時代的「力量的觀念，成了尼采權力意志的中心。……尼采認為權力意志，是人類生存的必須的條件。人生的目的，不在求生命的維持，乃在求權力的伸張，因為權力意志不能發展，人生就無意義。」〔註30〕陳銓在一篇文章中指出「尼采認為人生不是求生存，乃是求權力，支配人生一切

〔註26〕陳銓：《德國民族的性格和思想》，《文學運動史料選》第四冊，上海教育出版社，1979年版，第318～321頁。

〔註27〕陳銓：《指環與正義》，《國統區文藝資料叢編·「戰國派」（一）》，重慶師範學院中文系組編，1979年版，第14～15頁。

〔註28〕陳銓：《狂飆時代的席勒》，《文學批評的新動向》，正中書局，1943年版，第119頁。

〔註29〕陳銓：《德國民族的性格和思想》，《文學運動史料選》第四冊，上海教育出版社，1979年版，第325頁。

〔註30〕陳銓：《狂飆時代的席勒》，《文學批評的新動向》，正中書局，1943年版，第119頁。

的，不是生存意志，乃是權力意志。」「人生的意義，既然在發展權力意志，那麼生活就等於是一種戰爭。為此，尼采主張「高貴」「勇敢」「強大」「有力」的「主人道德」，反對「卑賤」「柔順」「弱小」「無力」「仁愛」的「奴隸道德」，認為以「奴隸道德」為核心的傳統道德規律壓迫生命的活力，是人生的麻醉劑。陳銓文章的旨歸在於：「處在現在的戰國時代，……接受尼采的『主人道德』，來作為我們民族人格鑄煉的目標。」〔註31〕他認為世界是一個戰場，人生是一場惡鬥，只有在鬥爭中間，生命的力量才可以充分發展。但是「中華民族幾千年來，受佛家的影響，摧毀民族生命的力量」，正因如此，尼采的積極進取勇敢樂觀的強力意志，「對於現時代的中華民族，這一種呼聲太有意義了。尼采的思想……他積極的精神，卻是我們對症的良藥。」〔註32〕如果說以上是陳銓從文化、人格的角度借鑒德國的強權（強力）思想，那麼陳銓還從現實危機中呼籲強權思想的重要性，他認為在四十年代這個「戰國時代」裏，「民族和民族，國家和國家，團體和團體之間，永遠需要指環。……指環就是力量，力量就是滿足生存意志的根本法寶。」「先有了指環，然後才配談正義。」因此，「在大敵當前的時候，戰爭的意識固然要設法使之彌漫全國，在外臨強鄰的時候，戰爭的意識也必要灌輸進每個國民的心胸。」使到國民「超過生存意志，達到權力意志。」〔註33〕

與陳銓相似，林同濟也重視德國的強權思想尤其崇拜尼采的強力意志學說，但與陳銓的偏於闡釋的研究者氣質不同，林同濟側重內容的發揮與形式的模仿，頗具思想者的風範。林同濟曾經模仿尼采《查拉圖斯特拉如是說》的文體風格，作《薩拉圖斯達如此說——寄給中國青年》一文，在文中他如此寫道：

> 「你們抗戰，是你們第一次明瞭人生的眞諦。你們抗戰，是你們第
> 一次取得了『爲人』——爲現代人——的資格。
> 戰即人生。我先且不問你們爲何而戰，能戰更佳！」
> 「我從不勸你們做循良子弟。我勸你們大膽做英雄。」

〔註31〕陳銓：《尼采的道德觀念》，《時代之波》，中國廣播電視出版社，1995年版，第272～276頁。
〔註32〕《尼采與〈紅樓夢〉》，《文學批評的新動向》，正中書局，1943年版，第180頁。
〔註33〕陳銓：《指環與正義》，《戰國派（一）》，重慶師範學院中文系組編，1979年版，第16～18頁。

　　「你們問：何為善？我說：不怕即善。只有妾婦兒女們當著這個大
年頭，還要死向墻角咕嚕：善乃溫柔恭儉讓！」

　　「你們問：何為孝？我說：不怕即孝。」

　　「弟兄們，必須偉大，才配戰爭；不怕戰爭，便是偉大。」〔註34〕

很明顯，林同濟是以「能戰」「不怕」的「偉大」精神作為「現代人」的精
神，即是從尼采式的積極進取奮勇剛強的精神針對中國傳統的消極厭世（佛
道思想）與「寧忍辱，惡鬥死」的膽小怕事、苟且偷生、因循守舊、溫良恭
儉讓（儒家思想）的文化特徵與人格特徵，重新鑄煉「剛性的人格型」，重
新打造健康強力的中華文化，使「立人」與「立文化」並駕齊驅、相得益彰。
為此，林同濟倡導一種「嫉惡如仇」的「戰士式的人生觀」：「戰士——最少
奔赴前方的戰士——在中國，不但是可能，而且是赫赫眼前的事實。目下的
關鍵問題，除了向前殺敵之外，似乎就是如何把前方戰士的壯烈精神，向後
方延長而倒灌到全部民族的（尤其是中上社層的）細胞，使一切營營的官僚、
文人，靡靡的鄉愿、阿 Q，都要從根本上革面洗心，樹立出一種新人格。」
戰士式的人生觀的重要特點是「嫉惡如仇」，林同濟指出抗戰給人們啓示的
人生意義是「猛向惡勢力無情地作戰」，「第一步，要認定宇宙間大有惡勢力
的存在。第二步，要用全副力量，向惡勢力進攻。前者是一種現實的眼光，
後者是一種堅決的意志，由眼光貫徹到意志的火線，便是那『嫉』的熱烈情。」
「眞正的戰士必要孜孜地到處尋『仇者』，因為尋得了仇，才有對象來試一
試他的斬妖之劍。嫉惡是他一生的事業，卻必定要嫉到如仇的程度」，才能
拔劍斬妖、力戰仇者。〔註35〕總之，「嫉惡如仇」是一種戰士式的「力」的
人格，而非「愛人如己」的儒者式的「德」的人格。這種戰士式人格與尼采
的超人可謂不謀而合，尼采的超人是「生命力飽脹的象徵。渾身生命力」，
超人「具有最高度生命力」，超人痛恨末人與「頹萎」的精神，他要撲殺末
人，重造充滿生命力的精神。〔註36〕應該說，戰士式人格體現林同濟對中國
傳統阿 Q 式人生觀的反省以及文化革新的思考，也體現了林同濟對尼采超人

〔註34〕林同濟：《薩拉圖斯達如此説——寄給中國青年》，《林同濟文集》，復旦大學
　　　　出版社，2004 年版，第 126～127 頁。
〔註35〕林同濟：《嫉惡如仇——戰士式的人生觀》，《林同濟文集》，第 139～143 頁。
〔註36〕林同濟：《我看尼采》，《林同濟文集》，復旦大學出版社，2004 年版，第 145
　　　　～156 頁。

精神的借鑒，更是在民族危機重重的「戰國時代」的一種對策，在戰為中心，戰成全體，戰在殲滅的「戰國時代」，不能戰的國家就不能生存，所以首先要「栽培出能作『戰國之戰』的本領」，還要「建設道地的『戰國式』的國家」，因此，戰士式的人格顯得難能可貴，「再建起『戰國七雄』時代的意識與立場」就更加迫在眉睫刻不容緩。〔註 37〕這樣一種崇尚戰鬥的對策與思考，使得林同濟即使在寄語中國藝術人時，亦以尼采《查拉圖斯特拉如是說》的語氣呼喚強力，如「我勸你們描寫暴風雪，暴風雪冽冽攪夜眠」，「撼動六根」「迫著靈魂發抖」以及「發抖後的追求」與創造的「恐怖」境界與母題，如「自我鎮伏了無窮」，從「時空的恐怖中奮勇奪得」自由的、生命力飽脹、「爭鬥的意力」濃厚的「狂歡」境界與母題，都是強力意志的表現。憑藉它們，才能「開闢一個『特強度』的嶄新局面」。〔註 38〕但是，歸根結蒂，林同濟「戰」的思考來源於「力」的崇尚，無論是張揚尼采的強力，還是鼓吹韓非子的「爭於力」，都致力於民族文化的革新與民族生命力的重造，林同濟在以「力」壓「德」（傳統的德感主義），以「力」新德的同時，更將「力」本質化、超越化——「力者非他，乃一切生命的表徵，一切生命的本體。力即是生，生即是力。天地間沒有『無力』之生：無力便是死。」「生、力、動三字可說是三位一體的宇宙神秘連環。」「力是宇宙間萬有所『必定有』、『必須有』！」〔註 39〕但是，無論「力」如何被本體化（宇宙的本源、生命的表徵），都必須旨歸於「戰」，因為在「戰國時代」，一切都是力的較量力的抗衡力的激戰。

「戰國策派」崇德傾向的第二束光（思想）是與「戰」或「力」思想互相聯繫的「英雄崇拜」思想。陳銓指出，德國人的一個重要觀念是英雄崇拜，「德國人崇拜英雄，認為英雄是國家民族的靈魂」，「是群眾的救星」，沒有英雄的領導組織，「民族國家，根本不能存在發展。」德國人的這種觀念直接影響了卡奈爾《英雄與英雄崇拜》的寫作，卡奈爾還將德國人的「英雄」準確地埋解為「大才」。〔註 40〕這種英雄（天才）崇拜觀可以追溯到德國狂飆時代，「狂飆時代有兩個重要的觀念，就是『力量』與『天才』。力量是一切的中心，

〔註37〕　《戰國時代的重演》，《林同濟文集》，第 4～13 頁。

〔註38〕　《寄語中國藝術人》，《林同濟文集》，第 161～167 頁。

〔註39〕　《力！》，《林同濟文集》，復旦大學出版社，2004 年版，第 114～119 頁。

〔註40〕　陳銓：《德國民族的性格和思想》，《文學運動史料選》第四冊，上海教育出版社，1979 年版，第 324～325 頁。

它破壞一切，建設一切。天才是社會上的領袖，他推動一切，創造一切。然而天才的本身，最重要的元素，就是力量。天才的表現，實際上就是力量的表現。」「天才是時代的代表，同時也是時代的先鋒。……不僅是時勢創造的英雄，同時也是創造時勢的英雄。」〔註41〕英雄「憑著他的剛毅的精神，奮鬥的勇氣，光明磊落誠實不欺的態度，與命運決戰」，「敢作敢為，不怕攻擊，不怕批評，在戰爭是這樣，在道德是這樣，在一切人事往還，都抱大無畏的精神」，「知其不可為而為之」的精神以及「前進肯定的精神」，正因如此，英雄就能夠「代表時代精神」。〔註42〕而鑒於「戰國時代」大敵當前的緊迫形勢，他將德國人的英雄崇拜觀念移植到中國的土壤，他主張「人類意志是歷史演化的中心，英雄是人類意志的中心」的英雄歷史觀，他認為「英雄是群眾意志的代表，也是喚醒群眾意志的先知」，〔註43〕在歷史上，英雄造時勢，在才質上，英雄有著「超群絕類的天才」和「大無畏的精神勇氣」，感染引導別人；另外「英雄崇拜，發源於高尚純潔的情操，凡是能夠崇拜英雄的人，都是高尚純潔的人」，所謂識英雄重英雄而自成英雄，而「一個不知崇拜英雄的時代，一定是文化墮落民族衰亡的時代」。〔註44〕陳銓更從歷史與現實的不同層面，剖析中國缺乏英雄崇拜的原因在於中國士大夫階級的腐化，以及五四運動以來個人主義的變態發達，以致中國人心渙散，集體意識薄弱，整個民族國家就如一盤散沙，因此，「養成英雄崇拜的風氣」成為「中國目前最切急的問題。」〔註45〕那就需要培養集體意識，「需要一種健全的向心力，使中國成為一個有組織有進步有冷有熱的國家」，需要英雄來代表群眾喚醒群眾，同時必須注意到，英雄崇拜不僅是一個「立人」問題（「人格修養的道德問題」）而且是一個最迫切的「立國」問題（「政治問題」），因為它關係到「中華民族能否永遠光榮地生存於世界，人類歷史能否迅速地推進於未來」。（陳銓：《再論英雄崇拜》）如此，「戰國策派」的「英雄崇拜」便回到了晚清魯迅等人的精神原場，如魯迅《文化偏至論》所言：「角逐列國是務，其首在立人，人立而後凡事舉」，

〔註41〕陳銓：《狂飆時代的席勒》，《文學批評的新動向》，正中書局，1943年版，第119～121頁。
〔註42〕陳銓：《戲劇與人生》，上海大東書局，1947年版，第66～74頁。
〔註43〕陳銓：《論英雄崇拜》，《時代之波》，中國廣播電視出版社，1995年版，第295頁。
〔註44〕陳銓：《再論英雄崇拜》，《時代之波》，中國廣播電視出版社，1995年版，第315～316頁。
〔註45〕陳銓：《論英雄崇拜》，《時代之波》，第299～301頁。

使「沙聚之邦，由是轉爲人國。」

　　「戰國策派」崇德傾向的第三束光（思想）是民族國家思想。戰國策派認爲德國人的一個重要觀念就是「國家至上，民族至上」的民族國家觀念，「國家不是人民組織成的，人民乃是靠國家存在的。而且國家是永久的，人民是暫時的，……個人可以犧牲，國家不能犧牲。」在德國，這一種思想，盤踞一般人的心胸，德國的哲學家，如費希特、黑格爾、尼采等等，都把國家看得非常重要，「到緊要的關頭，都主張犧牲個人，來維持國家的生存，達到理想國家的境界」，而「爲著維持國家的光榮和生存，……任何戰爭，都可以發起。」〔註46〕在這種邏輯之下，戰國策派推崇德國的狂飆運動，認爲「狂飆運動不僅是一個文學運動，同時也是德國思想解放的運動，和發展民族意識的運動」，〔註47〕是爲「德國民族之所以爲德國民族」「奠下深厚根基」的「最偉大的一個運動」。〔註48〕據此，戰國策派意識到「『國家至上，民族至上』，原來並不只是一種抗戰期內的口號，乃是一種世界時代精神的回音。」〔註49〕因此，他們反思五四運動，認爲五四運動的先知先覺沒有認清時代：第一誤把戰國時代認作春秋時代，處在戰國時代，自己毫無力量，不積極備戰，反而削弱全國的民族意識，養成國民厭戰的心理；第二誤把集體主義時代認爲個人主義時代，因爲二十世紀的政治潮流是集體主義，首要的是求民族自由全體解放而非個人自由個人解放，但是五四個人主義的變態發達使得集體主義薄弱，戰鬥意志消沉；第三誤把非理智主義時代認作理智主義時代，五四運動的領袖，受傳統儒家理智主義影響，雖反儒家卻近儒家，而且他們在介紹西洋思想方面，落後西方二百年，將西方十七世紀的理智主義移植到二十世紀這個非理智時代，何況五四運動膚淺的理智主義，並不能擔當新時代的使命，因爲民族主義、戰鬥精神、英雄崇拜等等不是膚淺的理智主義所能分析的，它「是一種感情，一種意志。」五四運動的這三種錯誤，「五四運動一套的思想，並不能幫助我們救亡圖存」，而「德國的狂飆運動」「是我們不可

〔註46〕陳銓：《德國民族的性格和思想》，《文學運動史料選》第四冊，第 321～322頁。

〔註47〕陳銓：《狂飆時代的歌德》，《戰國副刊》第 31 期，重慶《大公報》，1942 年 7月 1 日。

〔註48〕陳銓：《狂飆時代的席勒》，《文學批評的新動向》，正中書局，1943 年版，第109 頁。

〔註49〕林同濟：《第三期。的中國學術思潮》，《林同濟文集》，復旦大學出版社，2004年版，第 25 頁。

忽視的指南針。」〔註 50〕另一方面，戰國策派不僅通過反五四個人主義來提倡民族主義，還以排斥共產主義來提倡民族意識，他們反對把人分爲無產階級和資產階級，反對全世界無產階級聯合起來打到資產階級的共產主義理論，他們認爲應把人分爲中國人和外國人，依靠四萬萬同胞把中國人解放出來是當務之急，即使反對資產階級的剝削也應站在中華民族的立場上，而非站在政黨、階級、國際主義的立場上，否則會導致中華民族的分裂，前途難有「光明」。總之從人的分類、依靠力量、立場、前途諸方面排斥共產主義。〔註 51〕他們指出中國思想界應該「不以個人爲中心，不以階級爲中心，而以民族爲中心」，「我們當然希望全世界的人類平等，但是我們先要求中國人和外國人平等」「中國人和中國人的利害關係，究竟遠較中國人和外國人的關係密切。」（陳銓《民族文學運動》）

戰國策派更把相輔相成的「戰」「力」思想、「英雄崇拜」思想和民族國家思想揉合起來，倡導一種充滿力量的民族文學運動。「民族意識是民族文學的根基。民族文學又可以幫助加強民族意識」，民族文學不是復古的、排外的、口號的文學運動，它應當發揚中華民族原來的戰鬥精神與道德精神，培養民族意識（爲祖國而戰而生而死），並且有中國特色。〔註 52〕民族文學應當是一種「盛世文學」，是「能提高鼓舞生命力量的文學」，它「肯定人生」，「雄渾，奔放」，「氣魄雄厚，力量充足」，表現出一種「壯美」的風格，與盛世民族「精力彌漫」、盛世人民「充滿生命」的積極進取特徵相符合，與民族意志的集中有力相輔相成。〔註 53〕民族文學的提出者與實踐者是陳銓，這大概與他的文學者氣質不無關係（而具有歷史家氣質的雷海宗、哲學家氣質的賀麟以及思想者氣質的林同濟幾乎都沒有參與民族文學運動的理論建構和創作實踐）。1941 到 1942 年，他在《大公報・戰國副刊》、《文化先鋒》、《軍事與政治》等刊物上提倡「民族文學運動」，1943 年創辦《民族文學》雜誌，並且創作了小說《狂飆》（1941），戲劇《野玫瑰》、《金指環》（1942），《藍蝴蝶》、《無情女》（1943）等等作品。這批「民族文學」作品，與他的「戰」「力」思想、英雄崇拜思想和民族國家思想一樣，都具有「國」（民族國家意識）與「力」（暴力殺敵、以

〔註 50〕陳銓：《五四運動與狂飆運動》，《時代之波》，中國廣播電視出版社，1995 年版，第 342～348 頁。
〔註 51〕陳銓：《狂飆》，正中書局，1942 年版，第 115～116 頁。
〔註 52〕陳銓：《民族文學運動》，《時代之波》，第 376～378 頁。
〔註 53〕陳銓：《盛世文學與末世文學》，《時代之波》，第 412～415 頁。

暴制暴、強力意志）兩方面的內容，二者互相爲用，有「國」無「力」則難臻「強大」，有「力」而無「國」則難致「崇高」，二者配合，就是「犧牲兒女私情，盡忠國家民族」，〔註54〕或者說是「尙力政治」〔註55〕的文學詮釋。

　　「戰國策派」對德國「強權」（強力）思想的接受與宣傳，以及「民族文學運動」的提倡，〔註56〕雖然在當時備受批判，雖然作爲一種理論和文學運動未被文壇容納，但從其「國」與「力」的思想特徵而言，當時不少作家的思想傾向是與之相似的，如郭沫若的戰國題材戲劇，當時文學的國家思維與戰鬥思維等，下文涉及，此不贅述。更何況，「戰國策派」以「力」立人、立文化、立國的價值取向與思考形式連接晚清與四十年代，無論就其「力量」還是「深刻」而言，都是不宜全盤否定，一筆抹煞的。

三、蘇聯的革命哲學

　　蘇聯革命哲學有幾個鮮明的特點。其一，注重暴力革命，列寧指出「暴力革命，這就是馬克思和恩格斯全部學說的基礎。」〔註57〕這包括階級革命與民族革命。其二，注重階級鬥爭。列寧指出「馬克思主義給我們指出了一條指導性的線索，……就是階級鬥爭理論」「歷史的眞正動力是階級的革命鬥爭」「一切關於非階級的社會主義和非階級的政治學說，都是胡說八道。」〔註58〕其三，注重人民性。斯大林指出「布爾什維克保持同廣大人民群眾的聯繫時，他們將是不可戰勝的。」「不僅善於教導工農，而且善於向工農學習」「列寧曾教導我們，不僅要教育群眾，而且要向群眾學習」。〔註59〕

　　蘇聯的革命哲學在毛澤東等人身上體現得比較充分，這與毛澤東等人的

〔註54〕三幕劇：《無情女》廣告，《民族文學》第 1 期，1943 年 9 月 7 日。
〔註55〕《戰國策・本刊啓事（代發刊詞）》，《「戰國派（一）》，重慶師範學院中文系組編，1979 年版，第 147 頁。
〔註56〕「民族文學其實並未正眞形成一種文學運動，甚至很難說巳經形成流派，儘管當時似乎聲名很大。」——見丁曉萍、溫儒敏：《戰國策派」的文化反思與重建構想》，《時代之波》，中國廣播電視出版社，1995 年版，第 20 頁。
〔註57〕《馬克思恩格斯列寧斯大林論無產階級革命政黨》，人民出版社，1978 年版，第 48 頁。
〔註58〕《馬克思恩格斯列寧斯大林論無產階級革命政黨》，人民出版社，1978 年版，第 42～44 頁。
〔註59〕《馬克思恩格斯列寧斯大林論無產階級革命政黨》，人民出版社，1978 年版，130～133 頁。

客觀政治身份與思想特徵不無關係。一是鬥爭性。「在我們爲中國人民解放的鬥爭中，有各種的戰線，就中也可以說有文武兩個戰線，這就是文化戰線和軍事戰線。我們要戰勝敵人，首先要倚靠手裏拿槍的軍隊。但是僅僅有這種軍隊是不夠的，我們還要有文化的軍隊，這是團結自己、戰勝敵人必不可少的一支軍隊。」「要使文藝很好的成爲整個革命機器的一個組成部分，作爲團結人民、教育人民、打擊敵人、消滅敵人的有力的武器，幫助人民同心同德地和敵人作鬥爭。」〔註60〕將文藝界視爲「文化的軍隊」，將文藝當作「有力的武器」，目的都是爲了提高工農兵（重點在「兵」）的「鬥爭熱情和勝利信心，加強他們的團結」，和「敵人作鬥爭」，使鬥爭具有力量、方向和信心。〔註61〕毛澤東更由武力的鬥爭出發提倡學習魯迅的「鬥爭精神」，他指出魯迅「看清了政治的方向，就向著一個目標奮勇的鬥爭下去，決不中途投降妥協」，「他往往是站在戰士的血痕中，堅韌地反抗著，呼嘯著前進」，他甚至將魯迅的「犧牲精神」也偷換成「鬥爭精神」，呼籲學習魯迅精神將「日本帝國主義這條瘋狗」一直打到它「不能翻身，退出中國國境爲止」。〔註62〕此外，毛澤東還強調階級鬥爭，認爲「政治，不論革命的和反革命的，都是階級對階級的鬥爭，不是少數人的行爲。革命的思想鬥爭和藝術鬥爭，必須服從與政治的鬥爭」並且針對當時延安思想多元複雜的情況，主張「在思想上整頓，需要展開一個無產階級對非無產階級的思想鬥爭。」〔註63〕二是群眾性。毛澤東的群眾範圍呈現一種逐漸縮窄的趨勢，它在1937年的《論魯迅》中是人民、無產階級，在1939年的《五四運動》中是工、農、兵、學、商，工農民眾，在1940年的《新民主主義的文化》中是人民大眾、工農勞苦群眾，而到了1942年的《講話》中則變爲工農兵，而「工農兵」的重點是「兵」（就如三十年代左翼的「工農」重點在「農」），目的是在大敵當前的危急情況下，使「武裝起來的工人農民」即「兵」這種「革命戰爭的主力」能夠同心同德地和敵人作鬥爭。〔註64〕爲此，毛澤東要求作家解決「爲群眾」和「如何爲群眾」兩個重

〔註60〕毛澤東：《在延安文藝座談會上的講話》，《延安文藝叢書·文藝理論卷》，湖南人民出版社，1984年版，第1～2頁。

〔註61〕毛澤東：《在延安文藝座談會上的講話》，《延安文藝叢書·文藝理論卷》，湖南人民出版社，1984年版，第14頁。

〔註62〕毛澤東：《論魯迅》，《延安文藝叢書·文藝理論卷》，湖南人民出版社，1984年版，第31～32頁。

〔註63〕毛澤東：《在延安文藝座談會上的講話》，同上書18～26頁。

〔註64〕毛澤東：《在延安文藝座談會上的講話》，同上書第8頁。

要命題，在「爲群眾」方面必須站在無產階級和人民大眾的立場，持有堅決反對反人民反共的態度，全心全意爲工農兵（工作對象）服務；而在「如何爲群眾」方面必須瞭解工農兵，熱愛工農兵，「思想感情和工農兵大眾的思想感情打成一片」，並產生階級情感變化（「拿未曾改造的知識分子和工人農民比較，就覺得知識分子不乾淨了，最乾淨的還是工人農民，儘管他們手是黑的，腳上有牛屎」），而且必須「學習工農兵」「一切革命的文學家藝術家只有聯繫群眾，表現群眾，把自己當作群眾的忠實的代言人，他們的工作才有意義。只有代表群眾才能教育群眾，只有做群眾的學生才能做群眾的先生。」而文藝的提高也必須「沿著工農兵自己前進的方向去提高。」〔註65〕簡言之，「爲群眾」和「如何爲群眾」表面是爲工農兵，實質是爲「工農兵政府」以及「工農兵政府在戰爭中的勝利」，其工具是「文」（文藝），目的是「武」（革命、戰爭勝利），這是一種典型的「以文就武」、「以文爲武」的文藝理論（「武藝」理論）。正因如此，毛澤東極力推崇文藝的政治性與功利性，認爲文藝從屬於政治而反影響於政治（階級的、群眾的政治），政治標準第一，藝術標準第二，強調文藝的政治性與眞實性（政治化的眞實性）統一。因此，毛澤東主張文藝創作必須：一、具備無產階級的群眾意識，反對資產階級人性論等思想意識，頑強表現自己的創作意識以及爲大後方讀者寫作的讀者意識。二、注重光明與樂觀，反對暴露黑暗、批評群眾。三、注重普及，呼籲「新鮮活潑的、爲中國老百姓所喜聞樂見的中國作風和中國氣派」。〔註66〕這一切，都是爲了讓力量集中，意志集中，去取得革命勝利、戰爭勝利、軍事勝利，換言之，「群眾性」也好，「政治性」也罷，都是以充滿暴力的「鬥爭性」爲旨歸，是與天鬥其樂無窮，與地鬥其樂無窮，與人鬥其樂無窮的鬥爭哲學。

　　至於中國傳統的「俠──士」精神，如殺身成仁、除暴安良、以暴制暴、爭於力等等，上述甚詳，此不贅述。不過值得一提的是篤信佛教的豐子愷大倡殺身成仁精神，認爲「除了瘋狂者及法西斯暴徒外，凡人皆有此心，即凡人皆有殺身成仁之心。」〔註67〕並就停放飛機的車站被炸，以孟子的「生道殺民」爲同胞先問「有沒有炸著飛機」，後問「有沒有炸死人」的行爲辯護，

〔註65〕毛澤東：《在延安文藝座談會上的講話》，《延安文藝叢書・文藝理論卷》，湖南人民出版社，1984年版，第4～16頁。

〔註66〕毛澤東：《在延安文藝座談會上的講話》，同上書第17～27頁。

〔註67〕豐子愷：《殺身成仁》，《豐子愷文集・文學卷》，浙江文藝出版社，1992年版，第722頁。

主張「禽獸逼人，人不得不用武力殺其鋒。不得不以戰弭戰，以殺止殺。要為人類除暴，不得不借飛機的威力」，將「民為貴」變通為「飛機為貴」，武器為貴，以傳統學說為暴力抗爭張本。〔註68〕而信仰基督教的老舍則在《四世同堂》中將錢默吟從隱士演變為戰士，指出「詩人與獵戶合併一處，我們才會產生一種新的文化，它既愛好和平，而在必要的時候又含英勇剛毅，肯為和平與眞理去犧牲。」這應該說與中國傳統殺身成仁、除暴安良的「俠──士」精神不無關係。

可以說，以上這四種因素的綜合作用，結合民族自強情緒與民族危機，深度決定了四十年代文學的「主觀戰鬥精神」與英雄崇拜意識。體現在文學創作的具體實踐上，或是以歷史人物來隱喻自強不息的民族精神（如郭沫若的《屈原》、《虎符》、《棠棣之花》），或是以記實手法去描寫現實抗戰中的民族義士（如陳銓的《野玫瑰》、徐訏的《風蕭蕭》、孫犁的《蘆花蕩》），「暴力敘事」作為民族啓蒙的必要手段，它的確曾起到過振奮民心鼓舞士氣的社會效應。只要我們稍加分析便不難發現，四十年代文學的「暴力敘事」，明顯帶有一種民族復仇的思維模式，它不分黨派不分政見國家至上救亡第一，幾乎是舉國上下萬眾一心群情激奮同仇敵愾，就連篤信佛教的豐子愷也放聲疾呼《殺身成仁》，而篤信基督教的老舍也撰寫了《國家至上》鼓吹抗戰。正是在這樣的前提之下，「暴力敘事」不僅被賦予「愛國主義」的神聖色彩，而且也深受廣大作家的狂熱追捧與青睞。

這種民族復仇的思維分為兩種思維模式。

一是戰鬥思維。當時作家充滿一種「戰鬥」熱情，從各刊物及協會的宣言就可看出。如《中國詩人協會抗戰宣言》稱：「民族戰爭的號角，已經震響得使我們全身的熱血，波濤似的洶涌起來了！……我們是詩人也就是戰士，我們的筆杆也就是槍杆。」而老向於 1938 年元旦創刊的《抗到底》半月刊，則祝願其「每一篇文章，甚至每一個字，都有炸彈般的力量，炸碎敵人的陣營。」1938 年 4 月「中華全國文藝界抗敵協會」的「發起旨趣」及其「宣言」都強調「抗敵救國」「以筆為武器」，相信「我們的文藝的力量定會隨著我們的槍炮一齊打到敵人身上，定會與前線上的殺聲一同引起全世界的義憤與欽仰。」該協會主辦的《抗戰文藝》發刊詞高呼「筆的行列應該配布於槍的行

〔註68〕豐子愷：《生道殺民》，《豐子愷文集‧文學卷》，浙江文藝出版社，1992 年版，第 724 頁。

列，浩浩蕩蕩地奔赴前敵而去！」「滿中國吹起進軍的號聲，滿中國沸騰戰鬥的血流，以血肉爲長城，拼頭顱作炸彈，在我們鋼鐵的國防線上，要並列著堅強的文藝的堡壘」。其他刊物如《文藝陣地》《文藝戰線》《戰地》《吶喊》《七月》《救亡日報》《抗戰戲劇》（光看其刊名就能嗅出火藥味）等等也有類似言論。總之，戰爭的颶風把不同的作家吹攏到一起戰鬥，作家不再拘於他們狹小的個人天地裏，不再從窗子裏窺望藍天和白雲，而是「從他們的書房，亭子間，沙龍，咖啡店中解放出來，走向了戰鬥的原野」。〔註69〕並且，作家們必須「加緊反法西斯的鬥爭，增強對於敵僞的憎恨」「學習憎恨，學習極端的對於敵人憎恨」「寬容敵人等於是殺害自己」。〔註70〕

　　二是國家思維。在國家危難的「大爭之世」，作家們推崇國家至上，救亡第一，抗戰至上。這首先表現爲作家們的一種萬眾一心不分彼此的「團結」意識。早在1936年7月的《現實文學》第一期發表的《中國文藝工作者宣言》就聲稱「我們、文藝上的工作者，目光從來沒有離開過現實，工作從來沒有放鬆過爭取民族自由的奮鬥。」「我們願意和站在同一戰線的一切爭取民族自由的鬥士熱烈地握手！」其後，或者呼籲「在全民族一致救國的大目標下，文藝上主張不同的作家可以是一條戰線上的戰友。」從而「使我們這集團鍛鍊成鋼鐵一般的壁壘！」（《中國文藝家協會宣言》）或者號召「全中國的文藝工作者，爲著強固的文藝的國防，首先強固起自己營陣的團結，清掃內部一切糾紛和摩擦，小集團觀念和門戶之見，而把大家的視線一致集注於當前的民族大敵。」〔註71〕

　　其次表現爲一種「讓步」邏輯。四十年代的文學創作包含著一種「讓步」邏輯，即在國家危難、戰爭危急的情況之下，一切都必須讓步，國家至上，戰爭至上。

　　其一是愛情、家庭讓步。例如碧野的《烏蘭不浪的夜祭》，奸細哈的盧打進抗日老英雄唐爾的隊伍，一面追求其女飛紅巾，一面暗中破壞抗日，導致唐爾和大部分戰士陣亡，哈的盧陰謀敗露後，飛紅巾親押其往烏蘭不浪審判，在愛情與大義的糾葛中，終於在將被軟化時以大義戰勝愛情，並親手殺死哈的盧。

〔註69〕 羅蓀：《抗戰文藝運動鳥瞰》，《文學運動史料選》第四冊，上海教育出版社，1979年版，第117頁。

〔註70〕 郭沫若：《新文藝的使命》，《文學運動史料選》第四冊，上海教育出版社，1979年版，第313～316頁。

〔註71〕 《抗戰文藝》發刊詞，載《抗戰文藝》第1卷第1期，1938年5月。

這種「愛情讓步」邏輯在郁茹的《遙遠的愛》體現得更爲強烈，女主角羅維娜厭倦小家庭的幸福、和平生活，需要抗日戰爭「這樣激烈的生活」，認爲國重於家，她覺得那種和平幸福的生活，只像一架枷鎖，致死地拖住了她，使她變成了一個完全違背了從前的理想的平凡的女子，而且在國家危難的家庭幸福之後，站立著一個龐大的罪惡的陰影，它永遠和她敵對著，不讓她安寧，讓她感到「有比愛更重要的東西去追求」。她讚賞秋瑾的「豪杰羞伍草木腐！懷抱豈與常人同？危局如斯敢惜身？願將生命作犧牲。」並張揚鋼鐵的意志與力量，勇氣與倔強的生命力，向一切的暴力搏鬥。不僅愛情讓步，親情也讓步。如老舍《火葬》中的父女矛盾、李輝英《松花江上》的父子矛盾，其實就是自保自私的個人立場與國重於家的國家思維之間的鬥爭。將在愛國救亡中「家庭讓步」寫得最悲壯的要算白朗的小說《清償》。曾參加「九一八」「一二八」抗戰的寶林連長因傷致殘多年，但英勇不屈的心並沒殘廢，主張血債血償。當「八一三」來臨，他不顧家境貧寒，以「國家興亡，匹夫有責」的大義鼓勵兩個兒子離別家庭，參軍殺敵，在兒子一死一重傷的情況下，以自殺斷絕了女兒照顧父親的小家庭思想，以民族國家意識壓倒家庭觀念和個人生存留戀，並激勵女兒郁蘭參戰殺敵，「我沒有什麼留給你，只有這末一支槍，這支槍曾經殲滅過無數的敵人。現在，你繼承我這遺產，也要繼承我的遺志，你更要把爸爸的債務繼承起來，而且要你去清償。」「拿起槍，去吧，我可愛的孩子！」

其二，私仇、私利讓步。老舍的《敵與友》寫張、李兩村爲世仇，抗戰期間都恨日本，但都想先讓日本把仇人滅淨了再打日本人，世仇到了非理性、殘忍的地步。但兩村長的兒子在抗戰中成爲朋友，破壞了「傳統」，並說服兩村人以國家爲重，國仇、公仇比私仇重要，化敵爲友。《國家至上》更進一步，小說寫回教老拳師張老師強健勇敢、自以爲是、自信而固執，他因與漢族黃子清有私怨，堅決阻擾回漢團結抗日，後來損兵折將，身負重傷，悔之晚矣。小說表明國家至上觀念對私仇、個人主義降服的艱難及最終的勝利，表現了不同民族團結起來，全民抗戰的重要性。郭沫若抗戰時期的六部歷史劇都表現爲大致相同的主題：就是反對私仇、私利對國家的分裂，提倡聯合與團結，共同反抗強暴。其他如《牛全德與紅蘿蔔》、《天國春秋》等主旨皆相近。例如陽翰笙的《天國春秋》借太平天國韋昌輝、洪秀全爲了私怨私利，不顧兄弟情分，不顧天國前途，實行自相殘殺，殺楊秀清，逼石達開，「自己人殺自

己人！自己弟兄殺自己弟兄」「殺那幾萬同生死共患難的兄弟姐妹」，並借古諷今，以鮮明的政治意圖揭示「大敵當前，不該自相殘殺」，否則，「眞是十惡不赦的罪人」的眞理。

其三，科學、學業讓步。夏衍的《法西斯細菌》表現了從「科學至上」到「國家至上」的主題。從 1931 年到 1942 年日本節節侵略，科學家俞實夫節節退避，只想進行平靜的科學研究，但這一小小願望也被日本侵略者無情毀滅，他終於認識到科學無國界，但科學家有國界，科學之外還有國家和民族，國家沒有弄好，科學不能單獨存在、發展與繁榮，也認識到必須撲滅人類的愚蠢和野蠻，即「法西斯細菌」，科學才有正常的未來。郭沫若的《甘願做炮灰》略與此同。另外，《遙遠的愛》、《飛將軍》甚至《未央歌》（鹿橋作）在不同程度上都肯定爲報國而捨學業的思想。例如洪深《飛將軍》中的鵬飛基於日本帝國主義者對中華民族的無止境壓迫，認爲幹空軍是他報國的機會，寧可犧牲了大學文憑，毅然決然投奔空軍。郁茹《遙遠的愛》中羅維娜決然棄學，爲了祖國與自由而奔赴前線，以「抗日戰爭」這樣「激烈的生活」鍛鍊自己，她的勇敢與果斷使得投考商業專科學校的柳茜感到「絕望的嫉恨」，感到維娜「鋼鐵般閃光的眼睛」「已經揭穿了她的靈魂」。小說以「愛國」來貶低「求學」的傾向可以說達到無以復加的地步。相反，許地山的《鐵魚底鰓》，端木蕻良的《江南風景》都主張用科學製造武器，打擊侵略者，有一種「以暴制暴」的暴力傾向。許地山《鐵魚底腮》寫雷先生是一個最早被派到外國學制大炮的官學生，因國內沒鑄炮的兵工廠，學無所用。後來利用在外國戰艦、潛艇裏工作的機會學習製造潛艇。他以民族利益爲重，不把發明（潛艇）的圖樣獻給外國人，在地方當局不採納他的發明的情況下，他仍堅持研究，希望使圖樣變成眞實的武器，從預備救難變成以後的臨場救難，他的發明對國家的貢獻很大，不僅可以用於戰鬥，還可以促成海下航運，突破侵略者的封鎖。篤信宗教的許地山居然寫出了這樣一部將生不逢時的悲哀與殺敵救國的責任相交織的作品，其暴力傾向可想而知。可以想像，如果這種潛艇付諸現實投入戰爭，其殺傷力、戰鬥力與暴力場景的殘酷將是十分驚人的。換言之，科學已讓位於戰爭，成爲一種「暴力性科學」而非「研究性科學」。

其四，宗教信仰讓步。四十年代的小說如李輝英的《福地》、《松花江上》都寫了宗教徒在戰爭中的無用，但極少出現人物從宗教徒演變成戰士的具有

宗教讓步邏輯的小說。這種宗教讓步的邏輯倒是後來在齊邦媛於 2011 年出版的《巨流河》中提到，該書記錄了其同學張大飛作爲空軍戰士在戰爭中的眞實書信，當張大飛駕駛驅逐機擊落敵機的時候，有時會想：「我這樣虔誠的基督徒，卻這樣長年做著殺戮的工作，上帝會怎樣裁判呢？他不是說『生命在我，復活也在我』嗎？耶穌說人若打你左臉，你把右臉也給他打嗎？但是日本人不但打我的臉，他們殺了我的父親，摧滅了我的家，將我全國的人在自己的土地上追殺至今。我每在郊區打下他們一架飛機，即可以減少犧牲於炸彈下的多少冤魂。」〔註 72〕這充分體現了以殺止殺、殺身成仁、國家至上的戰士情懷，而非宗教情懷。

其五，從作家主體而言，則是藝術性讓步於與宣傳、鼓動與吶喊。老舍在《火葬》的序言中就自述該書寫作過度勉強，使寫作成爲苦刑，而且寫得淺，沒有入骨，但依然爲宣傳抗戰的功利主義辯護，認爲寫失敗一本書事小，讓世界上最大的事輕輕溜過去才是大事。巴金亦然，他在《火》第一部「後記」中自陳寫作意圖：「我寫這小說，不僅想發散我的熱情，宣泄我的悲憤，並且想鼓舞別人的勇氣，鞏固別人的信仰。我還想使人從一些簡單的年青人的活動裏看出黎明中國的希望。老實說，我想寫一本宣傳的東西。」現代派詩人徐遲更是放下茫然與憂傷：「這次戰爭的範圍與程度之廣大而猛烈，再三再四地逼死了我們的抒情的興致。你總是覺得山水雖如此富於抒情意味，然而這一切是毫沒有道理的；所以轟炸區炸死了許多人，又炸死了抒情，而炸不死的詩，她負的責任是要描寫我們的炸不死的精神的。」〔註 73〕

無論是「戰鬥」思維，還是「國家」思維，都體現了中國現代作家的傳統文化心態，他們以「救世」意識、「憂患」意識和「殺身成仁」的「俠──士」風範，去進行民族復仇的宣傳，「殺」（暴力敘事）也因爲「仁」（愛國主義）而被合理化、崇高化與神聖化。這兩種思維模式使得抗日救亡誓死鬥爭的「意志集中」、「力量集中」，而戰爭「暴力敘事」也因爲這些思維模式的合理性，即使再慘不忍睹鮮血淋淋，也顯得正義凜然、威不可犯。

〔註 72〕齊邦媛：《巨流河》，三聯書店，2011 年版，第 132 頁。
〔註 73〕徐遲：《抒情的放逐》，載《頂點》第 1 期，1939 年 7 月 10 日出版，轉引自錢理群等：《中國現代文學三十年》（修訂本），北京大學出版社，1998 年版，第436 頁。

第二節　國統區文學與解放區文學的戰爭暴力建構

由於四十年代民族矛盾的特殊背景，「暴力敘事」往往又是以一種「戰爭暴力」的極端形式，來傳達創作主體的愛國熱情與反抗情緒。

這種「戰爭暴力」的背景下的愛國熱情與反抗情緒在當時的歌曲中體現得甚為充分。如《鐵血歌》：「只有鐵，只有血，只有鐵血可以救中國！還我河山誓把倭奴滅，醒我國魂誓把奇恥雪！……」

又如《大刀進行曲》：

大刀向鬼子們的頭上砍去，
二十九軍的弟兄們，
抗戰的一天來到了，
抗戰的一天來到了！
前面有東北的義勇軍，
後面有全國的老百姓，
咱們二十九軍不是孤軍。
看準那敵人，把它消滅！
把它消滅！衝啊！
大刀向鬼子門的頭上砍去，殺！

另外如《義勇軍進行曲》、《游擊隊歌》、《保衛盧溝橋》、《歌八百戰士》等等傳唱一時或流行至今的歌曲都充滿著一種暴力抗爭、寧死不屈、以身許國的愛國熱忱與戰鬥情懷。當時的通俗歌謠除了以上的情感與思想外，更多了一種民間的復仇味道，如《鬼子來了我不怕》、《打日本》、《殺漢奸》、《小杆杖》等等便是如此。例如《鬼子來了我不怕》：「鬼子來了我不怕，埋上地雷把他炸！漢奸來了我不怕，架上土槍把他打！鬼子漢奸全來了，埋地雷，架土槍，一個一個消滅他！」又如《小杆杖》：「小杆杖，兩頭尖，日本走狗是漢奸。漢奸不是人，賣國賣祖墳。一天拿住了，剝皮又抽筋。」將對敵人的仇恨化作暴力殺戮的強烈欲望。

當時的詩歌在戰鬥思維、國家思維交織的民族復仇心態上與上述的歌曲民謠並沒太大區別（只是構思和深度上較前者出色），好像不吶喊幾聲「衝啊！衝啊！」之類的戰叫，就失卻了做中國人（中國詩人）的資格似的。其中最突出的代表是田間，他的詩字字有力，句句有力，行行有力，凝聚在一起，便是對暴力抗爭、浴血戰鬥的崇尚。如《假使我們不去打仗》：

假使我們不去打仗，

敵人用刺刀，

殺死了我們

還要用手指著我們骨頭說：

「看，

這是奴隸！」

而他的《給戰鬥者》更將那種浴血奮戰前赴後繼誓死復仇的「戰鬥」激情推崇到無以復加登峰造極的地步：

我們

必須

戰鬥了，

昨天是憤怒的，

是狂呼的

是掙扎的

四萬萬五千萬呵！

鬥爭

或者死……

我們

必須

拔出敵人底刀刃，

從自己底

血管。

我們

戰鬥的

呼吸，

不能停止；

血肉的

行列，

不能拆散。

我們

復仇的

槍，

不能扭斷。

因為我們知道

這古老的民族，

不能屈辱地活著，

也不能

屈辱地死去。

……

人民！人民！

高高地舉起

我們

被火烤的

被暴風雨淋的

被鞭子抽打的

勞動者的雙手，

鬥爭吧！

在鬥爭裏，

勝利

或者死…… 〔註74〕

充斥於這首詩中的是「戰鬥」「鬥爭」「復仇」的狂熱情緒，配以幾乎是一個短語一個詞語甚至一個字一行的簡截有力的詩句、層層推進的詩格（詩行），整首詩即使不看內容，也如急行軍的部隊直插敵陣，而配以內容則如一把把匕首、投槍，不，簡直是一發發炮彈，以暴力的方式將敵人的暴戾殘忍擊得粉身碎骨萬劫不復。這種以暴制暴視死如歸戰鬥不息的暴力抗爭詩作，在四十年代的文壇可謂數不勝數層出不窮，有的單看題目就知其暴力十足。如鄭振鐸的《祈戰死》：「走向戰場，那殺敵之場，／走向戰場，那死之場，／去了便不想活著回來，／痛快的死，強似惡活！／做國殤，做鬼雄，／勝似僵臥在死床上！」將日本的「祈戰死」的尚武精神移植到中國的土壤，以求痛

〔註74〕 田間：《給戰鬥者》，中國青年出版社，2000 年版，第 16～21 頁。

擊日本侵略者，可謂以其人之道還自其人之身，將一種「生當作人杰，死亦為鬼雄」的革命英雄胸懷與無懼犧牲英勇作戰的戰士精神書寫得淋漓盡致。鄭振鐸的詩題還只是一種「祈戰死」的願望與祈盼，有的作家乾脆將詩題呈現為一種急迫的殺戮行動，如羅泅《爸爸殺日本強盜去了》（節）：「爸爸為了你，／我的好孩子！／不要再用手背揩眼淚，／哭泣你的爸爸了罷！／爸爸要保護你的泥菩薩呀！要殺日本強盜去了。」總之，這一切的暴力崇尚情緒都可以歸納為一句話，就是「我愛戰爭／我情願在炮火裏／流盡我的血……／我不害怕／我從不害怕」（田間《我愛戰爭》），「在今天：更需要勇敢。／勇敢，／也更高貴！」（田間《我底槍》）。

但是，客觀地說，四十年代「戰爭暴力」體現得最為充分，書寫得最為細緻的還是當時的敘事文學作品如小說、戲劇之類。按區域而言，當時的國統區暴力敘事與解放區暴力敘事十分值得關注。〔註75〕

一

國統區文學的戰爭暴力敘事或暴力傾向按其類型而言，分為兩大方面。

（一）

第一大方面是出生入死、悲壯慘烈的正面抗戰場景與暴力殺敵情懷。它表現為兩個層次。第一個層次是「真實」殺敵、浴血奮戰。首先是軍人的殺敵與戰鬥。丘東平是此中能手，他一方面感慨戰鬥的慘烈犧牲的巨大，「在這次戰役中，我的部下，我的朋友，我認識他們的，和他們共同甘苦的，在一個陣地上共同作戰的，他們，可以說有百分之九十五都戰死了。」僅僅五天的戰鬥，兩營官兵最後「只存了四十六人」；（《我們在那裏打了敗戰》）林青史率領的第四連只剩下五十多人（《一個連長的戰鬥遭遇》）；丘俊哀盼第七連能在敵人無情的炮火之下，「我們的弟兄還能留存了五分之一的人數」，但最後一次出擊時，只零丁地剩下能夠動員的二十五人，戰鬥暫停時人數就更寥寥可數。（《第七連》）但是丘東平另一方面強調頑強作戰誓死殺敵的精神。軍人們「為了要使自己能夠成為一個像樣的戰鬥員，能夠在這嚴重的陣地上站得牢」，「處處防備著感情的毒害」，逃避漂亮的女性，逃避留聲機，只留下以

〔註75〕至於淪陷區文學，因其暴力敘事的類型、主題與國統區、解放區文學存在著較大的重合，在此暫時從略。

身許國的「理性」和以暴制暴的「力」，讓一切都集中於戰鬥服務於戰鬥，他們極爲關注那一幅「比一切都鮮麗的圖景：我們中華民國的勇士，如何從毀壞不堪的壕溝裏躍出，如何在陣地的前面去迎接敵人的鮮麗的圖景。」（《第七連》）在一切「全是力與力的對比」的戰爭中，士兵們雖然掛著「鐵的臉孔」，但是「一伸手可以觸摸著他們旺盛如火的抗戰熱情」，他們像一支槍似的直插入敵陣的腹部，「以消滅敵人固有的強暴和威猛」。（《我們在那裏打了敗戰》）而爲了殺敵，連長林青史及下層士兵不願做「蠢貨」拋棄陣地不戰而退，立誓「我們構築的陣地，我們自己守著」，他們的「靈魂是早就已經和戰鬥合抱了，在戰鬥中沉醉了。」他們的「目的就是戰場」，他們「一個個像鴕鳥似的昂著頭，他們的殺敵的雄心依據著蠢笨的姿態出現，他們一個個都像抱著最單純的意志而死去了的屍體，敵人的猛烈的炮火吸引著這屍體的行列，叫他們無靈魂地向著危險的陣地行進，什麼都不能動搖他們」，「他們交出了一切，把一切都給予了戰鬥」，並且以「無視一切的驚人的勇猛」，「澄清了敵火的強暴和污濁」。〔註76〕這種崇尚暴力與殊死戰鬥的精神在司馬文森的《吹號手》、夏衍的《血寫的故事》、老舍的《火葬》、雷加的《一支三八式》等等作品中展露無遺。司馬文森的《吹號手》寫吹號手小盧13歲當兵，打仗三年已經16歲，但從未當過列兵殺敵疆場，心中的暴力戰鬥衝動讓他焦躁不已，所以當兩次反敵襲擊失敗時，他自告奮勇連殲數敵消滅敵人力挽狂瀾，在昏迷之前還握著最後一個手榴彈（以爲沒有完成任務），顯示出一種衝天的英雄氣焰，他從昏迷中醒來的第一大願望便是不再當號兵而去當列兵，因爲如此「好殺日本仔」。夏衍的《血寫的故事》（之一）寫一等兵劉石棠在激戰中受傷昏迷於陣地，醒來後在兩足負傷、飢餓難忍的情況下，盡顯孤膽英雄本色，他乘夜色在死屍堆中覓得手榴彈七枚，第一次，他消滅了在附近墳墓上構築哨所的日軍五人，獲短槍一支；第二次，他又以手榴彈殺死從事掩埋工作的敵兵七八名。最後，在我軍炮兵向敵陣轟擊時，得知我軍所在，於是乘雨向我方奔回，途中數遇敵兵，均巧妙逃脫。師長以其忠勇衛國，扶創殺敵，獎賞並晉升一級。其過人膽色、作戰的勇敢與愛國的熱忱令人感歎。作家們更著力書寫、大加讚揚了那種爲國捐軀、寧死不屈、殺身成仁的軍人氣節。如老舍的《火葬》寫唐連長全軍將士誓死殺敵全體壯烈犧牲，石隊長他們冒險進文

〔註76〕　《一個連長的戰鬥遭遇》，丘東平：《沉鬱的梅冷城》，花城出版社，1983年版，第308～320頁。

城偵察，炸敵人火藥庫，全部戰死，石隊長更是寧死不屈不作俘虜，殺身成仁舍生取義，以短促的生命求永生的榮譽。雷加的《一支三八式》講述了當隊伍在轉移陣地的時候，一個有著一支三八式的班長陣亡了，人跌在山溝裏，三八式還遺留在陣地上。士兵曹清林自告奮勇地擔任了去摸回來的任務，他摸到了那支三八式，但是遭遇了戰鬥，他以一人之力擊殺了十多個敵人，在無意中，更掩護了另一連人的撤退，自己卻英勇的犧牲了。作品盛贊了中國軍人的忠勇精神，中國軍人不僅能夠英勇戰鬥，而且能夠不惜性命愛護戰鬥武器，因爲武器是戰鬥的工具，也寄託著中國軍人戰鬥不止死而後已的軍魂。用萬迪鶴小說《自由射手之歌》的題目寓意，中國軍魂是以「射」（暴力、戰鬥）的手段來達到「自由」的目的。

其次是平民的復仇與抗爭。如果說軍人的殺敵是英勇的戰鬥，那麼平民的殺敵更多是野性的復仇與反抗。比如端木蕻良的小說《風陵渡》講的是船夫馬老漢從前只能打魚，如今遭逢抗戰可能會遇著打日本的機會，他常想當一個手榴彈拋出去的時候，一排一排的日本強盜便支持不住倒下去了，從此再也不能拿起刀來殺人，「日本鬼子就死掉。」而當某天，兩個日本兵逼著他乘船幫他們「看唐月亮」（找中國姑娘）的時候，他將船故意撐到大漩渦處寧願與敵人沉船同歸於盡，最後，馬老漢從心裏眼裏口裏淚裏和血裏一起都迸發出「復仇的大笑」。這種「復仇的大笑」經久不息，在河面上久久回蕩，更暗示了「復仇意志」的強烈與持久。而舒群的《奴隸與主人》講的是日軍進駐小城，連日大雨又使路爛橋淹（浸沒了通往車站的必經的木橋），但是作爲學生的「我」忍受不了失去自由的奴隸生活，遂出兩元高價雇一老車夫架馬車上車站，以早日逃離小城。車行不久，一個日本兵攔車要去車站，爲了霸占座位，更踢落了「我」的行囊和照相機；而到了河邊的時候，日本兵又強迫「我」和老車夫涉水將一個日本憲兵及其女伴背上馬車，總之，將中國人當作奴隸。但是，車已超載，任憑日本兵用步槍代替鞭子，把馬打得皮破血流（把中國馬當作奴隸），馬車依舊紋絲不動。於是日本兵再次踢落「我」的行囊，把「我」轟下車，而車夫也嚴厲地要我下車，在我怒罵車夫爲「奴隸」並要追趕馬車向敵人復仇之際，馬車已經走到橋中間。老車夫向「我」示意：「現在我讓你明白我」，「便故意地勒了一下繮繩，使馬轉向斜方；馬車頃刻從橋上翻落到河裏了。」小說結尾，以「我」和老車夫的瞬間動作，昭示著以「我」（學生、知識分子）和老車夫（老百姓）爲代表的中國人的復仇意志

抗爭精神，將使中國人從「奴隸」變成「主人」，由「奴隸」的屈服演變爲「主人」的強力。這還是平民的個人復仇，作家們更奮筆疾書平民群體的復仇，如王平陵的《荒村之火》、老舍的《火葬》等等。比如王平陵在《荒村之火》中點燃了一把仇恨之火，它講的是維持會長葛雲和帶著日軍回故鄉葛家村搜索女人並殺死一位老頭，敵人的凶殘無恥點燃了村民的憤恨火焰，像鋼鐵一般的隊伍都高舉著鋤頭，握緊槍桿，怒潮似的從山野裏向葛家村集中。村民們抱著「反正是死，至少也要咬鬼子一口肉」的決絕態度，布置了堅固的陣地，抵抗日本兵的衝擊，他們都奮不顧身地衝上去，踏著血路衝上去，使得廣闊的原野，沸騰著殺鬼子的聲音：「弟弟打死了，哥哥衝上去，堅決要報仇；父親打死了，兒子衝上去，堅決要報仇；丈夫打死了，妻子衝上去，堅決要報仇」「他們不僅是爲了國家，而是爲了自己，堅決要團結，堅決要殺盡鬼子兵。鬼子兵終於在無數的草鞋的腳底，被踏成了泥漿。」〔註77〕而老舍的《火葬》寫的是日本軍隊攻進文城，燒殺不止，奸淫擄掠，要使「文城」變成「死城」，但是市民們自覺反抗，使「文城」變成「武城」與「復仇之城」。他們知道了恨，因爲有了恨，男人們開始埋伏在門後或者墻角，以木棒和短刀迎接並消滅侮辱，女人們的死，更激發了男人們的恨，以木棍和短刀加在野獸樣的敵人身上，因爲有了恨，他們才有的不顧一切逃出城投軍，有的不管是殺頭還是淩遲，且冷不防的把敵人的頭割下來，有的破出死命，夜裏去燒滿載軍火的火車，有的給敵人的井裏下了毒藥。簡言之，在被侵略的死寂之中，有著「冒著火的眼睛，與報仇的心」，而恨則「是崇高的，因爲它使人從絕望中轉回身來另找活路，使閉目受死改成殺出重圍，使懼怕變成憤怒，使冰變成火！」〔註78〕同樣值得關注的是程造之的《地下》：它講的是帶著土匪野性的農民好漢老獨、羅三等人率領隊伍，從原先的「你的就是我的」式的搶地主轉變爲「拿自己的血換敵人的血」，槍口向外殺日本，自發組織游擊隊抗擊日本侵略者。他們以其強悍、義氣、血氣，以其「原始式的鄉下人的仇恨」戰鬥，並且號召村民「吃著苦頭的人大約都想跑來找仇報，今天便是咱們去找著仇人的日子！」「要拿出蠻勁去跟敵人死拼」，誓死殺敵。仇恨使得「發

〔註77〕 王平陵：《荒村之火》，《中國抗日戰爭時期。大後方文學書系・小說第一集》，重慶出版社，1989年版，第172頁。

〔註78〕 老舍：《火葬》，《老舍全集》第三卷，人民文學出版社，1999年版，第408頁。

瘋的眼找著面孔服裝都異樣的人。槍刺找人胸膛，肚皮」，仇恨使得「咬著牙齒的吼聲像狂卷著的風雨一樣，是沒有理性的、憤怒的、瘋狂的」。總之，無論是個人的復仇，還是群體的復仇，都表現出中國民眾「予與汝偕亡」的決絕精神與同仇敵愾殺身成仁保家衛國的鬥士風格。

而作家爲了彰顯軍人戰鬥與平民復仇的合理性與「眞實性」，運筆寫來不避粗俗。丘東平往往涉筆於此：如「他知道，這是他們全線的戰士們，在追擊敵人的時候，爲了歡悅，並且爲了自己的過於殘暴而發出的叫喊。」「中華民族的勇士們，散佈在那黑灰色的街道上，……簡直像一群山鼠，每一個都是把上身過分地突向前面，疾馳而進的兩脚掀動了泥土」。（《給予者》）如「兵士像瘋狂的狼似的在濃黑的火烟中流竄著」，「像發瘋了似的暈濛地，懵懂地在炮火的濃黑的烟幕中尋覓著」。（《第七連》）「弟兄們的凶暴的獸性繼續發展著」，「用獅子一樣的獰惡可怖的面目去注視當前的敵人」，「弟兄們爬出了戰壕，一個個像鴕鳥似的昂著頭，他們殺敵的雄心依據著蠢笨的姿態而出現」。（《一個連長的戰鬥遭遇》）越粗俗，便越見出戰場上人性與獸性、堅毅與艱難相交織的「眞實」，而越眞實，那麼以暴制暴的戰鬥與復仇也就越「合理」，既然面對的也是像「狼」一樣的、瘋狂的敵人，那麼戰士們的「瘋狂」「殘暴」的「殺敵的雄心」，以及似「鼠」如「狼」的形象也就不令人討厭，反而是順理成章，感人至深。

第二個層面是在「想像」中殺敵的暴力傾向。

一是理性狀態下的「想像」或「期待」殺敵。如吳組緗的《山洪》（原名《鴨嘴澇》）寫章三官的不可抑止的殺敵的衝動：「他期待著日本鬼子一旦眞打到家門口來。他計劃著帶一袋乾糧，掛在頸子上，藥硝、鐵砂和帽子都携帶充足，拿著他的兩杆槍，和來寶兒守住一條要路的口子。他倆躲在山腰竹木叢裏一塊大石頭的後面。當日本兵的大隊慢慢走近來的時候，他一聲不響，讓他們只管大膽地走過去，等走到差不多的時候，他才開始放槍。要半天放一槍，使他們弄不清哪裏放出來的，每一槍必須打倒他們三四個……他這樣打他三天三夜，要使敵軍遺屍遍野而逃。這樣想著，他興奮得全身骨頭打著硬噤，不由得要深長的伸出一口氣才能舒快。」〔註 79〕且不管「每一槍打倒三四個」的神奇槍法，以及以一人之力殺敵「三天三夜」並且「使敵軍遺屍遍野而逃」的神勇是否符合客觀的眞實，但章三官的「期待」、「興奮得全身骨頭打著硬噤」的內心世界卻透露了其殺敵逞強的主觀「眞實」暴力心態。

〔註 79〕吳組緗：《山洪》，人民文學出版社，1982 年版，第 185～186 頁。

直到小說結尾，章三官雖然抱著「不是魚死就是網破」的決心去狙擊敵人，但實際上連敵人的影子也沒看見，之後他主動要求正式加入游擊隊，好擁有「一杆新式的槍」。這些，也只不過是其殺敵想像或期待的再次呈現，足見其對戰鬥的渴望與對敵人的仇恨。

　　二是在非理性狀態下的「想像」殺敵。如田間的長篇敘事詩《她也要殺人》（1938）寫白娘在自身被日本鬼子強暴、孩子也被日本鬼子殺死的情況下，走向瘋狂，並拿刀向瘋狂想像中的敵人復仇。

　　　她要跑，／她要去殺人！／因為她，／從來沒有殺過人，／就是／
　　　——一隻螞蟻呀／也沒有故意／踩死；……但是現在，／現在呵，
　　　／她也要殺人！／因為她，／從來沒有／殺過人，／而日本強盜呵
　　　／燒死了／她的兒子，／欺負了／她自己。

　　　她，／——揮著／刀子，／揮著／刀子，／赤裸的／肚皮，／熱病
　　　一般地／摟著／刀子。／現在，／她愛／那刀子。／那刀子／誘惑
　　　著／她。／而且，／實在，／——在領導著／她，彷彿／說出：／
　　　「讓我來找回／你底兒子，／讓我帶你活下去。……」

　　　她不怕死了。／因為她，／懂得羞恥；／因為她，／懂得復仇。／
　　　羞恥，仇恨，／煮沸著／她底力。／那力，／——從胳膊，從筋骨，
　　　從心房奔出！／她，／一面／把刀子，狠狠地／揚起；／一面／高
　　　高地／號叫，／——拼命的聲調沿著刀口，／直流而來，／逼近著
　　　人類：／你們來呀——／你們來呀——／來！來！／到這塊，／跟
　　　我底刀子／一起去。

　　　她，／滿手的／血潮。／——洗著／刀子：／就那刀子，／熱帖著
　　　／胸脯，／發狂地擦。／「刀呵！／刀呵！」／她禱告：／那刀子
　　　／成功！……／強盜！／強盜！／嘿／你要殺我，／就以為我，／
　　　會死嗎？／強盜！／強盜！／——我喊：／「我，／在這邊！／我，
　　　／我什麼／也不怕，／你以為我，／不能也殺人嗎，／你！——／
　　　強盜！／強盜！／刀，／在我底手裏，／我決不，／決不饒你。」
　　　／

　　　我底兒，／敵人殺了。／我／我／我要報復！〔註80〕

〔註80〕　田間：《她也要殺人》，上海海燕書店，1949年再版，第22～59頁。

作者一方面鞭撻了日本鬼子的罪惡行徑，另一方面以以眼還眼、以牙還牙、以殺還殺的思維邏輯，指出這個連螞蟻也不敢故意踩死的女人白娘走向暴力的合理性與必然性，並以極為血腥極具煽動性的語言還原白娘瘋狂的殺人想像與復仇衝動——她被刀子誘惑所領導，她祈求刀子成功，她渴望復仇，她也要殺人，她在瘋狂的自虐中達到想像中的殺敵復仇，更重要的是，以個人的悲慘遭遇暗示民族的水深火熱慘況，以個人的「瘋狂」暴力寓指民族的「理性」暴力，以個人復仇的合理擴大化為民族復仇的合理，存民族救亡天理，滅敵人之命，是一種典型的民族暴力理學。正因如此，詩歌結局篇將暴力渲染得登峰造極正氣凜然威不可犯——「最後的像黃河一樣雄渾的民歌，／撲向世界：／『我要殺人！』／在她底／前面，／在她底／前面，／前面的／黑暗，／——被她底呼聲、／刀子、血、瘋狂、哭、笑／閃亮！／在她底／前面，／——中國的森林、大河、高山／和人民底田野、道路／已經披起了／戰鬥的／武裝！」「不要說／她去殺人；／既然有人／殺我們，／我們就不得／不殺人。／也不要說，／她是死了；／——要是／她死了／，我們應該接著／以自己的血／渲染著／那刀子！／——刀子不死，／我們不死。……」
〔註81〕

在這裏，「既然有人殺我們，我們就不得不殺人」的血債血償的暴力情懷是如此動人，以致變成「像黃河一樣雄渾的民歌」；又是如此光彩奪目，以致「前面的黑暗」也被刀子和血等「閃亮」；是如此廣闊，以致整個中國都「披起了戰鬥的武裝」；又是如此深遠，以致「刀子不死，我們不死」。全詩由「她」到「我們」（中國），由「要殺人」到「刀子不死」，由個人復仇到民族復仇，在這樣的暴力邏輯之下，白娘的殺敵想像顯得理所當然，詩人的暴力傾向同樣光明正大，作家在此由「詩人」變成了「戰士」。

（二）

而十分有趣的是國統區文學的「戰爭暴力」的第二大方面，基本上都是描寫暴力「暗殺」的「鋤奸」行為，其強調民族團結共同禦辱的作品主題非常明顯。比如郭沫若的史劇《棠棣之花》，講的是戰國時期，俠義之士聶政因主張聯合抗秦，而不滿於韓相俠累的賣身求榮，認為韓相俠累不知道團結內部，和秦國勾結，引狼入室，讓韓國向秦國稱臣，把全國人都變成奴隸，是

〔註81〕田間：《她也要殺人》，海燕書店，1949年再版，第85～89頁。

媚敵求榮的中原的大漢奸。而且他自稱是抗秦派，對於漢奸他鄙視之爲「狗」，
「雖然修養還是不夠，但殺狗的本領自信是有的了。只要是於人有利，於中原有利，我這條命並沒有看得怎麼寶貴。但只要於人有利，於中原有利，而使用我這條生命，那我這條生命不也就增加了它的價值嗎？」〔註 82〕於是輕生死，重忠義，最終爲了韓國人民前途著想，出於民族大義而將俠累刺殺，作者顯然是在借古喻今彰顯正氣，以歷史故事來詮釋現實抗戰的民族熱情。正如劇中的詩歌所言，如果要去「破滅那奴隸的枷鎖，把主人翁們喚起。快快團結一致，高舉起解放的大旗」，就迫切需要以「鮮紅的血液，迸發成自由之花，開遍中華。」所謂俠之大者，爲國爲民，雖然郭沫若也認識到聶政是游俠之徒，俠與儒在一定程度上精神上不相容，但爲了全劇的民族救亡主旨，遂將其儒家化、俠義化，即將「俠」與「士」統一爲「俠士」，他們爲了民族的生存和發展，與黑暗進行了堅決的鬥爭，甚至不惜犧牲自己的生命，在「民族前進的道路上，用鮮血寫下了光輝的詩章」。〔註 83〕郭沫若的另一部史劇《孔雀膽》也熱衷於「暗殺」「鋤奸」模式，它講的是大理國奸臣車力特穆爾與王妃爲達到讓小王子代替王子穆哥的位置，以及把漢族作奴隸的無恥目的，他們密謀害死王子，並嫁禍于忠臣段功，後來設計以亂箭射死段功，最後段功的妻子阿蓋公主洞察奸賊陰謀，並巧妙將車力特穆爾刺殺，以「鋤奸」來獲得國家的安定，粉碎了破壞國家的陰險企圖，將「爲夫復仇」與「爲國鋤奸」融爲一體。

又如陳銓的話劇《野玫瑰》，講的是一個名叫夏艷華的女間諜，爲了政治目的而嫁於北平僞政委會主席王立民，她利用自己的特殊身份，拯救自己同志收集敵方情報，最後設計刺殺了警察廳長並怒斥自己的丈夫，其勇於自我獻身的犧牲精神，表現出了強烈的民族正義感。戲劇將「大義滅親」（劉雲樵之於姑父、夏艷華之於丈夫）與「大忠爲國」冶於一爐，彰顯了敵人漢奸「最利害的敵手就是中國四萬萬五千萬人的民族意識。它像一股怒潮，排山倒海地沖來，無論任何力量，任何機智，都不能抵擋它」的民族自信心與民族力量感。〔註 84〕陳銓的另一部劇作《無情女》寫的是國民黨特工樊秀云以北平

〔註 82〕郭沫若：《郭沫若全集·文學編》第 6 卷，人民文學出版社，1986 年版，第213～214 頁。

〔註 83〕郭沫若：《郭沫若全集·文學編》第 6 卷，人民文學出版社，1986 年版，第279～284 頁。

〔註 84〕《「戰國派」》（二），重慶師範學院中文系組編，1979 年版，第 72 頁。

白宮跳舞場歌女身份進行間諜工作，利用妙計殺死漢奸王則宣，利用反間計讓日本高級顧問川田處死北平偽警察廳長陳玉書，最後誘使川田至其旅館，並在高唱充滿民族意識戰鬥精神殺敵情懷的《鋤奸歌》後請川田「喝茶」（用刀殺死）：「他們喪盡了良心！他們喪盡了良心！他們這一群野獸，出賣我國家，殘殺我人民，侵略我土地，威脅我中華民族的獨立生存。我們要殺盡他們！我們要殺盡他們！來，來，來，我的同志們！磨快鋼刀，振起精神，殺走狗，除漢奸，掃蕩凶橫的敵人，打倒凶橫的日本！」戲劇表達了「現在的世界，野草害蟲太多了，我們特務工作人員的使命，就是要徹底肅清他們！」的鋤奸主題，以及拋棄兒女私情，只顧國家民族，做「無情女」，「不爲名，不爲利，只爲國家」，只愛國家，對個人「無情」，對民族國家「有情」〔註85〕的愛國主題。

國統區小說注重「暗殺」「鋤奸」的作品更多。例如信仰無政府主義的巴金的「暗殺」意識絲毫不減，只不過從前是從「階級壓迫」「政府凶橫」角度敬佩恐怖主義者，如今是從「民族仇恨」「誓除漢奸」角度贊成以「暗殺」來「鋤奸」。比如他的抗戰三部曲《火》的第一部中，永言、子成、劉波他們認爲漢奸敗類是罪惡的代表，必須將「它」摧毀，摧毀一個漢奸就像摧毀一個制度，〔註86〕於是在摸清漢奸的情況後，聯合鋤奸，永言連開三槍殺死漢奸，將「總有機會幹掉他」的鋤奸念頭付諸實踐，子成也在掩護劉波逃走的過程中被槍殺，他終於「拿血肉拼殺」，「終於離開了鋼筆板，完成了他的志願，得到永久的安寧了。」而在《火》的第三部之中，素貞的男友劉波被漢奸特務頭子丁默村綁架監禁，素貞懷著「我能救出他，就不吝犧牲我自己；我不能救出他，我就替他報仇」的念頭接近丁默村，後收買殺手行刺丁，但丁僅受微傷，後來事情暴露，素貞壯烈犧牲。兩部小說將除暴安良殺身成仁的「暗殺」「鋤奸」情懷展現得淋漓盡致，與巴金當時的戰爭文化心態緊密相關：「我只是用筆做武器，靠作品生活，在作品中進行戰鬥。我經常戰敗，倒下去，又爬起來，繼續戰鬥。」〔註87〕而老舍的《火葬》一方面注重正面作戰，另一方面也不忘暗殺。它寫漢奸田麻子殺死夢蓮的未婚夫丁一山，又出賣石隊長及其戰友，向日本憲兵告密並帶領日本憲兵來抓石隊長一干人等，後被石

〔註85〕陳銓：《無情女》，《陳銓代表作》，華夏出版社，1999 年版，第 242～259 頁。
〔註86〕巴金：《巴金全集》第 7 卷，人民文學出版社，1988 年版，第 105 頁。
〔註87〕巴金：《巴金全集》第 7 卷，人民文學出版社，1988 年版，第 620 頁。

隊長在巷子裏伏擊，一刀插入他的腰窩，只留一點木柄，結果了漢奸的一條狗命。寫得痛快淋漓而又正氣衝天。又如小說《趙子曰》中的李景純是老舍塑造的理想人物，他痛恨黑暗的社會現實，他認為：「現在只有兩條路可走：一條是低頭去念書，念完書去到民間做一些事，慢慢的培養民氣，一條是破命殺壞人。」但是社會黑暗得把他的第一條路逼上絕境，大概是為了給走第一條路的後來者清除障礙，曾浸淫於無政府主義的他選擇刺殺「人民公敵」，試圖以此挽救國家與民族，最終被捕入獄，以死明志，可謂將個人之恨與愛國之志冶於一爐。另外，舒群也是一位描寫暗殺鋤奸的能手，1940 年他創作了中篇小說《神秘的故事》，它講述了袁倪（「我」）在警官學校畢業後，被派做偵緝隊分隊長，他不甘心做日本侵略者的走狗，準備從軍或出逃。而在他辭職的前一天，他接到告發中央大街五號院內有義勇軍活動的匿名告密信，遂私自前往偵察，無意中發現離別數載、難以忘懷的舊情人青子。後來青子在當義勇軍的丈夫王長英謀刺黑省警備司令事敗被捕殺之後，向袁倪尋求幫助，以夫婦身份遠走齊齊哈爾。她交給袁倪一支手槍，讓他暗殺黑龍江省的警備司令，以求達到引起當地的動亂，讓一部分反正的兵士收復齊齊哈爾，並集中四處的義勇軍的目的。最後袁倪以高超的槍法射殺警備司令，但自身卻因受傷被捕，青子也隨著反正的士兵逃入山林。小說將個人愛情與愛國之情，家破人亡與國家危難，暗殺鋤奸與民族大義冶於一爐，感人至深。

　　而國統區小說的另外一種「鋤奸」模式並不注重「暗殺」，而注重半公開的「鋤奸」（敵人不知，但老百姓知道，所謂半公開，也可說是另一種形式的「暗殺」）。如吳組緗的《山洪》寫群眾集體打死漢奸。而程造之的《地下》則更是充滿了同仇敵愾的「鋤奸情緒」，它寫的是漢奸朱雪齊槍殺游擊隊戰士金桃，又串通日軍用詭計使游擊隊中敵人埋伏，九十二名戰士僅生還十七個，後來事情敗露，朱雪齊被游擊隊抓住活埋：「十多把鐵鏟一齊揮舞。和雪的泥土往坑中掩著。朱雪齊從泥塊上爬了起來，又被壓下去，泥塊一層加一層從頭上撒下。紊亂交織著原始的野蠻，而是公平的報復情緒，一齊迸發了。沒有誰叫他們這樣做，他們本能地這樣做了，他們心滿意足地這樣做了。」〔註88〕而這正如小說中所言，是「永遠不會完結」的「人的力量和元氣」的體現，不僅體現為奮不顧身的戰鬥，還體現為義憤填膺的鋤奸。而端木蕻良的《大地的海》則將鋤奸建立在私人恩怨的出發點上，它講的是漢奸路百吉的兒子

〔註88〕程造之：《地下》，福建人民出版社，1983 年版，第 342 頁。

三少爺下鄉探聽風聲，乘夜對其下屬虎頭的女友杏子強行非禮並用銅簫殺死持刀自衛的杏子，後來虎頭獲知眞相，悔恨交加，血債血償，在鄉親們面前用馬把三少爺拖死，以致「有人用火把照在地上，順著崎嶇的小道上，都有模糊的血肉塗抹著。對著這獸性的復仇方法，隱隱的都感到一層愉快。自由的道路是必得用敵人的血肉鋪成花朵的呀！」最後虎頭認爲「我們窮人只有靠我們自己才有救」，〔註89〕棄暗投明，投奔義勇軍，如此便又將鋤奸歸結爲民族大義的終點上，如此「獸性的復仇」便理所當然正義有加，由個人的「獸性」轉爲民族的「理性」，由個人的「復仇」轉爲民族的「反抗」。

二

如果說，國統區文學「戰爭暴力」的鮮明特色是注重暴力「暗殺」「鋤奸」行爲（以及悲壯慘烈的正面作戰與復仇），那麼解放區文學的「戰爭暴力」，則長於兩軍對壘手刃強敵的正面描寫，其不無誇張的血色浪漫與英雄氣概，在苦難深重的漫長歲月裏，確實起到了精神支撐的強大作用。（當然，國統區文學也有個別血色浪漫的作品，如陶雄的《0404 號機》，它寫的是 0404 號機的已故前駕駛者劉隊長連續擊落十一部敵機，在受創被圍的情況下，仍能以超高難度的神奇動作挫敵並脫身，完成幾乎是不可能完成的任務，此飛機遂被敵方譽爲「神機」，從此敵機一看見 0404 號機（無論駕駛者是誰）就望風而逃以致自相碰撞機毀人亡。鑒於此，我方戰士誰也不願再沾 0404 號機的光，發誓將所有戰機都變成「神機」，此後「0404 號」字樣就被塗抹掉。這體現了戰士們的樂觀精神、自尊自信以及殺身成仁的勇氣。只是這種作品太少，不能視爲國統區文學的顯著特點，故從略）這從賀綠汀寫於 1937 年底的《游擊隊歌》就可以解讀出來：「我們都是神槍手，每一顆子彈消滅一個仇敵。我們都是飛行軍，哪怕那山高水又深。在密密的樹林裏，到處都安排同志們的宿營地。在高高的山岡上，有我們無數的好兄弟。沒有吃，沒有穿，自有那敵人送上前。沒有槍，沒有炮，敵人給我們造。我們生長在這裏，每一寸土地都是我們自己的，無論誰要搶占去，我們就和他拼到底！」

而就小說而言，其「血色浪漫」分爲三個層面。

一是民間傳奇層面。

〔註89〕端木蕻良：《大地的海》，《端木蕻良文集》第 2 卷，北京出版社，1999 年版，第 152〜153 頁。

　　如邵子南的小說《李勇大擺地雷陣》，以傳奇手法表現了邊區民兵用他們自製的土造地雷，去與日本鬼子的現代化武器裝備進行對決血戰：「天崩地裂般一聲巨響，一股藍烟升起，塵土飛揚──雷響了！這下子，紅的白的鬧了一地，好像日本鬼子賣豆花，擔子翻了；長腿，短胳膊，腦袋，爛皮，碎肉，擺了滿地，好像日本鬼子在學《水滸傳》上孫二娘開人肉作坊；軍帽，軍衣，飛上樹梢，槍筒，子彈，擺了一地，好像日本鬼子在開雜貨鋪。」日本鬼子走大道，大道炸；走小道，小道炸──還不用說。莊稼地也炸，渠道也炸！日本鬼子走河裏，河裏陷；走葦子地，葦子地也炸！……走到處，『轟轟』地雷直響；走過後，血呀，死屍，丟了一地。」「各種各樣的地雷陣，不只是『敵到雷到』，『敵不到叫敵到』，『敵未到雷先到』；他麼，是游擊組打著，爆炸組埋著，臨機應變，看眼色行事。地雷在他手裏活了。」而且，地雷偏心，專炸日本鬼子不炸老百姓，炸得日本鬼子們「死態百出」：他們死態像扭秧歌、賣豆花、開人肉作坊、開雜貨鋪、堆羅漢、坐飛機、肉椿子，甚至像「玩了個剖腹挖心的把戲」。真可謂「地雷好比土行孫，鬼子到哪兒它到哪；來本無踪去無影，連環爆炸力更大！」「那四山群眾，每天看著險惡的地雷戰，看得發了呆，禁不住的手舞足蹈，喝『好』！叫『妙』！」我們姑且不談這場戰鬥的客觀真實性，但是作者大膽的虛構與神奇的想像，至少反映出了解放區軍民那種樂觀主義的抗日氣勢、抗日激情。正如該小說中的民歌所唱：「不怕敵人瘋狂進攻，我們民兵有的是英雄，滿山遍野擺開了地雷陣！啊！聰明勇敢的要算李勇！……兩個地雷炸倒三十三，一槍又打死騎馬的軍官，敵人哭哭啼啼就離開了地雷陣！啊！聰明勇敢的要算李勇！李勇要變成千百萬，千百萬的民兵要像李勇，敵人要碰上千百萬李勇地雷陣，管教他一個一個、一個一個都送終！」邵子南的另一篇小說《賈希哲夜夜下西莊》的神奇色彩樂觀心態並不比《地雷陣》弱，它寫賈希哲他們到敵占區趕羊、偷井繩、打狗、割電線，打會餐的日本鬼子，摸日本軍事哨，進行麻雀戰與游擊戰，簡直是如入無人之境，對敵人戰鬥簡直如探囊取物手到擒來。正如民歌所描述的那樣：「阜平城東，沙河沿上，有個西莊，呃，也有個東莊。東莊游擊組，是群眾的好武裝。一九四三年，打游擊，又會埋雷，又會使槍。神奇的雷，古怪的槍，敵人著了慌，敵人著了慌。」這種藐視敵人、作戰神勇的樂觀主義英雄本色、民間特色在賈希哲的「日本鬼子是老幾」這一句話中可以說是展露無遺。

　　而柯藍的《洋鐵桶的故事》（原名《抗日英雄洋鐵桶》）則以說書的形式、章回小說的體例充分表現了中國民兵的草莽氣質、樂觀精神與對敵智慧。它向讀者展示了外號「洋鐵桶」的民兵隊長吳貴本領高強，彈無虛發，李四爺棄匪投軍，飛檐走壁，王鐵牛力拔山河，寧死不屈的英雄本領與英雄性格，它還向讀者提供了一系列神奇故事：如「洋鐵桶」智殺鬼子隊長，鑽糞坑死裏逃生；「洋鐵桶」安排妙計，劉家莊月夜報仇；武工隊半夜飛刀，老漢奸魂飛魄散；蘿蔔地窖藏英雄，鬼子腦袋祭烈士。等等。單看「母豬河槍打烏龜頭」一節就寫得妙趣橫生，令人忍俊不禁：「槍一響，嚇得那個鬼子腦袋早就縮回去了，真像是烏龜腦袋。這樣河面上一會露出來個腦袋，一會兒又不見了，民兵們看了哈哈大笑。有次一個鬼子剛露出一點頭，眼睛還沒睜開咧，洋鐵桶一槍就把他半個腦袋削掉了。這一場惡戰，打得鬼子只恨他爹娘沒有給他生下一個劃水的鴨子腳，只能爬在河水裏，憋住氣受罪，支不住了想露出頭換口氣咧，民兵瞄準又是一槍，打得鬼子就沒有逃走一個，打的打死，淹的淹死，只剩下兩三個活的還在水裏爬著。洋鐵桶笑嘻嘻地喊著說：『快呀！快下河裏去捉活王八呀！』大家真是興高採烈。」這哪裏有一點像打仗，簡直像表演，像玩遊戲，卻盡顯了民兵們的英雄本色樂觀精神。而馬烽、西戎的章回小說《呂梁英雄傳》則寫武得民、雷石柱等領導民兵，創造各種奇妙戰法，組織「變工爆炸」，實行「勞武結合」，粉碎日僞軍的「強化治安」和圍剿侵擾，把敵人「擠出」漢家山，並培養了許多民兵英雄。故事寫得神乎其神：如「老馬組織暗民兵，石柱定計打洋狗」「地頭蛇仗勢搶親，松樹林惡霸斃命」「保護春耕鬧爆炸，誘敵上鈎踏地雷」「智勇發展暗民兵，奇謀營救衆夥伴」「趙得勝單身救民伕，康家寨大擺地雷陣」「入虎穴活捉日寇，得勝利未打一槍」，這一切都體現出民兵們的戰鬥智慧與樂觀心態。其他如袁靜、孔厥的《新兒女英雄傳》、卞之琳的《石門陣》、王林的《五月之夜》、吳伯蕭的《化裝》等等作品皆流露出革命英雄的樂觀智慧品格與英勇戰鬥精神，此不贅述。

　　這些作品的血色浪漫英雄氣質可以用柯藍的創作感受概括：「我寫這本書的時候，還是我剛剛開始向民間文藝、向我們古典文學學習的時候，也正是我在毛主席的《在延安文藝座談會上的講話》發表之後，在黨的文藝方針指導下」創作的結果，「黨和人民繼承了我們祖先鬥爭的優良傳統，充滿了勝利的信心和樂觀精神……我有意識地來集中反映我們人民愚弄日本帝國主義

者，並最後擊敗了它。我也有意識地來集中我們人民的智慧、幽默和他們的鬥爭藝術」。〔註90〕換言之，這些書寫戰鬥英雄的傳奇故事是作者「有意識」而爲之的，即「有意識」利用民間英雄傳奇的形式；「有意識」消化吸收毛澤東《講話》的精神，注重光明和樂觀，創造「新鮮活潑的、爲中國老百姓所喜聞樂見的中國作風和中國氣派」；「有意識」反映人民的智慧、幽默和他們的鬥爭藝術、樂觀精神。在血色快感與暴力狂歡之中與毛澤東「一切反動派都是紙老虎」的言論形成精神的相通，並以民族正義來張揚暴力，製造「血色浪漫」。

　　同樣是血色浪漫，孫犁與邵子南等則不同，如果說邵子南等更多是民間的「血色」，那麼孫犁則更多文人的「浪漫」，他將「血色」包圍在一片「詩意」之中。

　　如孫犁的小說《蘆花蕩》，一個老人爲了給負傷的小八路報仇，他將小戰士隱藏在一片葦葉中，讓其親眼目睹自己引誘十幾個鬼子上鉤，並從容不迫地將他們全部消滅：鬼子們「掙扎著，想擺脫那毒蛇一樣的鉤子。那替女孩子報仇的鉤子卻全找到腿上來，有的兩個，有的三個。鬼子們痛得鬼叫，可是再也不敢動彈了。」而「乾瘦得像老了的魚鷹」的老頭子則把船撐到日本鬼子的身邊，「舉起篙來砸著鬼子們的腦袋，像敲打頑固的老玉米一樣。」輕易實現了「他們打傷了你，流了這麼多血，等明天我叫他們十個人流血」的誓言。〔註91〕有趣的是，整個故事發生在風景美麗的葦塘裏，而鬼子們也因爲貪戀「蓮蓬的清香」而上鉤被殺，眞可謂「血色浪漫」「詩意暴力」。這種無與倫比的「戰爭」敘事與「暴力」快感，就連當代著名作家王安憶讀後都拍案叫絕道：我們「這代人哪想得出來啊，根本想不出來。」〔註92〕

　　具有相似意蘊的是《荷花澱》，它講的是一群婦女尋夫（游擊隊員）不遇，歸途中碰上日本鬼子，卻在逃走的過程中無意中把敵人引進游擊隊的包圍圈，讓游擊隊打了一個漂亮的伏擊戰，「槍聲清脆，三五排槍過後，他們投出了手榴彈，衝出了荷花澱。手榴彈把敵人那隻人船擊沉，一切都沉下去了。水面上只剩下一團烟硝火藥氣味。」一切都輕而易舉，戰後更是歡天喜地，「戰

〔註90〕柯藍：《洋鐵桶的故事·重版後記》，人民文學出版社，1959 年版，第 89 頁。

〔註91〕孫犁：《蘆花蕩》，《孫犁全集》第 1 卷，人民文學出版社，2004 年版，第 143 頁。

〔註92〕王安憶、張新穎：《談話錄（一）：成長》，《西部·華語文學》，2007 年，第 2 期。

士們就在那裏大聲歡笑著，打撈戰利品。」戰鬥簡直成了節日，勝利是小茱一碟家常便飯，「戰爭暴力」就這樣與日常的快樂聯繫在一起。而且，「那一望無際的密密層層的大荷葉，迎著陽光舒展開，就像銅墻鐵壁一樣。粉色荷花箭高高地挺出來，是監視白洋澱的哨兵」，如此就不只是戰士們在作戰，也是荷葉、荷花箭在作戰，試想一下在碧色連天的荷塘裏，人與自然、戰士與荷花皆充滿「詩意」，皆鬥志昂揚，不能不說是「浪漫」到底、「力量」十足。而《吳召兒》則有所不同，它將「詩意」集中在人身上，而非景物上，它寫少女吳召兒作反掃蕩的向導，她穿著紅棉襖，比其他游擊隊員爬山快得多，以致她爬一會等一會，「像是在這亂石山中，突然開出一朵紅花，浮起一片彩雲來」，而她把白裏子的紅棉襖翻過來僞裝好去截擊敵人，就像一隻「聰明的、熱情的勇敢的小白山羊」，她以僅有的三枚手榴彈獨自截擊日本鬼子，又盡顯孤膽英雄神勇樂觀本色，不愧是「勇敢的小白山羊」。而《紀念》就更加在緊張的戰鬥中添加了日常生活的詩意：戰士們以一班人對抗敵人一大群的還鄉隊，在村民小鴨家的屋頂上迎擊敵人，還若無其事地一面戰鬥一面和屋里人聊天：「小鴨，躺在炕沿底下，不要擡頭。」「『不要管我們，管你打仗吧！』她母親說。我們見小鴨在一邊咪咪地笑。」「小鴨，放心吧，他回不來！」「小鴨，你們水缸裏有水沒有？」「小鴨，我們就要衝鋒了！」在瞬息萬變的戰鬥中閒聊、歡笑，使戰鬥充滿了日常生活的暖意詩情，充分顯示了對敵人的高度蔑視以及中國人的樂感文化心態。其他如《戰士》寫一個傷了胯骨無法行走的戰士，在反掃蕩的戰鬥中，讓民兵擡他到敵人過路的山頭上，指揮民兵打了一個漂亮的伏擊戰。《白洋澱邊一次小鬥爭》寫一個十六七歲的姑娘，在五六個敵人的包圍下，以一枚手榴彈一下子炸死了三個敵人，並巧妙脫身。簡言之，孫犁的「血色浪漫」「詩意暴力」在一片樂觀主義的氛圍中，賦予了戰爭敘事以暴力的快感以及新奇瑰麗的浪漫色彩。正如孫犁自述的那樣，他的「荷花澱系列」等小說目的在於追求一種生活與藝術「眞善美的極致」，〔註93〕從而表現出自己對偉大的抗日戰爭的樂觀主義心態，那並非過度主觀浪漫化的虛構，而是出於一種「眞實」（詩意樂觀的「眞實」以及暴力抗戰的「眞實」）。1941 年底，孫犁在論及戰爭時期的英雄文學時就曾表明：「今天要不要浪漫主義的渲染？在我們有了基礎，有了技術，同時又有適合浪漫主義的題

〔註93〕 孫犁：《文學和生活的路》，《孫犁全集》第 5 卷，人民文學，2004 年版，第 241 頁。

材時是可以的。當然，我們的浪漫主義是積極的浪漫主義，我們渲染的目的是要加強人們的戰鬥意志。浪漫主義適合於戰鬥的時代，英雄的時代。這種時代，生活本身就帶有濃烈的浪漫主義色彩。」〔註94〕這種血色浪漫不僅是題材上的（「適合浪漫主義的題材」），性質上的（「積極的浪漫主義」，「適合於戰鬥的時代，英雄的時代」），目的上的（「加強人們的戰鬥意志」），而且更是整個時代氛圍上的（「這種時代，生活本身就帶有濃烈的浪漫主義色彩」），當然不能忽略的一點是表現浪漫主義的「技術」技巧。而這一切都決定了孫犁的血色浪漫較之邵子南等人更多了一點文人色彩，其營造出來的「詩意」還是與邵子南等民間傳奇色彩的區別所在，而這也正式解放區文學「戰爭暴力」敘事的第二個層面，或第二個鮮明特色。

解放區文學戰爭暴力敘事在手法和氣質上分為民間傳奇、文人色彩（詩意暴力）層面之外，還有一個兒童英雄層面，它其實是民間傳奇層面的延伸，手法相似，只是人物變換為「兒童」罷了，但同具傳奇色彩、英雄氣概。如峻青的《小偵查員》寫10歲的兒童團員信子英勇機警，故意光腚不穿衣裳來分散敵人的注意力，他機智地應付敵人、偵察敵情、傳遞情報、藥死藥病敵人，「那個平日不令人注意的光著腚的孩子，就是『皇軍』肚子裏的一顆炸彈」，是無數抗日英雄小戰士中的一個。又如華山的《雞毛信》寫14歲的兒童團長海娃接到爸爸捎回來的緊急情報雞毛信，在遭遇搶糧敵人時，把它綁在頭羊尾巴下，機智地應付敵人，把敵人引進我軍包圍圈，並從羊道冒險逃脫，最終把情報送給張連長，拿下日本鬼子的炮樓，他只求「給我一支槍」作個真正的戰士，可謂智勇雙全的「小英雄」。而管樺的《雨來沒有死》講述了12歲的兒童雨來為了保護交通員老李，來不及脫身，被敵人抓住，寧死不屈，趁敵人不備，跳到河裏潛水逃生。這些小英雄們從14歲、12歲到10歲，年紀雖小，但智勇不讓成人，可以推斷這些小說的言外之意是日本鬼子連乳臭未乾的兒童少年都征服不了，又如何能征服老練神勇的戰士！又如何能征服得了中國！對敵人的藐視，以及對自身的自信可謂溢於言表。

但是，我們必須看到，無論是國統區文學，還是解放區文學，無論是兩軍對壘、復仇雪恨還是暗殺鋤奸，四十年代文學的「戰爭暴力」的旨歸都在於培養一種殺身成仁的「戰士意識」。如老舍的《火葬》序言所說，戰爭使弱女成為健兒，書生成為戰士。又如田間所言：「一個英雄的名字，包含了多少

〔註94〕孫犁：《論戰時的英雄文學》，《孫犁全集》第2卷，第449頁。

戰士的智慧。」〔註95〕只有戰士才配稱英雄。也如陳銓小說所言:「中國將來的希望就在於一群武人身上」,要注重民族主義教育,「最重要的原則,就是要注重團體,犧牲個人,……第二個重要原則,就是要把全國人民,都養成戰士。一種戰的人生觀,應當灌輸進每一個兒童。……沒有戰鬥的意志,民族怎麼能夠解放呢?」〔註96〕正因為這種「戰士意識」,不少作家使他筆下的人物發生身份轉變或精神轉變。例如馬子華《血染的軍旗》中性格溫順的許家瑞棄農從軍,愛家衛國,成為英勇的戰士,血染軍旗,這是從農民轉變為戰士。丘東平《給予者》中逆來順受的司機黃伯祥,經歷「一·二八」到「八·一三」,成長為連長,英勇作戰,民族意識濃厚,這是由工人轉變為戰士。丘東平的《茅山下》中的「什麼都不懂」的中學生丘俊,為了熱愛自由,主動付出血的代價,這是由文人轉變為戰士。這種身份轉變同時也是精神的轉變,在「戰鬥中有著慷慨激昂的精神生活」,「把自己從膽怯與柔弱中救出,一再的使自己的惶惑的靈魂得到堅定,從而站牢著腳跟,在胸膛裏燃燒起炎熱的戰鬥的烈火」,「在這殘酷的戰鬥中我們要鍛鍊出鋼鐵般堅硬的肩背」,肩負起死者的沉重與拯救中華民族的使命。〔註97〕而端木蕻良的《大江》則強調「群眾的力」(民族革命精神)對個人野性的改造,使民族英雄同時具備「群眾的力」與「個人的力」。它寫具有山林性格的鐵嶺和具有爆仗性格的李三麻子皆崇尚體力,善於戰鬥,在戰鬥中衝破一切的偏見、怯懦、自私,克服身上帶有的農民的游蕩的惰性與個人主義,迸發出新鮮、驃悍的「原始的野生的力」,從「怯懦者」成為「大勇者」,成為「韌性戰鬥」的戰士,它也旨在寫這「兩個多棱的傢夥,寫這兩塊頑鐵,怎樣的被群眾所改變,他倆怎樣成為了精鋼、成為了中華民族在這次大鬥爭裏面的活的標本」,體現出「我們這個民族所蘊蓄的力」「群眾的力」。〔註98〕換言之,作者以民族自強精神對「人」進行改造與重鑄,人物身上的「戰士意識」既是個人的,也是民族的,是民族意識與戰鬥意識的統一。而這,也正是四十年代戰爭暴力敘事的重點所在、意義所在。

〔註95〕田間:《給戰鬥者》,中國青年出版社,2000年版,第212頁。

〔註96〕陳銓:《狂飆》,正中書局,1942年版,第202～203頁。

〔註97〕丘東平:《一個連長的戰鬥遭遇》,《沉鬱的梅冷城》,花城出版社,1983年版,第319～330頁。

〔註98〕端木蕻良:《大江》,《端木蕻良文集》第2卷,北京出版社,1999年版,第529～533頁。

第三節　戰爭背景之下的精神暴力與政治暴力形態

一

四十年代文學的「暴力敘事」，除了「戰爭暴力」之外，另外一種比較典型的表現形態，就是常常被人們所忽視了的「精神暴力」。

關於「精神暴力」（又稱「心理暴力」）的概念，筆者在中國期刊網查閱了 1979 年至今（2012 年）的文章，或者只有概念缺乏解釋，或者絕大多數局限於家庭和校園裏的精神暴力概念，很少從整體上對精神暴力概念內涵進行科學界定。有學者指出「心理暴力又可稱爲精神暴力，是指通過非身體接觸的方式對他人心理進行傷害的行爲。精神暴力具有隱蔽性、延遲性以及長期性等特點」，使得長期受到精神暴力者的人格培養受到很大的傷害，「如形成退縮型人格，或者形成攻擊型人格。」〔註 99〕而對此探討更具體的是心理咨詢師王國榮，他認爲「精神暴力又叫軟暴力，它的主要特點是通過非暴力的形式給對方造成精神傷害，如惡意詆毀陷害，長時間冷落別人，充滿敵意的侵擾、不理性的責備都可能造成對別人的精神傷害，這些行爲都可以看作是精神暴力……這種行爲會使對方感到不安、沮喪、自信心損傷，甚至導致對方以自殺形式放棄生命。」〔註 100〕但是實際上，精神暴力在對象上不只是對別人，也可以對自身，換言之在手段上可以是精神虐殺虐待，也可以是精神自虐；在效果上，是用非強力的形式達到一種破壞性的後果：或是精神傷害，如張愛玲的《金鎖記》；或者是引發暴力衝動與暴力行爲，以致精神暴力演變爲現實暴力行動，如陽翰笙的《天國春秋》；或者是由於精神傷害過於嚴重而導致別人或自身以肉體自虐形式對待生命，甚至以自殺形式放棄生命，如徐訏《精神病患者的悲歌》。

像張愛玲《金鎖記》中的精神「虐殺」，徐訏《鬼戀》中的精神「自虐」，其實都是作者對於「精神暴力」現象的深刻反省。但是四十年代文學的精神暴力與二十年代不同，「五四」時期在傳統與現代、個人與社會、現實與理想、幻想與能力的複雜糾結之下，作家及其筆下的主人公，既有向內的自剖

〔註99〕陳永進等：《大學生心理暴力與心理健康的關係》，《中國健康心理學雜誌》，
2011 年版，第 6 期。

〔註100〕王國榮：《當心身邊的精神暴力》，《環球時報·生命周刊》，2004 年 12 月 21
日，第十五版。

自虐，如魯迅的《在酒樓上》、《孤獨者》、《墓碣文》，盧隱《或人的悲哀》等等，也有向外吶喊助威所以不想「鬼氣」傳給做夢的青年以造成精神虐殺；三十年代左翼文學的精神自虐（如蔣光慈的《咆哮了的土地》裏的身份拷問）是為了人格的提升，而向內的提升則旨在更有力的向外戰鬥，個人提升是為了階級集團的戰鬥；而如上所述，從知識精英的身份置換而引發的精神自虐來說，「五四」時期知識精英的那種教化世人，「做大眾的先生」的啓蒙主體身份被轉換為「做大眾的學生」的被啓蒙的對象，知識精英面對人民大眾往往精神自虐（自輕自賤、自我虐待、充滿罪感、崇拜群眾），從魯迅的《一件小事》（1920 年）到洪靈菲的《蛋殼》（1928 年），從胡也頻的《到莫斯科去》（1929 年）《光明在我們的前面》（1930 年）到蔣光慈的《咆哮了的土地》（1930 年），可以說作為一條相對完整的線索，知識精英的身份轉換精神自虐被展現得淋漓盡致。而四十年代則不同，四十年代的精神暴力一方面是戰爭暴力的大背景造成的，它是戰爭狀態下的精神刺激及其對作家的啓發，另一方面則與「戰爭暴力」形成對照，在相似的「暴力性」「破壞性」之中顯示出精神的深度，甚至超越時空的深度。而「戰爭」在四十年代的精神暴力中顯示著兩種背景，一是作者的創作背景，當時每一位作家都逃避不了戰爭背景及戰爭的影響，上述甚詳，此不贅言；二是人物、故事的背景，其一是以戰爭為背景的故事與人物心理，如洪深的《飛將軍》、陽翰笙的《天國春秋》，而其二則是不以戰爭為背景的故事與人物心理，如張愛玲的《金鎖記》、徐訏的《鬼戀》。

　　四十年代精神暴力書寫的第一種形式是以戰爭為故事背景的。例如洪深的戲劇《飛將軍》，它講的是空軍高鵬飛一方面敢於「拼死」，英勇抗擊敵人，一次次以弱勝強，以少敵多，另一方面卻是「怕死」，「每次駕著飛機上去，是拿我們的性命賭博。許多回的僥幸逃留得性命，──有時候僥幸得差不多是個奇迹了！朋友們的受傷，戰死，從前在一處吃、玩、擡槓的同學同事們的行列，是一天天的稀疏。你一想到這些，太悲慘太殘酷了！我不要去想它，我不願意再記得它，我願意忘記──忘掉一切！」對死亡的恐怖，對亡友的傷感，使他渴望麻醉，於是他一方面用喝酒、女人、跳舞等享樂來放鬆麻醉自己，另一方面又對這些享樂覺得「單調」，「感覺到厭倦」；他一方面熱烈渴望戀愛，「跳舞場呀，舞女呀，別的女子呀，桃色糾紛呀，鬧得一塌糊塗」，但另一方面又厭倦戀愛，因為他知道「許多女子向我表示愛，也許她們都是

誠懇的，可是我知道，她們所愛的，不是我本人，是那些在戰事中立了功回來的將士。她們今天這樣熱烈的對我，到明天我走了，不存在了，她們照樣會去熱烈地崇拜和戀愛別的將士、別的英雄的。這可說是她們對我們無心的變相的『逢場作戲』罷了。在身當其境的時候，彼此未嘗不可以尋尋開心。過後一想，真覺得可笑」。他一方面深知花天酒地尋歡作樂都是「變相的自殺」，另一方面對死亡的恐懼、對生命的厭倦又使他極度沮喪，形同行屍走肉，「我們幹空軍的人只有我們的今天可以生活，我們只生活著我們的今天的！」「明天的事太沒有把握了」「明天我們也許飛到別處去了……也許就永遠不回來了！」「我是一點前途沒有，一點希望沒有的！」一方面藉口「我的不斷地尋求娛樂和刺激，也是為要安靜我的情感，支撐著我自己，有勇氣幹下去」，另一方面接到新的命令後卻膽小如鼠，意志渙散，「我這一次是死定了，必然死的！」可以說，作者把一個悲劇哲學家的思想安放在一個空軍戰士身上，使得該作品的「精神自虐」內涵深沉角度多變，這比作品的政治性主題，如腐化生活是「變相的自殺」，「腐化生活是變相的漢奸」，戰士戰鬥「不應該是為了拼死！應該是為了打下我們的敵人，為了中華民族的勝利」等，明顯要豐富深刻得多。

　　而丘東平的《第七連》，寫連長丘俊「為了要使自己能夠成為一個像樣的戰鬥員，能夠在這嚴重的陣地上站得牢」，「處處防備著感情的毒害」，逃避漂亮的女性，逃避留聲機，怕聽音樂，以免被引起「許多不必要而且有害的想法」，只想留下以身許國的「理性」，讓一切都集中於戰鬥服務於戰鬥。為了戰爭而排斥日常生活，這種精神自虐表面上合理，實際上卻不合理。西方包括蘇聯都有戰壕藝術，出現「戰壕真實派」小說，英國甚至出現「讓我們忘記戰爭，好好讀書吧」這樣的抗戰宣傳標語，但是他們的作戰一樣勇敢，戰績一樣卓絕，換言之，戰爭也需要生活，不能因此排斥日常生活。同理，魯迅才在散文《「這也是生活」……》中指出吃西瓜和抗戰的關係是「吃過西瓜，精神一振，戰鬥起來就和喉乾舌敝時候不同」，「大概只覺得口渴，好吃，味道好，卻並不想到此外任何好聽的大道理」，否則「胃口倒了，還抗什麼敵」，故此「戰士的日常生活，是並不全部可歌可泣的，然而又無不和可歌可泣之部相關聯，這才是實際上的戰士。」

　　同樣表現了精神自虐深刻內涵的是陳銓的《金指環》。當中的人物偽軍軍長劉志明年輕時自覺是「無知無識的無名小卒」，不能跟「年輕，漂亮，社會

上地位很高」的軍官進行愛情競爭的自卑式的精神自虐；後來參軍後「喜歡戰爭，因為戰爭能夠令人忘記一切」的自欺式的精神自虐；以及投敵是為了報奪愛之仇，「十五年以來，我一天也不能忘記你。我恨極了你的丈夫，因為他搶去了我的愛人。……我要找機會同他打一仗，看到底誰勝誰敗。假如我打贏他，我要逼著他把你獻給我，哪怕就會你一面我的氣也就出了」的自負而糊塗的精神自虐；最後是女主角尚玉琴在敵兵壓境，情急之下服毒自殺，讓劉志明與其夫馬德章冰釋前嫌（這也是尚玉琴自殺的目的），喊出「我想殺人」的暴喝，這反映了以殺傷來解決情傷的精神自虐。

如果說，《飛將軍》等作品以現實戰爭為故事背景，深刻揭示了「精神自虐」危害性或不合理性，那麼陽翰笙的《天國春秋》則以歷史戰爭（太平軍與清軍）為故事背景，則揭示了精神暴力的破壞性，及其所導致的現實暴力行動的殘酷性。它寫的是太平天國北王韋昌輝對東王楊秀清懷恨在心，挑撥離間楊秀清與女元帥洪宣嬌的感情，讓洪宣嬌認為楊與自己的疏遠全都是因為女狀元傅善祥，洪在嫉恨交加的非理性情況下對傅恨不得食肉寢皮，為了殺傅而不顧一切，幫助韋而讓韋的陰謀得逞，導致楊及其手下幾萬人無辜喪命，天國前途危在旦夕，最後悔恨不已，深深懺悔，欲出家為尼。這樣的精神暴力透視，同樣比「不該自相殘殺」的政治主題更有深度。這幾部作品都以戰爭作為故事背景，使作品在戰爭暴力的維度之外，加添了精神暴力的維度，並有意無意展示了精神暴力對戰鬥（戰爭暴力）的不良後果，暗示了要想取得戰爭勝利，必須關注精神暴力（精神世界）的潛在主題。

四十年代精神暴力書寫的第二種形式是不以戰爭為故事背景的，可以附帶說說。例如張愛玲的《金鎖記》。在戰爭的背景下，張愛玲也逃避不了因為戰爭的刺激而生的「力」的思考，她認為「鬥爭是動人的，因為它是強大的，而同時是酸楚的。鬥爭者失去了人生的和諧，尋求著新的和諧。倘使為鬥爭而鬥爭，便缺少回味，寫了出來也不能成為好的作品。」正是在這種創作論的角度上，她主張「為了要求和諧的一面才鬥爭」，當「回憶與現實之間時時發現尷尬的不和諧」之際，進行「鄭重而輕微的騷動，認真而未有名目的鬥爭。」因此，她不喜歡「壯烈」，因為「壯烈只有力，沒有美」，更「喜歡悲壯」，換言之，「悲壯」除了力，還有美，是「美」與「力」的統一；因此，她明白她自己的「作品裏缺少力」（即壯烈之力），卻反而要表現另一種力，「盡量表現小說里人物的力」（即悲壯之力）；因此，她認為「真的革命與革命的

戰爭，在情調上我想應當和戀愛是近親，和戀愛一樣是放恣的滲透於人生的全面，而對於自己是和諧」，將「放恣」的力與「和諧」的美結合，同樣離不開其「為了和諧而鬥爭」的論調；〔註101〕也因此，她才會「為那強有力的美麗」所震懾。〔註102〕而當這種重「美」也重「力」（「美」大於「力」）的思想遇上令人苦悶的淪陷區的生活環境時，「力」無法外泄，只能向內，由「悲壯」轉為「蒼涼」（而這正是其「人物的力」的真正涵義，即人物的心理深度）。這種「蒼涼」來源於張愛玲對戰爭中的時代體認，「時代是這麼沉重」「這時代，舊的東西在崩壞，新的在滋長中。……人們只是感覺日常的一切都有點兒不對，不對到恐怖的程度。人是生活於一個時代裏的，可是這時代卻在影子似地沉沒下去，人覺得自己是被拋棄了。……他對於周圍的現實發生了一種奇異的感覺，疑心這是個荒唐的，古代的世界，陰暗而明亮的。」〔註103〕時代「已經在破壞中，還有更大的破壞要來」。〔註104〕而這一切的「沉重」「崩壞」「不對」「恐怖」「沉沒」「拋棄」「荒唐」「陰暗」「破壞」，都是戰爭時代與戰爭中的生存狀況、生活環境的客觀呈現，以及對人們心理的主觀滲透精神傷害，前者影響甚至強化後者，後者體現著前者，二者互相作用互相構造，共同營造著一種時代深度與精神深度——蒼涼。張愛玲「如果我最常用的字是『荒涼』，那是因為思想背景裏有這惘惘的威脅」〔註105〕，「更喜歡蒼涼」「悲壯是一種完成，而蒼涼則是一種啟示。」〔註106〕諸如此類的自言自語，加上她當時才二十三四歲就那麼永不休止地言說「蒼涼」「荒涼」，正見出戰爭暴力（以及家庭原因）而產生的精神暴力（「思想背景裏有這惘惘的威脅」）對其心靈世界的傷害，而她便有意無意地將這種精神傷害移植在作品之中，營造「蒼涼」與「悲壯」，如此她作品中「精神暴力」的存在便非無本之木無

〔註101〕金宏達、於青編：《自己的文章》，《張愛玲文集》第四卷，安徽文藝出版社，1992 年版，第 172～174 頁。
〔註102〕金宏達、於青編：《〈傳奇〉再版序》，《張愛玲文集》第四卷，安徽文藝出版社，1992 年版，第 137 頁。
〔註103〕金宏達、於青編：《自己的文章》，《張愛玲文集》第四卷，安徽文藝出版社，1992 年版，第 173～174 頁。
〔註104〕金宏達、於青編：《〈傳奇〉再版序》，《張愛玲文集》第四卷，安徽文藝出版社，1992 年版，第 135 頁。
〔註105〕金宏達、於青編：《〈傳奇〉再版序》，《張愛玲文集》第四卷，安徽文藝出版社，1992 年版，第 135 頁。
〔註106〕金宏達、於青編：《自己的文章》，《張愛玲文集》第四卷，安徽文藝出版社1992 年版，第 173 頁。

源之水，實乃葉落歸根水到渠成順理成章。簡言之，生活在淪陷區的張愛玲，因其生存環境與社會背景的客觀制約性，她只能以「美麗而蒼涼的手勢」，去宣泄自己內心壓抑的苦悶情緒。所以她說「我的作品裏沒有戰爭，也沒有革命」，只能沉湎於一些「男女間的小事情」中，去回味著爲尋求「和諧」而「鬥爭」的「酸楚」與「悲壯」。〔註107〕

張愛玲情感世界的內向轉化，雖然使其作品遠離了民族戰爭的刀光劍影，但卻呈現出了「精神暴力」的思想深度。一部《金鎖記》之所以會成爲現代文學的不朽經典，其眞正能夠觸動讀者靈魂的感人之處，恰恰就是曹七巧對他者近乎瘋狂的精神「虐殺」。這種精神虐殺精神暴力就其前因後果而言，分爲三個階段。首先是曹七巧的精神被虐殺：她在姜家（夫家），「這屋子裏的人都瞧不起她」，連丫環也瞧不起她，連新來的人「也不大答理她」，她「跟了個殘廢的人，就過上了殘廢的氣」，從身世（開麻油店）、丈夫（殘廢）、語言（「村話」「瑣碎」）、行爲（抽鴉片）、地位（「不配」「討人嫌」「發瘋」）等等都被人瞧不起，「一家子都往我頭上踩，我要是好欺負的，早給作踐死了，饒是這麼著，還氣得我七病八痛的！」被人輕視作踐也罷了，更重要的是她和丈夫沒有精神交流之外，也沒有肉體交歡，她殘廢的丈夫是「沒有生命的肉體」，沒有人「還能拿他當個人看」，得了骨癆，整天躺著，有時候坐起來，脊梁骨直溜下去，還沒有三歲的孩子高，他的肉「是軟的、重的，就像人的腳有時發了麻，摸上去那感覺」。其次是曹七巧的精神自虐；因爲丈夫肉體的病態，因爲夫妻間的精神隔絕，等等，直接導致了曹七巧的「封閉」與「病態」，年紀輕輕就懷著「了不得的心事」，要借抽鴉片來「解悶」，這種精神自虐來源於強烈的欲望與無愛的現實的衝突。在丈夫殘廢、自身並無越軌的情況下，她竟然也生了一兒一女，連她自己也驚訝，「眞的，連我也不知道這孩子是怎麼生出來的！越想越不明白！」從靠近丈夫「一晚上也過不慣」到生兒育女，證明了她的生命欲望之強烈。帶著這種強烈的欲望看見季澤（健康男性的肉體的象徵），更使她情難自控，「一眼看見了季澤，身不由主的就走了過來」，並且對季澤說「你沒挨著他的肉，你不知道沒病的身子是多好的……多好的……」「一個人，身子第一要緊」「我不過是要你當心你的身子」。但是，這種強烈的欲望碰到的卻是無愛的現實，沒有娘家的血緣之愛、夫家

〔註107〕金宏達、於青編：《自己的文章》，《張愛玲文集》第四卷，安徽文藝出版社1992年版，第 174 頁。

的家族之愛倒也罷了，她還缺乏愛情，夫妻之愛對於她是一種絕望，叔嫂之戀對於她卻是一種虛僞、痛苦，「她從前愛過他。她的愛給了她無窮的痛苦……多少回了，爲了要按捺她自己，她迸得全身的筋骨與牙根都酸楚了」「命中注定她要和季澤相愛」，但是她的眞心換來的卻是假意，當她「花一般的年紀已經過去了」，「她死了心了」，季澤卻來闖她，「他想她的錢——她賣掉她的一生換來的幾個錢」「他太會演戲了」，他拿她「當傻子」，於是只好決絕，一了百了。從此「失魂落魄」「瘋瘋傻傻」，精神自虐到一種非常嚴重的地步。她的「病態」（自虐）根源於「封閉」：丈夫一死，生理欲望無法宣泄；與季澤決絕，連無愛的現實也隔絕了，加上分家獨居，「與現實失去了接觸」。其三，她被別人毀滅，她反過來要毀滅別人，在大家庭生活時，這種「毀滅」表現爲「對抗」「搗亂」，而分家後在小家庭生活中，她就稱王稱霸，將對他人的抗爭轉化爲對子女的壓迫，加上她性格「要強」，脾氣「暴躁」，這種壓迫更來得凶猛——這就是她對子女的精神虐殺。曹七巧的「自閉」與「病態」，使她在兒女身上強行轉化了自己的不幸。她讓十三歲的女兒裹脚，爲了錢讓女兒不能繼續上學，她還千方百計讓兒女抽鴉片，讓他們「沒有其他的消遣，一心一意的抽烟」，人家勸阻，她卻振振有辭：「怕什麼！莫說我們姜家還吃得起，就是我今天賣了兩頃地給他們姐兒倆抽烟，又有誰敢放半個屁？」更嚴重的是，她缺乏愛情，婚姻不幸，她反過來卻要摧毀兒女的婚姻與愛情，以達到變相的、變態的報復（以壓迫姜家的後代來報復姜家施加給她的不幸與痛苦，讓兒女和她一樣「不正常」以顯其「正常」）。因爲「這些年來她的生命力裏只有這一個男人」（她的兒子——引者注），現在，就連這半個人她也保留不住——他娶了親」，於是她挑兒媳婦的是非，惡語相向，使兒媳婦芝壽抑鬱成疾孤獨而終，而兒子的姨太太娟姑娘扶了正，也不過「做了芝壽的替身」，扶正不上一年就吞生鴉片自殺了。她不僅與兒媳婦爭奪男人，她也要使得女兒像她一樣得不到男人的愛，以既罵且哭的形式使女兒身心異常痛苦之下，以「一個美麗而蒼涼的手勢」拒絕了未婚夫童世舫的愛情；她又以「一個瘋子的審愼與機智」讓童世舫明白「他的幽嫻貞靜的中國閨秀是抽鴉片的」，而且「也不是沒戒過，身子又嬌，又是由著性兒慣了的，說丟，哪兒就丟得掉呀？戒戒抽抽，這也有十年了」，讓女兒在失去童世舫的愛情的同時也失去了童世舫的友情，只能「一級一級，走進沒有光的所在」。正因爲如此，使得兒子長白「不敢再娶了，只在妓院裏走走」，而女兒長安「更是早就斷了

結婚的年頭」。總之,「三十年她戴著黃金的枷。她用那沉重的枷角劈殺了幾個人,沒死的也送了半條命」。她剝奪長白的幸福、破壞長安的婚姻,自身無「愛」的人格悲劇,直接造成了他者無言的精神痛苦。應該說,在民族危亡的緊要關頭,《金鎖記》所敘述的故事內容,的確與時代主題有些格格不入(當然也與戰爭相似,具有「暴力性」與「破壞性」);但「精神暴力」作為一種人類社會的普遍現象,對它複雜構成因素的深層次分析,其巨大而深刻的思想意義是完全不受時空限制的(「三十年前的故事還沒完——完不了」),這應是《金鎖記》最大的藝術價值。

徐訏則有所不同,他一方面熱衷於「戰爭暴力」的激情書寫,如《風蕭蕭》等;另一方面也潛心於「精神暴力」的理性沉思,如《鬼戀》、《精神病患者底悲歌》等。如果我們去對兩者加以比較,後者的思想內涵與藝術魅力,顯然都要大於前者。《鬼戀》是一部揭示精神「自虐」現象的優秀作品,故事中的主人公是一個曾經具有高度政治信仰的年輕女性,為了革命她「暗殺人有十八次之多,十三次成功,五次不成功;」「從槍林裏逃越,車馬縫裏逃越,輪船上逃越,荒野上逃越,牢獄中逃越。」可是後來「一次次的失敗,賣友的賣友,告密的告密,做官的做官,捕的捕,死的死,同儕中只剩我孤苦的一身!我歷遍了這人世,嘗遍了這人生,認識了這人心。我要做鬼,做鬼。」從此以後,她白天閉門不出,夜間獨自行走,以「鬼」的純潔去對抗「人」的污濁。她拒絕了「我」的愛情,反對「我」把「埋在墳墓裏」的她拉回人世,拒絕「在這鬼怪離奇的人間做凡人」,她不是死鬼,她是「生成的鬼」,她「不想死——死會什麼都沒有」,她要「冷觀這人世的變化」,所以「扮演鬼活著」。之後就更是留書一紙,飄然遠行,音訊全無。主人公的自我封閉與自虐式反省,深刻反映了「精神暴力」的強烈破壞性,令人讀後毛骨悚然不寒而栗。

徐訏的《精神病患者底悲歌》對精神暴力的描寫也堪稱獨絕。這部小說一方面揭示了嚴肅的家庭之愛和古堡式的家庭氛圍對人的精神虐待。梯司朗小姐(白蒂)的父母「對自己的女兒竟會如對賓客一樣」,他們舉止嚴肅,「找不出舉動來抒泄這偉大的愛」,這種「嚴肅寂寞」的家庭空氣,對人簡直是「一種壓迫」,但是像「沒有人住的古堡」一樣淒涼、黑暗、壓抑的家庭氛圍有著幾百年的傳統,難以輕易變動,這就難免對白蒂造成精神壓迫。她的病情(精神病)「完全是這個嚴肅而古典的家庭空氣所造成,而現在這些變態的行為,

正是對於這沉悶的空氣的反抗，是下意識的青春活力的發泄」，她吸烟、喝酒、賭博，同人吵架，有時特別愛打扮，有時特別隨便，有時寸步不離房間，有時整天在外鬼混，在對抗精神壓迫的同時，也是一種精神自虐。另一方面，這部小說也揭示了愛情與精神暴力結合而產生的「虐愛」現象。白蒂繼承了她祖母的剛強、堅決、威儀與智慧，像她的祖母一樣使人愛她又怕她，聽她的指揮，為她盡力，她有一種「特殊御人的能力」，「在她的面前，你似乎只是一部機器，或者是一種樂器」，她像祖母一樣有一種豐富的生命力，「無比的魔力」，這種魔力在耶穌、拿破侖、列寧、華盛頓、白蒂的祖母身上都體現為一種驚人的生命力、支配力，而白蒂在養尊處優、無事無為之中，也以這種驚人的生命力支配力讓玫瑰酒店中的閒人們心悅誠服地聽她的指揮，讓「我」和海蘭覺得以為她犧牲為光榮。正因如此，她對「我」的愛也是一種壓迫，「永遠有一個更強的愛與熱情控制著我的精神」，這是一種命令式的愛，連接吻、求愛都顯得架勢十足，盛氣凌人：

> 白蒂不說什麼，用敏銳而奇異的眼光注視著我；半晌，她把手交給
> 我說：「跪下！」
> 我盲目地跪在她的床前。
> 「對我說你愛著我！」
> 「是的，我愛著你。」我盲目地說。
> 「吻我！」
> 我又盲從地，把吻放在她的唇上。〔註108〕

但是，白蒂這種精神虐待般的命令式的愛，卻來自於她的精神自虐，她非常愛「我」，但是「因為她的高貴神秘，以及凌人的自傲，使她慚愧於征服一個使女的情人」，所以她不能對她自己承認她在愛「我」，自然也不能使她對「我」表示愛情，所以當她知道「我」是一名精神病醫師的雇用助手，到她家工作只是為了幫她治病的真相後，雖然深感被欺騙，要槍殺「我」，但是她對「我」的愛最終使她寧願自己失去生命（自殺，未遂），也不願使人受傷。而且，與此同時，她的精神虐待與精神自虐交織的愛情心理，不僅對「我」和海蘭造成了心理的壓迫，也造成了精神的自虐。「我」本來深深愛著白蒂，但是因為她「高貴的個性」與「優越的地位，使「我」對她的愛昇華成「奴婢愛主的心理」，使「我」從不想到愛她是「可能的事」，所以「我」一方面為她的吻

〔註108〕徐訏：《鬼戀》，上海文化出版社，2006年版，第297頁。

而陶醉，但另一方面卻要「逃避這魔力的壓迫」，感受到「我」與白蒂、海蘭的愛，「兩種不同的愛情竟是同一個本質，使我們離愛情的享受越來越遠，平添了永遠孤獨的悲哀」，於是「我」自覺有罪、愧疚、自責，「我恨我自己，恨我自己的感情與愛！我對自己的愛失了信仰，這愛中竟不是至善而是罪惡！我痛苦，我要毀毀自己」「我要速死」，這種複雜交錯，只求一死的心理正是愛情自虐的極端表現。而這種愛情自虐（精神自虐）也體現在海蘭身上，她與「我」相愛，後來發覺「我」與白蒂之間「互相藏著最深的愛情」，只是彼此不敢承認，她察覺「我的愛白蒂與愛你都是徒然使大家痛苦的事」，於是在交給「我」她的「整個靈魂與肉體的溫柔」之後，服毒自殺，成全「我」與白蒂的愛情，這種偉大的愛與純潔的靈魂，是精神自虐的極端形式，也是最偉大的形式，它以最猛烈的破壞（自殺），呼喚最完美的建設（愛）。

以上的精神暴力書寫的故事背景都與戰爭暴力關係甚遠，它向人類深層心理世界掘進，超越時空界限，表現了精神的深度甚至哲理的高度。但在另一方面，與戰爭暴力書寫的戰鬥性、血腥味相比，精神暴力也顯示了其破壞性的特徵；而且，在戰爭背景中，它有意無意地隱喻著「建國」先須「建家」，「建國」也需「建心」的意味，這一點尤須注意。

總之，四十年代文學的精神暴力現象，或多或少是戰爭暴力的背景對作家們的精神刺激與啓發所致，與此同時，它又與戰爭暴力形成對照，在顯示其「暴力」的同時也顯示其「精神」的深度。它的出現除了作家的個人因素之外，更與當時的時代特徵相關，具有群體性與時代性，可以說張愛玲、徐訏、洪深、陽翰笙、陳銓、老舍、丘東平、路翎、唐弢、丁玲、夏衍、宋之的等等十多位作家筆下的精神暴力皆與戰爭背景有關。

二

（一）

1945 年抗戰勝利以後，隨著民族矛盾的退隱與階級矛盾的提升，「暴力敘事」也以解放區文學爲中心，率先完成了由「戰爭暴力」到「政治暴力」的形態轉化。「政治暴力」與「革命暴力」、「戰爭暴力」有所不同，如果說「戰爭暴力」是兩個國家、民族或集團之間的殊死鬥爭沙場血戰，「革命暴力」是被統治階級對統治階級的暴力抗爭與政治顛覆，那麼「政治暴力」就是統治

階級對被統治階級進行改造、統治與政治壓制，當時在解放區，共產黨處於統治地位，它對地主惡霸之流就具有威嚇力與統治力，當時解放區的政治暴力主要不是表現敵對階級之間、民族之間直接的暴力對抗血腥殺戮，而是以貫徹執行中共中央的土改政策（「五四指示」等）為導向，以全面展示「鬥地主、分土地」的歷史場景為聚焦，集中凸現由階級教育或階級啟蒙所引發的中國廣大農村翻天覆地的深刻變化。像丁玲的《太陽照在桑乾河上》、周立波的《暴風驟雨》、康濯的《黑石坡煤窯演義》、孫犁的《村歌》、蕭也牧的《貨郎》、阮章競的《漳河水》等作品，都曾在解放戰爭時期產生過很大的社會影響。

　　既然事關土改政策，那麼很有必要將 1945 年前後的土改政策中有關「分土地，鬥地主」的內容進行一個簡要的梳理。

　　其一，關於「分土地」。早在 1942 年 1 月 28 日中央政治局通過的《中共中央關於抗日根據地土地政策的決定》就指出「承認農民（雇農包括在內）是抗日與生產的基本力量。故黨的政策是扶助農民，減輕地主的封建剝削，實行減租減息，保證農民的人權、政權、地權、財權，藉以改善農民的生活，提高農民抗日的與生產的積極性。」一方面，政府法令規定地主應該普遍的減租減息，不得抗不實行。而另一方面，又要規定農民有交租交息的義務，不得抗不繳納。一方面要規定地主的土地所有權與財產所有權仍屬於地主。另一方面，又要規定地主對土地處置之時，必須顧及農民的生活。〔註 109〕應該說，這是一個顧全抗日大局、兩面討好的政策，是不徹底的、權宜的、不夠強力的土地政策。而到了抗戰結束後，共產黨繼續實行減租減息的土地政策，先後於 1945 年 11 月 7 日，發布了《減租和生產是保衛解放區的兩件大事》的黨內指示，1945 年 12 月 15 日頒布了《1946 年解放區工作的方針》，各解放區根據中共中央的指示，開展土地運動，在反奸、清算、減租減息鬥爭中，直接從地主手中取得土地，實現「耕者有其田」。當時共產黨鑒於農民對土地的迫切要求，全面內戰即將爆發、但尚未正式爆發的緊急形勢，共產黨政權尚未穩固，以及需要農民服務於戰爭（生產備戰，或參軍戰鬥）才能爭取第三次國內革命戰爭（解放戰爭）的勝利的情況，1946 年 5 月 4 日發布了《關於土地問題的指示》（通常稱「五四指示」），把減租減息的政策改為沒收地主

〔註 109〕《中共中央關於抗日根據地土地政策的決定》，《中共中央文件選集》第 13
　　　　冊，中共中央黨校出版社，1991 年版，第 281～283 頁。

土地分配給農民的政策。該指示規定「堅決擁護群眾在反奸、清算、減租、減息、退租、退息等鬥爭中，從地主手中獲得土地，實現『耕者有其田』」，「一般不變動富農的土地」，給中小地主以照顧，給地主惡霸漢奸等「留下維持生活所必需的土地」，至於獲地方式則有沒收、購買、獻田、清算等。雖然說，「五四指示」依然是不徹底的：第一它沒有廢除地主的土地所有權，這從該指示的措辭（如讓地主「拿出土地來」，而且要在「地主自願」的情況下給農民耕地或買地，等等）就可以獲悉；第二它的制定原則是「合乎孫中山主張與政協決議」，而且「對各色人等及地主富農有相當照顧」〔註110〕（兩個月之後的 7 月 19 日的《關於向民盟人士說明我黨土地政策給周恩來、董必武的指示》也採取了既孤立國民黨反動派，又「根據孫中山照例收買的精神」拉攏中間人士與一般地主富農的手段與政策），共產黨的政策以國民黨（孫中山）的原則的名義來制訂，既是一種策略，也時一種無奈。究其原因，是因為當時全面內戰尚未正式爆發，人民渴望和平，國民黨仍在玩弄陰謀，群眾還不覺得和平是不可能的，（即使在爆發後，中間人士仍抱著「死馬當活馬醫」的態度在國共之間進行調停）共產黨為了爭取民主和平的統一戰線，爭取多數人的同情，便在這種利益均分、合法（國民黨法）合理的基礎上制訂「五四指示」。〔註111〕但是，可以看出，「五四指示」的語氣卻更加堅定，它連用五個「不要害怕」反映了中共中央的土地政策決心和力度。到了共產黨進入戰略反攻國民黨的階段，1947 年 9 月 13 日，《中國土地法大綱》亦在凌厲的氣勢中通過，它「廢除封建性半封建性剝削的土地制度，實行耕者有其田的土地制度」；「廢除一切地主的土地所有權」；它動了富農，徵收富農的多餘土地和財產；它否定了給幾種人以照顧的政策，只給他們留下生活必需的「與農民同樣的土地」，比起「五四指示」來，顯得更為徹底、強硬。〔註112〕而在 10 月 10 日的《中國共產黨中央委員會關於公佈中國土地法大綱的決議》中，措辭更為強硬有力，一開口便是「中國的土地制度極不合理」，地主富農「殘酷地剝削農民」，「消滅」封建性及半封建性剝削的土地制度，等等，而這正與當時戰略反攻的形勢互相聯繫，充滿「進攻」「戰鬥」的暴力氣味。

〔註110〕劉少奇：《劉少奇選集》上卷，人民出版社，1981 年版，第 377～383 頁。
〔註111〕俞宏標：《從「五四指示」到〈中國土地法大綱〉》，《歷史教學問題》，1990 年版，第 6 期。
〔註112〕《中共中央文件選集》第 16 冊，中共中央黨校出版社，1992 年版，第 547～549 頁。

　　這一系列的土改政策的措辭和語氣，可以說是一個比一個強硬有力，這是「政治暴力」在「文」的方面體現的「政策暴力」，目的在「奪取」土地，「消滅」剝削，但它不僅在執行背景上有「武」（軍隊），其效果也是「以文致武」：如劉少奇所言「如果我們能夠在一萬萬數千萬人口的解放區解決了土地問題，就會大大鞏固解放區，並大大推動全國人民走向國家民主化」，〔註113〕因為這直接導致大批翻身農民參軍；又如劉伯承所言：「我軍勝利的主要因素，在於我軍士氣日盛，這是因為我們是正義的自衛戰爭，士兵都是翻了身的農民，他們為保衛他們的翻身果實而戰，因此在戰爭中莫不奮勇向前，以一當十。」〔註114〕據資料顯示，僅到「五四指示」發布後五個月即 1946 年 10 月，全解放區就有 30 萬農民參加了解放軍，有三、四百萬人參加了民兵和游擊隊，至於《中國土地法大綱》頒布之後參加人民軍隊、民兵和游擊隊的人就更多。（這種參軍熱潮在趙樹理的《李家莊的變遷》結尾就有很詳細的敘述）而這正體現出共產黨的土地政策極大地激發了農民的革命積極性，達到以「文」致「武」，以「政治暴力」幫助、加強「戰爭暴力」（戰鬥）的目的。

（二）

　　但是，「政治暴力」除了「文」的方面（政策暴力），還存在著「武」的方面，那就是「鬥地主」。這種類型的「政治暴力」作為一種階級鬥爭的必要手段，它深刻揭示了中國農民之所以積極參與社會變革的內在情感。因為長期以來地主對於農民的殘酷剝削與壓迫，早已在他們心中埋下了反抗復仇的巨大能量；所以「政治暴力」作為農民情緒的真實表達，也就自然而然地獲得了人們的同情和理解。

　　但是有趣的是，當時的土地政策都不主張「武」鬥地主，「只能文鬥，不能武鬥。武鬥違反毛主席的政策」。〔註115〕《關於土地問題的指示》（「五四指示」）規定「除罪大惡極的漢奸分子及人民公敵為當地廣大人民群眾要求處死者，應當贊成群眾要求，經過法庭審判，正式判處死刑外，一般應施行寬大政策，不要殺人或打死人，也不要多捉人，以減少反動派方面的藉口，不使

〔註113〕劉少奇：《關於土地問題的指示》，《劉少奇全集》上卷，人民出版社，1981年版，第 382 頁。

〔註114〕轉引自俞宏標：《從「五四指示」到〈中國土地法大綱〉》，《歷史教學問題》，1990 年版，第 6 期。

〔註115〕周立波：《暴風驟雨》，人民文學出版社，1977 年版，第 321 頁。

群眾陷於孤立。」〔註116〕而之後的《中國土地法大綱》則指出「為貫徹土地改革的實施，對於一切違抗或破壞本法的罪犯，應組織人民法庭予以審判及處分。」這兩個法令都注重「法庭審判」「正式判處」的合法程序，而且以「寬大」為懷，不主張多捉人、殺人或打死人，可以說是比較文明的「鬥地主」方式。即使是《關於減租減息的群眾運動》中的「鬥力」，也只是「依靠有覺悟、有組織的農民群眾的力量，去鬥垮地主破壞減租減息的一切陰謀詭計，」「促使地主內部的分化」，這裏的「力」更多是「智力」「能力」而非「武力」，而且「鬥力」是置於「鬥理」（進行說理鬥爭）和「鬥法」（依據法律條件進行合法的鬥爭）之間的，它依然是一種「文鬥」，是著重「絕不能動手」但造成「威壓」的「有紀律的群眾運動」。〔註117〕這是共產黨在主觀上（土改政策）不主張武鬥地主，還存在著農民在主觀上不願鬥地主，或鬥地主現象不普遍的情況：「當群眾還沒有起來向地主鬥爭時，我們幹部卻硬要群眾去鬥爭」，但農民不幹，〔註118〕「群眾運動未發動起來，不相信自己的力量，……把地主鬧翻了，群眾又不擁護」。〔註119〕這是農民不願「鬥地主」。而在晉北五縣進行土改的 817 個主要村莊中，只有 280 個村實現了耕者有其田，這恰恰是「鬥地主」不普遍的證明。

　　然而很有意思的是，與共產黨不主張武鬥地主、農民普遍不願武鬥地主相比，解放區作家們卻以其澎湃的階級鬥爭激情、緊張闊大的想像以及實地考察的經驗（如丁玲曾參加晉察冀中央局組織的土改工作隊，周立波曾在東北參加土改運動，等等）以小見大，以少總多，渲染並強化「鬥地主」的波瀾壯闊、洶涌澎湃的火熱的鬥爭場面，充分展示了地主在無產階級（農民）憤怒的鐵拳下的魂飛魄散、戰戰兢兢、跪地求饒的醜態。〔註120〕

　　四十年代文學「政治暴力」中「鬥地主」的模式大概有如下幾種。

　　第一種模式是因為仇恨深重，農民置法、理於不顧，集體打死地主。如

〔註116〕劉少奇：《劉少奇選集》上卷，人民出版社，1981 年版，第 379～380 頁。

〔註117〕劉少奇：《劉少奇選集》上卷，人民出版社，1981 年版，第 237～241 頁。

〔註118〕劉少奇：《關於徹底的解決土地問題給晉綏同志的一封信》（1947 年 4 月 22 日），轉引自俞宏標：《從「五四指示」到〈中國土地法大綱〉》，《歷史教學問題》，1990 年版，第 6 期。

〔註119〕劉少奇：《劉少奇選集》上卷，人民出版社，1981 年版，第 238 頁。

〔註120〕這就是藝術衝擊同時代人的歷史記憶的證明，而在這種衝擊的基礎上，藝術將改造或強化後代人的歷史想像。因此，藝術達到了對歷史的雙重解構或雙重加工。

趙樹理的《李家莊的變遷》，它寫的是地主惡霸李如珍等人把外地人、本地人都逼得「活不了」；當開明地主王安福減租減息，爲國出力時，他們卻一毛不拔，通敵賣國，甘當漢奸；後來更帶領反動派大殺共產黨和村民。諸如此類，可以說是惡貫滿盈無惡不作。即使到最後被公審時，李如珍還頑抗到底無恥至極：「就說成殺了你們兩個人，我一條命來抵也不賠本！殺了你們四十二個，利不小了！」如此，更激起農民的深仇大恨，怒從心上起，惡向膽邊生，不管什麼理性法律，照殺可也：

> 審完以後，全村人要求馬上槍斃，可是這位縣長不想那麼辦。縣長是在老根據地作政權工作的。老根據地對付壞人是只要能改過就不殺。他按這個道理向大家道：「按他們的罪行，早夠槍斃的資格了……」群眾中有人喊道：「夠了就斃，再沒有別的話說！」縣長道：「不過只要他能悔過……」群眾亂喊起來：「可不要再說那個！他悔過也不止一次了！」「再不斃他我就不活了！」「馬上斃！」「立刻斃！」縣長道：「那也不能那樣急呀？馬上連個槍也沒有！」又有人喊：「就用縣長腰裏那支手槍！」縣長說沒有子彈，又有人喊：「只要說他該死不該，該死沒有槍還弄不死他？」縣長道：「該死吧是早就該著了……」還沒等縣長往下說，又有人喊：「該死拖下來打不死他？」大家喊：「拖下來！」說著一轟上去把李如珍拖下當院裏來。縣長和堂上的人見這種情形都離了座到拜亭前邊來看，只見已把李如珍拖倒，人擠成一團，也看不清怎麼處理，聽有的說「拉住那條腿」，有的說「腳蹬住胸口」。縣長、鐵鎖、冷元，都說「這樣不好這樣不好」，說著擠到當院裏攔住眾人，看了看地上已經把李如珍一條胳膊連衣服袖子撕下來，把臉扭得朝了脊背後，腿雖沒有撕掉，褲襠子已撕破了。縣長說：「這弄得叫個啥？這樣子真不好！」有人說：「好不好吧，反正他不得活了！」冷元道：「唉！咱們爲什麼不聽縣長的話？」有人說：「怎麼不聽？縣長說他早就該死了！」縣長道：「算了！這些人死了也沒什麼可惜，不過這樣不好，把個院子弄得血淋淋的！」白狗說：「這還算血淋淋的？人家殺我們那時候，廟裏的血都跟水道流出去了！」縣長又返到拜亭上，還沒有坐下，又聽見有人說：「小毛啦？」大家看了看，不見小毛，連縣長也不知道他往那裏去了。有人進龍王殿去找，小毛見藏不住了，跟殿裏跑出

來抱住縣長的腿死不放。他說：「縣長縣長！你叫我上吊好不好？」青年人們說不行，有個楞小夥子故意把李如珍那條胳膊拿過來伸到小毛臉上道：「你看這是什麼？」小毛看了一眼，渾身哆嗦，連連磕頭道：「縣長！我我我上吊！我跳崖！」冷元看見他也實在有點可憐，便向他道：「你光為難縣長有什麼用呀？你就沒有看看大家的臉色？」小毛聽說，丟開縣長的腿回頭向大家磕頭道：「大家爺們呀！你們不要動手！我死！我死！」大家看見他這種樣子，也都沒心再打他了，只說：「你知道你該死還算明白！」縣長道：「大家都還不下去！」又向陪審的人道：「咱們都還坐好！」廟裏又像才開審時候那個樣子了。縣長道：「你們再不要親自動手了！本來這兩個人都夠判死罪了，你們許他們悔過，才能叫他們悔；實在要要求槍斃，我也只好執行，大家千萬不要親自動手。現在的法律，再大的罪也只是個槍決；那樣活活打死，就太，太不文明了。」王安福道：「縣長！他們當日在廟裏殺人時候，比這殘忍得多——有剜眼的，有剁手的，有剝皮的……我都差一點叫人家這樣殺了！」縣長道：「那是他們，我們不學他們那樣子！好了，現在還有個小毛，據他說的，他雖然也很凶，可是沒有殺過人，大家允許他悔過不允許？」大家正喊叫「不行」，白狗站起來喊道：「讓我提個意見，我覺著留下他，他也起不了什麼反！只要他能包賠咱們些損失，好好向大家賠罪，咱們就留他悔過也可以！」……縣長道：「這樣吧：李如珍就算死了，小毛還讓我把他帶走，等成立起縣政府來再處理他吧！大家看這樣好不好？」青年人們似乎還不十分滿意，可也沒有再說什麼。白狗說：「就叫縣長把他帶走吧！只要他還有一點改過的心，咱們何必要多殺他這一個人啦？他要沒有真心改過，咱的江山咱的世界，幾時還殺不了個他？」這樣一說，大家也就沒有什麼不同意了。〔註121〕

在這裏，作為理性、法律、權威的代表縣長完全抑制不住群眾的暴力傾向與復仇心態：縣長要求給李如珍悔過機會，群眾堅決反對，非殺李如珍不可；縣長藉口沒有殺人工具，群眾就活活打死李如珍，血債血償；縣長說這樣弄得環境太「血淋淋」，群眾就稱敵人更「血淋淋」，殺人行凶血流成河；縣長說「活活打死」的處死方式「太不文明」群眾就指出敵人的剜眼、

〔註121〕趙樹理：《李家莊的變遷》，人民文學出版社，1957 年版，第 120～122 頁。

剁手、剝皮等方式「殘忍得多」令人髮指；縣長要將小毛帶走處理，群眾連喊「不行」；最後還是群眾的道理壓倒了縣長的道理：「就叫縣長把他帶走吧！只要他還有一點改過的心，咱們何必要多殺他這一個啦？他要沒有真心改過，咱的江山咱的世界，幾時還殺不了個他？」這句話展示了農民群眾對自身力量的確信、對敵人的蔑視以及對「咱的江山咱的世界」的堅信。而正是因為這種群情洶湧、難以遏制的復仇衝動，對地主漢奸們形成一種殺一儆百的效果，使得他們「聽說打死李如珍的事，怕群眾找他們算賬，都趕緊跑到縣政府自首了」。

　　第二種「鬥地主」模式是眾怒難犯，依法處死地主。如周立波的《暴風驟雨》，它雖然「第一部」講蕭隊長執行《五四指示》，「第二部」寫蕭隊長傳達《中國土地法大綱》精神，而且口口聲聲「只能文鬥，不能武鬥。武鬥違反毛主席的政策」。但實際上，「廢除幾千年的封建制度，要一場暴風驟雨」，〔註122〕這不僅暗示著土地改革的摧枯拉朽的改革力度，還隱含著土地改革的「暴力」意味，正如小說題記引用毛澤東的話所言：「很短的時間內，將有幾萬農民從中國中部、南部和北部各省起來，其勢力如暴風驟雨，迅猛異常，無論什麼大的力量都將壓抑不住。」小說中的「鬥地主」情節表現的正是這種如暴風驟雨、難以壓制的群眾力量。小說以對地主惡霸漢奸韓老六的「拖欠式鬥爭」、「不徹底的鬥爭」來積蓄憤怒與仇恨，使最後真正徹底的鬥爭（第四次鬥地主）——顯得更有力、無情、堅決和正確。

　　　　看見抓著韓老六，人們都圍上來了，有人掄起棒子來要打，有人舉
　　　　起扎槍要扎，趙玉林說：
　　　　「別著忙，回去過他的大堂，叫全屯子人來報仇解恨。」
　　　　但是暴怒的群眾，擋也擋不住，人們包圍著，馬不能前進。
　　　　天一矇矇亮。大夥帶著棒子，三五成群，走向韓家大院去。天大亮
　　　　的時候，韓家大院裏真是裏三層，外三層，擠得滿滿的。院牆上爬
　　　　上好些的人，門樓屋脊上，苞米架子上，上屋窗臺上，下屋房頂上，
　　　　都站著好多的人。
　　　　婦女小孩都用秧歌調唱起他們新編的歌來。
　　　　千年恨，萬年仇，

〔註122〕周立波：《暴風驟雨》，人民文學出版社，1956 年版（1977 年印刷），第 10
　　　　頁。

共產黨來了才出頭。

韓老六，韓老六，

老百姓要割你的肉。

「揍死他！」

從四面八方，角角落落，喊聲像春天打雷似地轟轟地響。大家都舉
起手裏的大槍和大棒子，人們潮水似的往前邊直涌，自衛隊橫著扎
槍去擋，也擋不住……無數的棒子舉起來，像樹林子似的。

她（張寡婦）舉起棒子說：

「你，你殺了我的兒子。」

榆木棒子落在韓老六的肩膀上，待要再打，她的手沒有力量了。她
摞下棒子，撲到韓老六身上，用牙齒去咬他的肩膀，她不知道用什
麼法子才解恨。

這個統計（罪行統計──引者注）宣布以後，擋也擋不住的暴怒的
群眾，高舉著棒子，紛紛往前擠。亂棒子紛紛落下來。

「打死他！」「打死他！」分不清是誰的呼喚。

「不能留呀！」又一個暴怒的聲音。

「殺人償命呀！」

「非把他橫拉竪割，不能解恨呀。」

工作隊叫人繼續訴說韓老六的罪惡。韓老六這惡霸、漢奸兼封建地
主，明殺的人現在查出的有十七個，被他暗暗整死的人，還不知多
少。……但是，這些訴苦，老百姓都不聽了。他們說：「不聽咱們也
知道：好事找不到他，壞事離不了他。」人們大聲地喊道：「不整死
他，今兒大夥都不散，都不回去吃飯。」

蕭隊長跑去打電話，問縣委的意見。……蕭隊長回來，站在「龍
書案」跟前，告訴大夥說，縣同意大夥的意見：「殺人的償命。」

〔註123〕

無論是審判前的擋路還是復仇秧歌，無論是水泄不通的群眾圍觀，還是一個
個群眾的訴苦，無論是棒打牙咬還是「不整死他，……都不回去吃飯，」其

〔註123〕周立波：《暴風驟雨》，人民文學出版社，1956 年版（1977 年印刷），第 170
　　　～180 頁。

實都被掌控在法律與理性之中，蕭隊長（法律與理性的代表）電話徵詢縣委意見的結果「殺人償命」也是對農民群眾憤怒復仇心態的控制、疏導，才避免了趙樹理《李家莊的變遷》中「鬥地主」的失控和無序。只是從更深層次上看，這種「程序理性」是根源於另外兩種「理性」的：一種是「階級理性」，就像小說中所言：「地主沒一個不喝咱們窮人的血。鬥爭地主，是要回咱們自己的東西。……鬥地主，只管放手」，不怕出事。（第 232 頁）既然地主為富不仁，那麼農民就要殺富濟貧；既然地主具有階級的原罪（「沒一個不喝窮人的血」），那麼「鬥地主」就更加理直氣壯（「只管放手」）。另一種是「政黨理性」，小說中「共產黨毛主席作主，今兒算是給你報仇了」，「擁護共產黨工作隊」，「擁護民主政府」等話語就是「政黨理性」的體現，這種政黨理性不僅給農民報仇，使得農民「報仇的火焰燃燒起來了，燒得衝天似地高」，還引導農民以復仇之火「燒毀幾千年來阻礙中國進步的封建」，以使「新的社會將從這火裏產生」。（第 172 頁）

　　第三種「鬥地主」的模式是在政治上打垮地主，在肉體上讓地主受罰但不消滅之。如丁玲的《太陽照在桑乾河上》，康濯的《黑石坡煤窯演義》等。後者寫共產黨員老尹領導工農會（翻身會）鬥爭幹大腦、玉寶等地主惡霸，大罵之嚇唬之，讓其叩頭求饒，並送縣裏處理。「把那些封建老財漢奸惡霸的罪惡徹底往出掏一掏，讓窮人也痛痛快快訴苦出出千萬年的冤氣」，並進行清算鬥爭、平分土地、消滅封建的革命任務，這一切都是老尹學習土改文件，特別是《中國土地法大綱》之後雷厲風行的舉動。而丁玲的《太陽照在桑乾河上》，它與周立波《暴風驟雨》的手法相似，以「拖欠式鬥爭」來積聚仇恨，拖欠得越久，仇恨就越深，爆發得就越有力。它講的是地主錢文貴屬於「搖鵝毛扇的人」，狡猾多變，他跟保長、縣裏、日本人都有聯繫，為害鄉里，甘當漢奸，很有手腕；他看見苗頭不對，就讓兒子錢義當八路，女婿張正典做村治安員，又想用侄女黑妮拉攏農會主任程仁，而且實行形式的上的分家，自稱「我現在也是無產階級」，裝清白扮貧窮。他不斷使用其狡詐手段，使得農會對他屢鬥屢敗，但同時又使得農民對他的怨憤仇恨越積越深，所以到了「決戰之三」鬥倒錢文貴時，農民才會爆發出極端強烈的暴力復仇衝動：

　　　　劉滿忽然把兩手舉起，大聲喊：「咱要報仇！」

　　　　「報仇！」雷一樣的吼聲跟著他。拳頭密密的往上舉起。

　　　　李昌也領著喊：「錢文貴，真正刁，謀財害命不用刀！」大家都跟著

他，用力的喊。……

「咱也同錢文貴算賬咧！」王新田那個小夥子跳上來。……他爹在臺下答應他：「要他退房子！」於是人們便吼起來：「錢文貴，亂捆人，要人房子，要人糧！」

李昌喊起口號：「打倒惡霸！」「打倒封建地主！」人們一邊跟著喊，一邊往前擠……高的紙帽子把他丑角化了，他（錢文貴）卑微的彎著腰，曲著腿，他已經不再有權威，他成了老百姓的俘虜，老百姓的囚犯。……底下喊：「要他償命！」「打死他！」人們都涌了上來，一陣亂吼：「打死他！」「打死償命！」一夥人都衝著他打來，也不知是誰先動的手，有一個人打了，其餘的便都往上搶，後面的人群夠不著，便大聲嚷：「拖下來！拖下來！大家打！」……雖然兩旁有人攔阻，還是禁不住衝上臺來的人，他們一邊罵一邊打，而且真把錢文貴拉下了臺，於是人更蜂擁了上來。……錢文貴的綢夾衫被撕爛了，鞋子也不知失落在哪裏，白紙高帽也被踩爛了，一塊一塊地踏在腳底下，秩序亂成一團糟，眼看要被打壞了，張裕民想起章品最後的叮囑，他跳在人堆中，沒法遮攔，只好將身子伏在錢文貴身上，大聲喊：「要打死慢慢來！咱們得問縣上呢！」「咱也早想打死他，替咱這一帶除一個禍害，唉！只是！上邊沒命令，……殺人總得經過縣上批准，……留他一口氣，慢慢的整治他吧。」

這時有人已經把錢文貴擡回臺上了。他像一條快死的狗躺在那裏喘氣，又有人說：「打死這狗崽的！」

「哼！他要死了，就不受罪了，咱們來個讓他求死不得，當幾天孫子……」〔註124〕

可以說，這種「在政治上打垮他，要他向人民低頭，還不一定要消滅他的肉體」「要往死裏鬥，卻把人留著」〔註125〕「殺人總得經過縣上批准」「經過法律的手段」的「鬥地主」的方式，一方面滿足或宣洩了農民的復仇衝動：「人們只有一個感情——報復！他們要報仇！他們要泄恨，從祖宗起就被壓迫的苦痛，這幾千年來的深仇大恨，他們把所有的怨苦都集中到他（指錢文貴）一個人身上了。他們恨不得吃了他。」（同上第266頁）使農民對地主報復得

〔註124〕丁玲：《太陽照在桑乾河上》，人民文學出版社，1955年版，第259～267頁。
〔註125〕丁玲：《太陽照在桑乾河上》，人民文學出版，1955年版，第250頁。

痛快淋漓。另一方面，針對農民「擔心著將來的報復」而隨便打死地主的「變天思想」，讓農民從理性上、「事實上啓發思想，認清自己的力量」，主張鬥地主「要在鬥爭裏看出人民團結的力量，要在鬥爭裏消滅變天思想」。再一方面，表現了「窮人也坐了江山」（199 頁）「窮人當家」（224 頁）之際，翻身農民「咱們農民團結起來！徹底消滅封建勢力」的集體力量，以及「擁護毛主席！」「跟著毛主席走到頭！」的政治信仰，這在惡霸錢文貴寫保狀時農民群眾們讓他對農民的稱呼由「諸親好友」、「全村老百姓」、「全村窮大爺」一直改爲「翻身大爺」的情節中，有著充分的體現。這不僅是「翻身之樂」，還是「翻身之力」。正是這種種的思想引導，使得鬥爭錢文貴的過程顯得正氣十足、暴力十足，而又不脫常軌，充滿理性。

第四種「鬥地主」的模式是以其人之道還治其人之身，以眼還眼，以牙還牙的鬥爭與復仇。比如蕭也牧的小說《貨郎》，就是一個正面詮釋「政治暴力」的典型範例：作品故事中的主人公名叫「不二價」，曾是個安分守己的老實農民，由於惡霸地主馬俊義侵佔了他的土地並將他趕出了村子，從此以後他便到處流浪有家難歸。共產黨來了以後，貧苦農民當家做了主人，「不二價」終於結束了漂泊生涯而重返故鄉。在鬥爭惡霸地主、重新分配土地的村民大會上，「不二價」滿懷著強烈的階級義憤，第一個跳到臺上控訴馬俊義的滔天罪行，並提出了他的「三條懲治辦法」：「一、把馬俊義弔起來，弔他一天一宿；二、一畝地也不要給馬俊義留下；三、驅除馬俊義出境。要是他不走，就用棍子打。」〔註 126〕令人感到詫異的是，「不二價」懲治馬俊義的三項措施，正是當年馬俊義整治他時所用過的同樣辦法——馬俊義曾剝奪過「不二價」的生存權力，而現在「不二價」又要去堵死馬俊義的生活之路。蕭也牧的另一篇小說《黃昏》也遵循這種「鬥地主」模式，它寫老房東辛辛苦苦掙錢買的驢曾被地主搶走，並在扔還籠頭的時候羞辱他：「你這一輩子還想餵牲口嗎？」後來八路軍來了，在清算鬥爭時他從地主家拉回一驢，稍後也如法炮製罵詞：「你這一輩子還想餵牲口！……你是個什麼東西！」這種「以其人之道還治其人之身」的復仇行爲，固然有其階級啓蒙的政治意義，但卻更加暴露出了小農意識的狹隘性與愚昧性。

「鬥地主」的第五種模式是化解由地主製造的村仇私仇，共同對付階級敵人（地主）。如馬烽的《村仇》就是這種模式的顯著例證。它講述趙莊、田

〔註 126〕蕭也牧：《貨郎》，《蕭也牧作品選》，百花文藝出版社，1979 年版，第 101 頁。

村村民因修水渠分水問題，被地主（趙文魁、田得勝）挑撥遂成村仇，親友遂成仇人（如田鐵柱無意中打死外甥狗娃，趙拴拴為子報仇把田鐵柱打成殘廢），兩村仇恨持續十多年。1947 年土改運動，兩人的親戚、土改工作員老劉領導兩村聯合鬥爭地主，提高群眾的階級覺悟，讓群眾認識到村仇全是地主搞鬼，「受了地主利用，自家人結冤記仇，」並及時揭穿了地主「破壞」聯合鬥爭的陰謀。如此，舊仇加上新恨，使得農民在「鬥地主」時更加怒火中燒：

> 兩村男男女女都來了，滿滿擠下一場子。當民兵把地主們押進會場的時候，場子裏馬上喊起口號，拳頭伸起來，好像一片小樹林。
>
> 趙拴拴這時一撲就跳到臺上，拳頭一股勁在空中晃，嘴張了幾張，卻一句話也說不出來。忽然又跳到臺下，一把扯住趙文魁的領口就打，他老婆也哭罵著撲過來了，用嘴咬趙文魁。田鐵柱跳下臺來去打田得勝……眾場群眾都憤怒極了，都站起來了，跳著腳喊口號助威。
>
> 趙拴拴氣得眼都紅了，只是一股勁喊：「非他頂命不可！非他頂命不可！」老劉也過來勸解說：「咱們不要亂打，他們有天大的罪惡，也要交法庭處理。」〔註127〕

可以說，這一種「鬥地主」模式由私仇引向公仇，由私仇的消解引向公仇的強化，正因如此，鬥地主才會群情洶湧，火冒三丈，力暴如雷。

「鬥地主」的第六種模式是武裝保護土改鬥爭成果，再鬥地主。如孫犁的小說《村歌》。它敘述了張崗實行土改，「從地主富農鬥爭出五頃地」，但作者只用「這地是我們的了！」「你們什麼也不許動！」「農民們激動、緊張地度過了」兩個月的鬥爭生活等語句虛寫了「鬥地主，分土地」的過程，倒是在寫農民保護鬥爭成果（莊稼），防止地主破壞莊稼時，寫出了再鬥地主的刺激性：

> 地主們開始破壞莊稼。……
>
> 武委會的人們，夜晚背上槍，到地裏看青。
>
> 雙眉有一枝小橛槍。這天晚上，她到沒收的郭老太的地裏去。（她看見郭老太那老頭子在削穀子）……「你是地主，我是貧農」「你憑什麼收割？這地是你剝削來的！」雙眉說：「我長了十八歲，沒見你捅

〔註127〕馬烽：《村仇》，《解放區短篇小說選》，人民文學出版社，1978 年版，第 745～747 頁。

過鐮把鋤柄，今兒個是頭一摸！只在破壞我們的莊稼的時候，你才
抓起鐮來！」

「你們不要趕盡殺絕！」老頭子忽地站起來，鐮刀在他手裏抖顫，
像傷了鱗的魚，「我和你們拼了！」

……「你再砍，我放槍了！」隨著就往上一舉，砰！

聽見槍聲，一大群農民跑了來，把老頭子帶到武委會去。〔註128〕

孫犁不愧是孫犁，總能別出心裁，其他作家寫完「鬥地主，分土地」就了事，
他能再來個「再鬥地主，保護莊稼」，他一方面寫出了農民的義正詞嚴，另一
方面寫出了地主的喪心病狂；一方面寫農民全副武裝，保護成果，另一方面
寫地主凶神惡煞，破壞成果。而這也是一場力量的對抗，以農民武委會對抗
地主，以槍對抗鐮刀，農民在「再鬥地主」中占據著絕對的優勢。（不過地主
竟要獨自連夜收割自己的莊稼，「我求求你們，叫我收了這一季穀子」，但一
個老人能收割多少！而且為了一點莊稼而「拼命」，從此可見這個地主充其量
不過是個富農罷了，而「動富農」正是《中國土地法大綱》的規定，寫於1949
年的該作品雖然符合這一點，但把「富農」升格為「地主」不能不說是該作
品的敗筆。）

縱觀四十年代文學「鬥地主」的六種模式，其中存在著幾個方面的特點。

第一，在當時的土改政策文件中，除了1947年10月10日通過的《中國
共產黨中央委員關於公佈中國土地法大綱的決議》對地主不作區分，一律稱
為「殘酷地剝削農民」的人，這之前的文件都對地主作了必要的區分，如分
為「開明的地主」和「頑固的地主」（《關於減租減息的群眾運動》），或者「中
小地主」和「大地主」，（《關於土地問題的指示》即「五四指示」）對前一種
地主給予照顧，對後一種地主進行堅決的鬥爭。但是在四十年代有關「鬥地
主」的文學作品中，無論是寫作在《中國土地法大綱》頒布之前還是之後，
絕大多數作品都不區分地主的類型，都敘述對地主的堅決鬥爭，甚至不鬥則
已，一鬥就往死裏鬥。第二，四十年代的土改政策中，沒有一個將地主稱為
「地主階級」，只是將地主的性質定為「封建剝削」或「剝削農民」，如此便
將「階級屬性」轉換為「個人經濟行為」，於是便將「地主」與「農民」（貧
雇農為主）的差別定為「富人」（「財主」）與「窮人」的差別，即「貧富懸殊」，

〔註128〕孫犁：《村歌》，《孫犁全集》第2卷，人民文學出版社，2004年版，第40～
42頁。

這從小說中充斥的「窮人坐江山」「窮人當家」「天下窮人是一家」等語句便可見出；另外，鑒於農民「恨惡霸比恨地主更甚」〔註129〕，四十年代文學中的地主幾乎沒有純地主或財主的單一富人身份，而是必須同時具備惡霸、漢奸、劣紳的多重身份或其中一種身份，換言之，地主必須具備兩種或兩種以上身份才能被納入小說的「鬥地主」敘述之中，假如地主是惡霸、劣紳，如此地主便在原來錢財土地方面的「富人」身份上之，增加了精神品格方面「為富不仁」的「惡人」身份，如此地主便由單一身份轉換成多重身份，由與農民的「貧富對立」轉換成「善惡對立」；假如地主還兼作漢奸，那麼他更會成為民族仇人、國民公敵，在與農民「貧富對立」「善惡對立」之外，更加上「民族對立」，如此便只落得個十惡不赦的下場。而四十年代作品中的地主幾乎同時具備這幾種身份，難怪農民鬥起他們來是火冒三丈、氣勢如虹。第三，四十年代文學「鬥地主」的「政治暴力」基本上都採用「拖欠式鬥爭」或「不徹底鬥爭」的敘事模式，以使農民的仇恨與憤怒積聚到一個頂點，爆發起來就更加有力，鬥爭起來也就更加徹底，拖欠得越久利息就越大，這是一種先抑後揚，先弱後強的敘事策略或經驗反映。總之，「鬥地主」表現的是農民群眾的「氣」。一方面是正氣凜然、氣勢如虹的「嚴正之氣」，另一方面是發泄怨氣、出一口惡氣的「仇恨之氣」，再一方面則是盛氣凌人、霸氣壓人、殺氣衝天的「強力之氣」或「暴戾之氣」。這幾種「氣」以「武鬥地主」為手段，以「窮人當家」為信念，以階級啓蒙（政治啓蒙）為目的，使得解放區作家在激情書寫革命人道主義的過程當中，都有意或無意地遮蔽了「政治暴力」的非理性因素。這種「與人奮鬥其樂無窮」的審美價值觀，其歷史延續性直接導致了新中國十七年文學的「史詩」建構──從《紅旗譜》到《艷陽天》、從《創業史》到《金光大道》，「政治暴力」恰恰是以「革命立場」的象徵寓意性，成為了推動廣大讀者世界觀改造的精神力量。

從上可知，四十年代文學的精神暴力與政治暴力現象，都是作家在戰爭背景（抗日戰爭或解放戰爭）之下創作的，它們以不同的「暴力」方式與戰爭暴力形成對映關係，又與戰爭暴力所體現的殺身成仁、英雄本色、樂觀主義精神有別，它們透露出一種以理殺人（精神暴力是以理殺人的變體）、劫富濟貧、除暴安良的傳統文化心態。

〔註129〕丁玲：《太陽照在桑乾河上》，人民文學出版，1955年版，第175頁。

結　語

　　綜上所述，中國現代文學「暴力敘事」經歷晚清時期的尙武傾向與暴力啓蒙、五四時期的暴力吶喊、三十年代的政治藝術想像和四十年代的民族戰鬥激情，都離不開一條中心線索，那就是中國傳統的「俠——士」風範與日本的「尙武」精神（只是隨著時代與人心等的變遷，日本的影響逐漸減弱，傳統的影響始終不絕如縷、後來勢頭強勁，而西方只是非主流的因素），如晚清和五四時期表現爲日本浪潮與傳統暗涌，三十年代表現爲日本表象與回歸傳統，四十年代表現爲傳統主流與多樣資源。借用錢理群《1948：天地玄黃》援引的政策條文「資本美國、工業日本、原料中國」〔註1〕，可以說明中國傳統與西方、日本交往的關係，即根本在於中國傳統（原料中國），西方只是一種借用（資本美國），日本只是一種加工（工業日本），而且這種加工也不過是粗加工性質的，就像端硯由硯石加工製作而成，但是仍可判斷其本質和根源，否則中國文化就不再是中國文化而是西方文化或日本文化了。長期以來，中國現代文學研究注重與西方聯繫的「現代」，而忽略與傳統文化精神聯繫的「中國」，甚至導致了「中國」的迷失。中國現代文學爲什麼不是西方現代文學，它的根就在「中國」。中國文化是有所改變，但要區分是何種性質之變，是中國文化範疇內的變化，還是變爲西方文化或日本文化？很明顯，答案無疑是前者。因爲傳統，一個層面是相對於外國文化尤其是西方文化，從這個層面看，中國近現代文學暴力敘事具有傳統俠——士精神，而這是本質性的，外國的或西方的東西改變的只是表象而非本質，中國傳統具有區別於外國或西方的異質性。傳統的另一個層面

〔註1〕錢理群：《1948：天地玄黃》，山東教育出版社，1998年版，第52頁。

是相對於「現代」來說的，但是我們必須注意到，並沒有一個完全割裂的單純的現代，如 T.S.艾略特《傳統與個人才能》所說，傳統並非過去的東西，而是貫穿過去現在未來的有生命力的歷史意識精神河流，所謂現代只是傳統的一部分，它很快會成為傳統，換言之，現代也是傳統的。在這兩個層面上的傳統說法，可以說我們就在傳統之中，無法擺脫，我們賦予傳統以新的理解而非完全擺脫傳統。可以說中國俠——士精神與國外暴力文化精神（日本尚武精神）形成共鳴後，形成一種中國本質與日本表象的關係，成為啓蒙思想的影響因子。特別是四十年代，無論是日本的「尚武」精神、德國的「強權」思想、蘇聯的革命哲學，都有意無意向包含殺身成仁、舍生取義、除暴安良、積極入世、爭於力等精神的中國傳統「俠——士」文化靠攏或回歸，顯示出中國「俠——士」傳統的巨大吸引力與包容性。對於這條中心線索，必須理清幾種關係：第一，日本的「尚武」精神與中國的「俠——士」傳統並非「你多我少」的分蛋糕般的簡單加減關係，而是表現為表與裏、現象與本質、姿態與精神的關係，所以無論晚清和五四時期暴力敘事的日本影響在音量上多高，都不能改變其中國傳統的本質，打個比方，正如一個中國人身穿夢特嬌，脚著耐克，嘴叼萬寶路，手上拿著索尼手機，但其本質依舊是中國人；一首中文歌曲也不能因為裏面夾雜著一些日文詞彙，就說這是原裝日本貨；一個人吃了日本牛肉不會變成牛，吃了日本壽司不會變成壽司，依然是人（中國人）。正如一位學者所言：「中國新文化雖借助於『外力』卻依賴於『內功』，一切『外力』都是在其『內功』所容許的範圍之內，才被『同化』並且加以吸收了的」，儘管「外力」有著甚大的視覺遮蔽性。〔註 2〕更深入一層，必須注意到，「遮蔽」不等於「取代」，正如梁啓超在晚清的《中國之武士道》，以日本的武士道（尚武）精神遮蔽中國傳統文化，恰恰證明其重審傳統的焦慮與重建傳統的熱望；而且暫時的遮蔽不等於永遠的遮蔽，且不說五四時期梁啓超對傳統的張揚，就在晚清時他在以日本遮蔽中國，強烈號召學習日本的同時，也有意無意地以中國傳統解釋日本，如《記東俠》把日本的愛國之士統稱為具有中國特色的「俠」就是明證。第二，這種現象與本質、姿態與精神的關係也不是「這是你的，那是我的」般的明顯劃分關係，而是一種混容或複雜交織的關係，如鹽之入水，很難區分何者為鹽，何者為水，不能說這是日本的，那是中國的，只能說它們交織成一種

〔註 2〕 宋劍華：《五四與傳統：我們「成功」地「斷裂」了嗎？》，《理論與創作》，
　　　　 2009 年版，第 3 期。

特別的精神與思想狀態（日本為鹽，中國為水）。第三，這種複雜交織的日本的尚武精神與中國的「俠──士」傳統的關係，體現為一種轉變機制，即是由晚清和五四時期的暫時的日本遮蔽中國傳統，轉為三十年代的由日本遮蔽（表象）逐漸回歸中國傳統，再演變為四十年代的多樣資源全面向中國傳統回歸，上述甚詳，此不贅言。而這一中心線索同時也表明，中國現代文學的精神資源主要不是西方的人文精神，而是中國的傳統文化與日本文化精神，這從「暴力敘事」這一角度便可以一斑而窺全豹。換言之，中國現代文學的啟蒙思潮，「人文啟蒙」相對較弱，而「政治啟蒙」聲勢浩大長盛不衰，而在政治啟蒙的過程中，「暴力敘事」扮演著重要的角色，暴力敘事成為政治啟蒙的輔助手段、表現方式，而且可以說隨著民族矛盾的日益加深，「暴力敘事」更被賦予了全民族「思想啟蒙」的合理價值，獲得了中國現代文學「審美形態」的合法地位；即是說，「暴力敘事」在作為政治啟蒙的輔助手段、表現方式的同時，有一種獨立的傾向，它要與政治啟蒙互相抗衡，讓自身獨立成為一種思想啟蒙的原則（而非是手段），一方面，它可能與政治啟蒙關係密切如膠似漆，如晚清的尚武愛國革命仇滿，五四和三十年代的尚武革命暴力抗爭，四十年代的抗戰（戰爭暴力）與鬥地主（政治暴力），都是政治啟蒙的極佳詮釋；而另一方面它又可能與政治啟蒙若即若離，或關係較遠，如張愛玲《金鎖記》中的精神暴力。（當然，該作也避免不了四十年代的政治背景或戰爭背景，可視為政治啟蒙的間接產物）簡言之，「暴力敘事」主要是政治啟蒙的輔助手段與表現方式，它有一種獨立化為「暴力啟蒙」的啟蒙思潮的傾向。

　　那麼，面對中國現代文學啟蒙思潮中的「暴力敘事」，必須回答幾個問題：一是中國現代作家對「暴力敘事」的運思方式問題（這是有關「敘事」的問題），二是作家創作過程中的身份或心理結構變化問題（這是有關「暴力」心理問題），三是「暴力敘事」對人文主義精神的作用問題，或者說從人文啟蒙到政治啟蒙過程中，「暴力敘事」的意義問題（這是有關「啟蒙」的問題）。如此，將有關「暴力」「敘事」與「啟蒙」的問題梳理清楚，本文的「結語」方稱得上是紮實清晰深刻的結語。

　　先看第一個問題。中國現代作家對「暴力敘事」的運思方式，主要是想像，因為作家大多缺乏實際的暴力行動、革命、抗爭經驗，只能憑藉想像彌補經驗的不足。例如晚清作家，雖然不少人參加愛國學社、光復會、同盟會、拒俄義勇隊等，充滿政治戰鬥激情與民族復仇心態，但實際參加革命暴力行

動而又有文字流傳後世的大概只有黃小配、汪精衛、蔡鍔、楊度、蔣百里等寥寥幾人（後幾者還很難說是作家，更多是政治家軍事家），而諸如章太炎、鄒容、陳天華等不過是作作革命宣傳而已，又如組織南社鼓吹革命反清仇滿的柳亞子卻文弱不堪：「因爲書讀得太多了，眼睛很早就變成近視；又因爲太不運動了，腰背不能壁挺，走起路來人家叫我『做鑽步』。」〔註3〕所以他的革命也不過是口頭的、文學的鼓吹罷了。三十年代參加實際革命暴動的作家也很少，只有舒群、蕭軍等少數人，上述甚詳，此不贅言。而四十年代書寫戰爭暴力的大批作家之中，也只有丘東平、彭柏山、碧野等寥寥幾人作爲士兵經歷過戰場上的血與火的考驗，當時中華全國文藝界抗敵協會（「文協」）的「文章下鄉，文章入伍」的號召，表現出來的卻是下鄉者多，入伍者少，「作家大部分都沒有參加過戰爭，甚至也沒有到戰場上去看一看，連戰場上的基本常識都常常是缺乏的」。〔註4〕作家們即使入伍，也在軍隊裏受到特殊照顧，或像蕭乾、曹聚仁等作戰地記者，或如郭沫若《甘願作炮灰》裏面的藝術家到部隊慰勞演出，他們或者在戰前作宣傳動員工作，或者在戰後考察硝烟散盡、危險甚小的戰場，或者在戰後採訪作戰的將士，所以他們的身份是「入伍」的作家，而非「參戰」的戰士。正如臧克家所言：因爲「沒深入抗戰，沒有變成一個眞正的戰鬥員，才沒能寫出好詩來。我歌頌士兵，而自己卻不能眞正徹底瞭解士兵，……我只在戰壕邊緣上站了一忽兒；我歌頌鬥爭，卻不是從同樣鬥爭的心情出發，這樣，我的歌頌就懸在了半空。」〔註5〕而這恰與英國、蘇聯等國形成鮮明對比，根據相關資料顯示，英國的文藝工作者、英國的劇人，自戰爭爆發後，都至前線，被譽爲「戰爭藝人」。〔註6〕在蘇聯衛國戰爭期間，「以紅軍指導員、政工人員、軍事記者、戰士、民兵、游擊隊員等身份走上戰場的有 1000 多位作家，其中許多人立下戰功（21 位獲蘇聯英雄稱號），1／3 人員（400 多位）捐軀沙場。」〔註7〕而這一大批浴血戰場的

〔註3〕 周實：《無盡庵遺集·詩話》，轉引自劉納：《嬗變——辛亥革命時期。至五四時期。的中國文學》，中國社會科學出版社，1998 年版，第 376 頁。

〔註4〕 周揚：《新的現實與文學上新的任務》，《文學運動史料選》第四冊，上海教育出版社，1979 年版，第 45 頁。

〔註5〕 臧克家：《十年詩選》，轉引自朱曉進等：《非文學的世紀》，南京師大出版社，2004 年版，第 228 頁。

〔註6〕 蕭乾語：《戰時戰後文藝檢討座談會》，《郭沫若佚文集》下冊，四川大學出版社，1988 年版，第 144 頁。

〔註7〕 陳敬泳：《蘇聯反法西斯戰爭小說史》，南京大學出版社，1992 年版，第 1 頁。

作家所造成的結果是「僅在戰爭的頭兩年就出版了 200 多部中篇小說，其中絕大部分是寫戰爭現實的。」〔註8〕並出現「戰壕眞實」派小說。雖然這並不意味著作家對所寫的事件必須親歷，如作家寫小偷並不需眞去偷竊，但就戰爭暴力敘事而言，親歷的寫作明顯要比非親歷的寫作要顯得逼眞、充實、細緻，因爲「以日常生活爲題材的小說，作家可以根據自己的見聞來彌補體驗的不足，但戰爭作爲特殊的政治事件，其內部的複雜性及在參與者心中引起的震動絕非局外人靠想像能理解的」，〔註9〕像海明威、巴比塞、雷馬克、哈謝克、托爾斯泰、法捷耶夫等等作家都因爲曾經前線作戰才寫出了《永別了，武器》、《光明》、《西線無戰事》、《好兵帥克》、《戰爭與和平》、《毀滅》等眞實、深刻的戰爭小說。從此可見，缺乏實戰經驗的作家，是難以創作出一流的戰爭文學作品的，這從老舍創作《火葬》的情況就可略知一二。（當然，單有實戰經驗也是不夠的，必須配合以高超的創作才能，才有可能寫出優秀的戰爭文學作品）。更有甚者，不僅作家們很少入伍參戰，就連作家們辛辛苦苦創作的戰爭文學作品也送不到部隊中去，如老舍在《八方風雨》中所說，作家「無法自己把作品送到民間與軍隊中去。這需要很大的經費和政治力量，而文藝家自己既找不到經費，又沒有政治力量。這樣，文藝家想到民間去，軍隊中去，都無從找到道路，也就只好寫出民眾讀物，在報紙上刊物上發表而已。這是很可惜，與無可奈何的事。……沒有政治力量在它的後邊，它只能成爲一種文藝運動，一種沒有什麼實效的運動而已。」〔註10〕換言之，造成中國現代作家實戰經驗缺乏以及戰爭文學作品眞實性缺乏的原因，除了作家方面的主觀原因外，還有政治力量不允許不支持以及由於作品送不到前線而缺乏戰士的「眞實」檢驗的客觀原因。

正因爲「暴力經驗」的缺乏，中國現代作家遂馳騁想像以補償經驗的不足。試以戰爭文學爲例。作家們或從理念出發向壁虛構，甚至如臧克家所言的「虛浮的……觀念的，口號的」，〔註11〕或如老舍所言的「瞎說」。老舍在

〔註 8〕 陳敬泳：《蘇聯反法西斯戰爭小說史》，南京大學出版社，1992 年版，第 13 頁。

〔註 9〕 張全之：《火與歌》，新星出版社，2006 年版，第 268 頁。

〔註 10〕 老舍：《八方風雨》，《文學運動史料選》第四冊，上海教育出版社，1979 年版，第 240 頁。

〔註 11〕 臧克家：《十年詩選》，轉引自朱曉進等《非文學的世紀》，南京師大出版社，2004 年版，第 228 頁。

談及其戰爭小說《火葬》的創作過程時，對此深有感觸。他認爲由於自己「並沒在任何淪陷過的地方住過」，「對戰爭知道的太少」「沒有足以深入的知識與經驗」，使得《火葬》的寫作「過度的勉強每每使寫作成爲苦刑……勉強得到的幾句，絕對不是由筆中流出來的，而是硬把文字堆砌在一處。……故事的地方背景是文城。文城是地圖上找不出的一個地方，這就是說，它並不存在，而是由我心裏鑽出來的。我要寫一個被敵人侵佔了的城市，可是抗戰數年來，我並沒在任何淪陷過的地方住過。只好瞎說吧。……我寫了文城，可是寫完再看，連我自己也不認識了它！這個方法要不得！」「最要命的是我寫任何一點都沒有入骨。我要寫的方面很多，可是我對任何方面都不敢深入，因爲我沒有足以深入的知識與經驗。」「我的失敗……是我對戰爭知道的太少。我的一點感情像浮在水上的一滴油，蕩來蕩去，始終不能透入到水中去……我想多方面的去寫戰爭，可是我到處碰壁，大事不知，小事知而不詳。」〔註12〕巴金雖然沒有老舍所言的「寫作變成苦刑」的感覺，但是「缺少充分的經驗和可以借用的材料」即缺乏戰爭經驗，使他認爲自己戰爭文學作品《火》三部曲寫得「淺陋」「表面」，甚至是「一個失敗的工作」。〔註13〕可以說，缺乏戰爭經驗，而又從理念出發硬寫戰爭文學作品來作宣傳，以致寫作成爲苦刑，作品寫得淺陋甚至失敗，應該說是40年代作家的一個共通特徵。但是戰爭經驗的缺失並不意味著作家戰爭暴力傾向的缺失，作家的暴力心傾向反而更加顯著，更爲濃烈，他們不僅在作品中表現英勇抗敵的雄心，殺身成仁的壯志，鼓舞人們的鬥志和勇氣，還確立「用筆作武器，……在作品中進行戰鬥」的戰鬥的文學觀念。〔註14〕

作家們的第二種想像方式是在缺乏直接經驗的情況下，根據間接的材料進行虛構。如盧隱的戰爭小說《火焰》，就是她「不熟悉士兵生活」的情況下，根據報章雜誌上「所見所聞的零星素材」加以想像發揮而寫成的。〔註15〕但是這並不妨礙作家的暴力書寫：

其中有兩個十八九歲的少女，日本兵命令她們脫了衣服，少女憤怒

〔註12〕老舍：《火葬·序》，《老舍全集》第 3 卷，人民文學出版社，1999 年版，第 332～334 頁。
〔註13〕巴金：《巴金全集》第 7 卷，人民文學出版社，1988 年版，第 173、373 頁。
〔註14〕巴金：《巴金全集》第 7 卷，人民文學出版社，1988 年版，第 620 頁。
〔註15〕錢虹：《一個覺醒了的女性》，《盧隱選集》下冊，福建人民出版社，1985 年版，第 457～458 頁。

的瞪視著，不肯服從。一個日本兵走過來，獰笑的提住她，用刺刀
將衣服刺破，雪白的乳峰顯露了。不知是什麼誘惑力，使得那日本
兵的眼發紅了。而少女用雙手遮住胸口，這更把他潛藏著的獸的殘
忍激動了。刺刀亮錚錚的在少女胸前一閃，流血的手無力的垂了下
來。跟著雪白的胸前的一對乳峰，也蠕蠕然的掉在塵土上。血涌了
出來。少女昏厥在地上了。其餘的一個，不肯脫褲子，於是那長而
鋒利的刺刀，便從那女子的下體，刺了進去，一聲尖利的號哭，震
動所有的人心。〔註16〕

——這是日本人殺中國人（平民）。

我們都忘卻人世間的一切，只有單純的一念「殺！」「衝上前綫
去！」……我們也更加興奮了；簡直忘了我們還是一群高出萬物的
人類！我們回到原始的時代了，什麼都不使我們生憐憫和同情的
心。我們和敵人越逼越近，於是雙方的機關槍、迫擊炮，都失了效
用。敵兵向前撲一陣，又向後退一陣。我們衝進敵兵的陣中，左一
刀右一刀，殺得敵人東倒一個，西橫一個。血花四面飛濺起來，好
像春風過處，下了一陣杏花雨般。肢體、肉片、血液。渲染了漫漫
黃沙的大地。……只見刀光一閃，跑的敵兵已平均的分成了兩半個。
頭的大半連著左邊的肢體，倒在一個炮彈打穿的深坑裏；其餘的一
半被踏成模糊的肉餅了。〔註17〕

——這是中國人殺日本人（士兵）。

很難想像，如此殘忍血腥的殺戮場面，竟出自寫過《海濱故人》的以感傷風
格著稱的女作家廬隱之手。這大概與她殺敵救國的情懷，以及早年受日式尚
武教育薰染有關。

　　作家們的第三種想像方式是直抒胸臆，這是沒有實戰經驗而又要進行抗
戰創作的最簡便的方式，是一種變相的想像。這在詩歌中表現得尤為充分，
例如王亞平的《血戰亭子山》：「白刃對白刃，／血肉對血肉，／屍體築成堡
壘，／鮮血彙成了瀑布，／餓狼的怪叫，／醒獅的怒吼，／侵略的黑潮，／
淹不息的抗戰的火流！／民族戰士的鮮血，／染紅亭子鋪的山石、綠草和戰

〔註16〕廬隱：《火焰》，《廬隱選集》下冊，福建人民出版社，1985年版，第373頁。
〔註17〕廬隱：《火焰》，《廬隱選集》下冊，福建人民出版社，1985年版，第360～367
　　　　頁。

士的征衣。／我們不悲悼這慘酷的戰鬥，／在這裏會綻放出、神聖的民族自
由解放的鮮花。」

又例如這位詩人的吶喊：

是時候了。

我的同胞！

人在怒吼，馬在嘶叫，

蒼天在旋轉，大地在狂嘯，

子彈在槍膛跳躍，大刀在手中咆哮，

殺呀！殺呀！

殺掉了吧！

這群要毀滅我們的強盜，

血的債只有用血來償，

對於侵略者還有什麼容饒？

是時候了，我的同胞！〔註18〕

這幾種想像方式，就戰爭暴力敘事而言，正如茅盾所指出的一樣，「因爲戰地的
經驗非大多數作家所有」，使得抗戰文藝呈現單調、貧乏、膚淺的局面，「文壇
上的主要傾向是著眼於一個個壯烈的場面的描寫。大多數作品把抗戰中的英勇
壯烈的故事作爲題材，而且企圖從這些故事的本身說明了時代的偉大，——中
國人民的決心與勇敢，認識與希望，對目前犧牲之忍受與對最後勝利之確信。
這樣的企圖再加上沒有充分的時間去構思去體驗等等原因，就不自覺地弄成了
注重寫『事』而不注重寫『人』的現象。換句話說。就是先有了固定的故事的
框子，然後填進人物去，而中國人民的決心與勇敢，認識與希望，對目前犧牲
之忍受與對最後勝利之確信等信念，則又分配填在人物身上。」〔註19〕換言之，
缺少暴力經驗的暴力敘事（尤其是戰爭敘事）往往顯得概念化、模式化與不眞
實，出現寫得「不夠深入」的「差不多」的文學現象。缺少經驗的暴力敘事，
例如戰爭暴力敘事，無論你怎樣強調「抗戰文學便是戰鬥精神的發動機。……
抗戰的文藝不是耍弄風格與字眼，而是要迅速有力，如機關槍的放射」，〔註20〕

〔註18〕 郭德浩：《是時候了，我的同胞！》，《光明》半月刊，第 3 卷第 5 期，1937
年 8 月 15 日。

〔註19〕 茅盾：《八月的感想》，《文學運動史料選》第四冊，上海教育出版社，1979
年版，第 63～64 頁。

〔註20〕 老舍：《文章下鄉，文章入伍》，《文學運動史料選》第四冊，第 189 頁。

都很難出現卓越的佳作。正如魯迅對蘇聯兩部戰爭文學作品《毀滅》和《鐵流》所評價的那樣，《毀滅》中的多數情節「非身歷者不能描寫，即開槍和調馬之術，書中但以烘托美諦克的受窘者，也都是得於實際的經驗，決非幻想的文人所能著筆的。」〔註21〕而「《鐵流》之令人覺得有點空，我看是因爲作者那時並未在場的緣故，雖然後來調查了一通，究竟和親歷不同，記得有人稱之爲『詩』，其故可想。」〔註22〕這正與《毀滅》的作者法捷耶夫曾參加戰鬥，而《鐵流》的作者綏拉菲摩維支從未親臨前線的經歷有關。

但是，中國現代文學的暴力敘事「想像」無論多麼膚淺、雷同，缺乏眞實性，都不能掩蓋中國現代文學的暴力傾向。換言之，中國現代文學「暴力敘事」的暴力經驗的「客觀眞實」的缺失，並不意味著中國現代作家的暴力傾向的「主觀眞實」的淡化。在這種暴力敘事暴力想像的過程中，中國現代作家的身份可以說是融「詩人」與「戰士」於一身，早就有學者指出，在中國現代作家身上，「『詩人』與『戰士』雙重社會身份的完美組合，實際上已經決定了中國現代文學的價值取向，即：以崇高的藝術形式去承載神聖的政治使命，從而使百年中國文學形成了『實用與戰鬥』的光榮傳統。」〔註23〕只不過，在暴力敘事的過程中，中國現代作家的「詩人」身份被置換成「戰士」身份，或者說「詩人」心理結構被置換成「戰士」心理結構。

一是將「詩人」的個人主義置換成「戰士」的集體主義。無論是晚清時期的民族啓蒙爲主、國家啓蒙爲輔，還是五四後期至三十年代的階級啓蒙爲主、國家啓蒙爲輔，抑或是四十年代的國家啓蒙與民族（大民族）啓蒙共生，都體現了戰士般的集體主義理念。例如四十年代文學就表現出集體主義的鮮明特色：國家至上，民族至上，作家不分團體不分彼此，團結一致，人物呈現一種「國家」思維與「讓步」邏輯，公私分明，私仇私利私情統統在國家民族利益（情感）面前讓步。

二是將「詩人」的非實用置換成「戰士」的實用。所謂「百無一用是書生」。作家們將藝術當作承載政治使命的工具或載體，或宣傳抗爭，或宣傳革

〔註21〕 魯迅：《毀滅・後記》，《魯迅全集》第 10 卷，人民文學出版社，1981 年版，第 331 頁。

〔註22〕 魯迅：《書信 350628・致胡風》，《魯迅全集》第 13 卷，人民文學出版社，1981年版，第 159 頁。

〔註23〕 宋劍華：《百年文學與主流意識形態》，湖南教育出版社，2002 年版，第 278頁。

命，或宣傳救亡（抗戰），將藝術（文學）變成甚至墮落成政治的留聲機，以政治主張或觀念破壞藝術形式，降低藝術價值。例如三十年代的無產階級革命文學，的確有很大一部分如梁實秋所言「把文學當作階級爭鬥的工具而否認其本身的價值」，「無產文學的聲浪很高」，但是缺少「有力量的文學作品來證明其自身的價值」，理論與作品分離，「廣告」與「貨色」分離。〔註 24〕而四十年代文學更是「宣傳第一，藝術第二」「政治標準第一，藝術標準第二」；老舍就在《火葬・序》中為宣傳抗戰的實用主義辯護，認為寫失敗一本書事小，讓世界上最大的事輕輕溜過去才是大事；而巴金談到《火》三部曲時，則乾脆公開聲明「我想寫一本宣傳的東西」「為了宣傳，我不敢掩飾自己的淺陋，就索性讓它出版」。〔註 25〕如此，「詩人」（作家）就如「戰士」一般服從命令，注重實用。

三是將「詩人」的寫作置換成「戰士」的暴力。其一，將文學當作「武器」，營造「武器文學」觀。如左翼文學就有這一特點：「左翼文壇……顯然拿文藝只當作一種武器而接受；而他們之所以要藝術價值，也無非是為了使這種武器作用加強而已；因為定要是好的文藝才是好的武器（實際上應當說，好的武器才是好的文藝）。……除了武器文學之外，其他的文學便什麼都不要。」〔註 26〕語雖偏頗，但也有幾分道理。四十年代作家就更是「以筆為武器」，讓「文藝的力量……隨著我們的槍炮一齊打到敵人身上」，「增長……以文藝為武器的作戰能力，……把力量集聚到一處，築起最堅固的聯合陣營，放起一把正義之火，燒淨了現在的卑污與狂暴。」〔註 27〕表現出一種強烈的主觀戰鬥精神和積極參與現實革命的戰鬥品格。其二，著力書寫人物的暴力革命情懷、戰鬥意志與復仇行動，甚至描寫非理性的復仇快感。此點前述甚詳，這裏簡單點撥一二。如晚清的《瓜分慘禍預言記》，因為漢人曾被滿清殺戮、姦污、煮食，後來革命軍隊以其人之道還治其人之身，對滿人且殺且姦且食，以報三百年的奇恥大辱。又如在丘東平的筆下：「他殺死一個敵人，總是用刺刀拼命地衝進敵人的胸膛，然後，他決不把刺刀很快地就拔出來，他

〔註 24〕 梁實秋：《文學是有階級性的嗎？》，《文學運動史料選》第三冊，上海教育出版社，1979 年版，第 49～52 頁。

〔註 25〕 巴金：《巴金全集》第 7 卷，人民文學出版社，1988 年版，第 173、373 頁。

〔註 26〕 蘇汶：《「第三種人」的出路》，《文學運動史料選》第三冊，上海教育出版社，1979 年版，162 頁。

〔註 27〕 《中華全國文藝界抗戰協會宣言》，《文學運動史料選》第四卷，第 19～20 頁。

要親眼看定他底對手是怎樣的在他的刺刀之下確實地死了去，而他底對手從身上著了刺刀的一瞬間起，繼之傾斜著身體躺倒下來，以至於在地上仰臥或俯伏，這些變動，幾乎沒有一點不是直接受了他底刺刀的威脅的結果。」〔註28〕將殘忍的殺戮行為寫得如此細膩清晰，可見其復仇欲望得到痛快淋漓的宣泄和滿足，是一種以暴制暴的復仇狂歡。或者寫人物在想像中實施暴力，如前面提及的華漢的《暗夜》、蔣光慈《最後的微笑》《少年漂泊者》、吳祖緗《山洪》、田間《她也要殺人》等等，此不贅述。其三，戰士的暴力與政治的使命、狹隘的復仇心態交織成一種存自己天理，滅敵人之欲的「暴力理學」。如晚清《瓜分慘禍語言記》的「不革命不反抗者不得好死」的殘忍暴戾場面，如蔣光慈《最後的微笑》中的「殺人是否應該」的正義爭辯與思想鬥爭，等等，皆為明證。因前述甚詳，此不贅言。

　　正是在這種「詩人」與「戰士」的置換之中，中國現代作家的面貌煥然一新。眾所周知，作家或知識分子以「文」「弱」示人，但是通過暴力敘事，中國現代作家「以文顯武」「棄文尚武」「化弱為強」，一方面宣泄了鬱積已久的暴力欲望與仇恨，另一方面振奮了殺身成仁、舍生取義、除暴安良、殺富濟貧、揚善懲惡、抵禦外侮的優秀民族傳統與愛國主義精神，再一方面以作家身份積極參與政治鬥爭，以藝術形式去承載政治使命（文以載道），表現了中國現代作家「寧為百夫長，勝作一書生」的強烈建功立業願望、敢於戰鬥的精神品格以及化「無用」為「有用」（有用於現代中國的建設，作為自己日後的「上進之階」（胡適語））的實用理性心態。作家們雖然「身弱」，如晚清的梁啓超、柳亞子等人，五四的魯迅、郭沫若等人，三十年代的蔣光慈、沈從文等人，四十年代的老舍、巴金等人，但是他們「身弱志壯」「身弱文壯」，他們或者雖然沒有客觀的暴力條件，但是深具主觀的暴力傾向，如田間的詩歌《堅壁》所寫「槍、彈藥，統埋在我的心裏」。他們或者借助人物身上佩帶的武器，借助人物革命抗爭衝鋒陷陣的雄壯舉動，借助口頭的、文字上的吶喊與戰鬥，「擺出強悍豪勇的架勢。創造歷史的英雄意識又加上些江湖氣，體質依然孱弱的他們居然顯示出了精神上的勇武威嚴」〔註29〕，顯示出了「戰士」般的戰鬥精神與強悍的生命力。即使是五四初期「人文啓蒙」的作品主

〔註28〕丘東平：《沉鬱的梅冷城》，花城出版社，1983 年版，第 46～47 頁。
〔註29〕劉納：《爐變》，中國社會科學出版社，1998 年版，第 376～377 頁。

人公，也以「富有叛逆性的『無爲』……通向革命性的『有爲』」的戰鬥抗爭
精神彰顯作者的戰士風範。〔註30〕

　　既然在暴力敘事的過程中，中國現代文學由「詩人」向「戰士」轉變，
那麼「詩人」所體現的人文主義精神是否分崩離析呢？這就是本節需要解決
的第三個問題，即暴力敘事對人文主義精神的作用問題。

　　要回答這一問題，首先就要對人文主義（精神）進行簡要梳理。

　　一直以來，學界都熱衷於將中國現代文學與西方人文主義進行對接，使
得中國現代文學蒙上濃厚的西化色彩，孰料對「西化」的張揚未必意味著對
「西學」的徹悟，學界往往忽略更深層的問題：以家庭、儒家爲文化基礎的
中國現代文學接受以個人、信仰爲文化基礎的西方人文主義，會產生怎樣的
疏離？這種疏離又體現了中國現代文學怎樣的獨特性？或者說中國現代文學
怎樣解構和重構了人文主義理想？

　　要梳理西方人文主義，首先要對人文主義在中西的詞源進行探討。

　　根據現有資料，「五四」時期最早運用西方意義上「人文」一語的作家大概
是李大釗，他於 1916 年 8 月 15 日在《晨鐘報》創刊號發表《「晨鐘」之使命》，
內有「所謂『青年德意志』運動者，以一八四八之革命爲中心，而德國國民絕
叫人文改造」之言論。比較集中地使用「人文主義」概念的當推學衡派，例如
胡先驌 1922 年 3 月在《學衡》第 3 期發表譯作《白璧德中西人文教育說》，內
含「適合於人文主義」「人文主義之哲人」「今日人文主義與功利及感情主義正
將決最後之勝負」等語。而 1922 年 8 月梅光迪發表的《現今西洋人文主義》、
1923 年 7 月吳宓發表的譯作《白璧德之人文主義》、1924 年徐震堮發表的譯作
《白璧德釋人文主義》更從題目就能判斷學衡派對「人文主義」的推崇備至（有
趣的是，反學衡派的作家如魯迅、茅盾等人卻對「人文主義」概念隻字不提）。
雖然「人文主義」一語在中國出現較晚，「人文主義」一詞的翻譯不知最早出自
何人，但是與之相關的詞語翻譯如「個人主義」、「人道主義」、「人文科學」則
最早是深受中國傳統文化影響的日本人組合古代漢語用以翻譯西方思想的，並
在中國廣爲傳播，史稱「日源漢字新語」或「日製漢語」（日本人稱之爲「新漢
語」）。〔註31〕換言之，這個詞語的翻譯深受漢語文化思維影響。從詞源上說，
漢語「人文」出自《易經》的「文明以止，人文也。觀乎天文，以察時變，觀

〔註30〕劉納：《嬗變》，中國社會科學出版社，1998 年版，第 373 頁。
〔註31〕馮天瑜：《新語探源》，中華書局，2004 年版，第 391～392 頁。

乎人文，以化成天下。」，此處的「人文」指的是禮教文化。而人文主義卻是對西方文化中 Humanism 一詞的翻譯，英語 Humanism 是從德語 Humanismus 翻譯而來（1808 年由一位德國教育家根據拉丁文詞根 Humanus 杜撰），該德語詞最早在十五世紀末由意大利的學生所創，指當時教古典語言和文學、教法律的先生所教的課程，最初詞語形式是 Humanitatis（源出於 Humanitas），意指人性修養；中西人文主義雖在字面上甚合，但內涵就很難說，差異較大。這還是翻譯的差異，更有深層的理解或語境的差異，「正如其他一些抽象名詞一樣，一旦譯成了漢語以後，人們對它們的理解往往絕對化了，或者根據中國的特殊文化背景，衍生了與原意有所出入甚至背離的含義。」〔註32〕這從根本上就是漢語文化思維與西語文化思維的差異所致。

那麼，何謂西方人文主義（精神）？

西方權威的《不列顛百科全書》指出：「凡重視人與上帝的關係、人的自由意志和人對於自然的優越性的態度，都是人文主義。從哲學上講，人文主義以人爲衡量一切事物的標準。……重視人的價值。」〔註33〕

然而對西方人文主義進行詳細說明和縝密論證還數英國著名學者、牛津大學副校長阿倫·布洛克的《西方人文主義傳統》一書。該書雄辯地指出人文主義產生於歐洲文藝復興時期，人文主義是「一個思想和信仰的維度」，〔註34〕「人文主義的中心問題是人的潛在能力和創造能力」，以及「對人的經驗的價值和中心地位」即「人的尊嚴」的堅持。〔註35〕人文主義大致上有幾個方面的特點：一是注重個人主義。「人文主義按其性質來說是屬於個人主義的」，〔註36〕「人的個體性……對人文主義傳統具有核心意義的重要性」，它注重「個人自由」，認爲解放人的能力的「先決條件是個人自由」，主張「對於個人自由……盡可能少地予以干涉」〔註37〕；「一個國家的價值就是組成這個國家的

〔註32〕董樂山：《西方人文主義傳統·譯序》，阿倫·布洛克：《西方人文主義傳統》，三聯書店，1997 年版。

〔註33〕《簡明不列顛百科全書》卷 6，中國大百科全書出版社，1986 年版，第 760 ～761 頁。

〔註34〕阿倫·布洛克：《西方人文主義傳統》，北京：三聯書店，1997 年版，緒論第 3 頁。

〔註35〕阿倫·布洛克：《西方人文主義傳統》，北京：三聯書店，1997 年版，第 45、67 頁。

〔註36〕阿倫·布洛克：《西方人文主義傳統》北京：三聯書店，1997 年版，第 67 頁。

〔註37〕阿倫·布洛克：《西方人文主義傳統》，三聯書店，1997 年版，第 272、234 頁。

個人的價值」，反對任何集團（如國家、民族、黨派等）以所謂「有益的目的」
為藉口，使個人成為「馴服的工具」而變得「渺小」，認為這樣做是「為了要
達到機器的完善而犧牲了一切」，「到頭來一無所獲」「缺少活力」。〔註 38〕但
是，這並不是說人文主義拒絕集體主義，這從人文主義英文詞彙「humanism」
的詞根「human」就可知道。「human」一詞在英國《不列顛百科全書》或任何
一部英文詞典中，都被標明是一種有關「人的」或「人類的」複數形式，也
就是說它是指整體「人」的抽象性意義，〔註 39〕而強調「人」的整體性原則
正是人文主義的傳統，因為「個體性並不意味著對社會抱原子式的看法，認
為社會是由把自己封閉在猜疑和敵意的孤立狀態中的個人組成的。相反，按
照人文主義的觀點，社交的衝動、發展人際關係的願望、關懷和合作的需要、
要想屬於某個人群團體的需要，這一切都是人的生活的必要組成部分，如果
沒有這些要求，個人的身份仍是不完全的。」個人主義強調「與別人結合在
一起採取行動」。〔註40〕只不過，這種意義上的集體主義是建立在「每個人在
他或她自己的身上都是有價值的……其他一切價值的根源和人權的根源就是
對此的尊重」的基礎上，換言之，它是建立在個人與個人平等的、非對抗性
的基礎上的集體主義，它反對諸如民族主義等等對抗性的、權力化的集體主
義形式（或稱集權主義），因為「在所有這些主義中，個人都要把他的整個生
命從屬於一個無所不包的國家的要求，……它集中所有權力於一身，不論這
權力是屬於民族的、人民的、工人階級的、主要部族的，還是像伊斯蘭教這
樣的宗教權力」；在此意義上，「作為馬克思主義核心的歷史唯物主義和決定
論」是「不合人文主義傳統」的。〔註41〕

　　人文主義的第二個特點是與宗教信仰保持一定的聯繫，或者說人文主義
中含有宗教因素。人文主義是歐洲文藝復興以來以「人」的文化取代「神」
的文化，以「人」為中心，以「理性」為基礎的思想傳統，但這並不意味著
人文主義與宗教的完全絕緣，相反，「神」的文化的根深蒂固性和精神滲透性，
使得人文主義包含著宗教因素，或者說，人文主義是另一種形式的信仰運動。
例如文藝復興時期，「思想雖然比中世紀更加以人為中心，更加世俗化，但它

〔註38〕阿倫・布洛克：《西方人文主義傳統》，三聯書店，1997 年版，第 163 頁。
〔註39〕宋劍華：《五四文學精神資源新論》），《中國社會科學》2006 年版，第 1 期。
〔註40〕阿倫・布洛克：《西方人文主義傳統》，三聯書店，1997 年版，第 272 頁。
〔註41〕阿倫・布洛克：《西方人文主義傳統》，三聯書店，1997 年版，第 258、144
頁。

的宗教性不一定不如後者」，當時的人文主義者絕大多數人「繼續把基督教信仰視爲理所當然的事」，而少數感到困惑的人文主義者，則採取新柏拉圖主義和聖經人文主義兩條道路，「它們以不同方式代表了文藝復興時期人文主義中的宗教因素」。當時人文主義者把「古典思想和哲學同基督教信念、對人的信任和對上帝的信任結合起來，或者至少互相容納起來」，「神聖的東西」是他們的「中心主題」。〔註42〕到了啓蒙運動時期，人文主義者批判教會但較少批判宗教信仰本身，如伏爾泰「一生保持了他對最高存在的信仰，也就是對一切事物的創造主的信仰」，又如牛頓以科學發現顛覆了宗教的神秘，但是「他追求宗教眞理之心甚至超過追求科學眞理」，又如自然論者將「上帝和大自然」「自我愛憐和社會」連結。〔註43〕到了19世紀，產生了一種具有宗教觀點的人文主義，認爲「對上帝的信仰……來自個人的人性意識」。〔註44〕到了20世紀，人文主義者認爲「上帝有人性的成分，使他能夠接近人類」，「人文主義的價值觀不僅同尼布爾的基督教現實主義、施維策爾的『尊重生命』和布伯爾的『我和你』這三種非常不同的宗教哲學是完全相容的，而且是它們的必要成分」，「人文主義若與相信宇宙中存在一個比我們自己偉大的力量並可以指望它給我們幫助這一信仰相結合」，處境會強得多。〔註45〕簡言之，人文主義與宗教信仰保持著千絲萬縷的聯繫。

　　人文主義的第三個特點是寬容。寬容建立在理性與自由的基礎上，「人文主義所珍視的個人美德是智慧、隨和和寬容」。〔註46〕因爲寬容，人文主義重視建立在「人人平等、思想自由和意見自由」的基礎上的「個人自由」。因爲寬容，人文主義「不想把自己的價值和象徵強加於人」，「認爲通向眞理的路不止一條」，而不像「卡爾文派的、伊斯蘭教的、馬克思主義的價值或象徵那樣」反其道而行之。人文主義反對那種「在人生和意識的問題上具有決定論或簡化論觀點的看法」以及「偏狹不容異見的看法」。〔註47〕因爲寬容，人文

〔註42〕阿倫・布洛克：《西方人文主義傳統》，三聯書店，1997年版，第36～40頁，78頁。
〔註43〕阿倫・布洛克：《西方人文主義傳統》，三聯書店，1997年版，第82～83頁。
〔註44〕阿倫・布洛克：《西方人文主義傳統》，三聯書店，1997年版，第155頁。
〔註45〕阿倫・布洛克：《西方人文主義傳統》，三聯書店，1997年版，第242～248頁。
〔註46〕阿倫・布洛克：《西方人文主義傳統》，三聯書店，1997年版，第168頁。
〔註47〕阿倫・布洛克：《西方人文主義傳統》，三聯書店，1997年版，第233～236頁。

主義在注重理性的同時也注重自由，正因為「自由」的信念，使得人文主義不拋棄不放棄「感情」，以及承認人具有「局限性和軟弱性」，「承認人的雙重性，承認個人和社會身上的非理性力量」的觀點，〔註48〕認為人的肯定方面（如自信心、高尚、愛情、智慧、同情、勇氣等）與否定方面（如憎恨、狹隘等）「這兩者的對比一直是人文主義傳統的核心」，並在這種「承認」的基礎上，「把希望寄託在人的潛在創造性上」。〔註49〕也因為寬容，人文主義反對以暴制暴，反對對抗性、侵略性的民族主義和其他集體主義形式，〔註50〕因為人文主義的基督教色彩是反對以暴制暴的。對於西方文化的寬容，中國現代學者張東蓀曾從中西比較的角度發揮其精彩的見解，他認為「寬容」在西方是「忍容」，在東方（中國）則為「包容」，「西方人的忍容髮為思想自由，……是暗中以多元論為背景。而我們東方人的包容則是暗中以一元論為基礎。即是以一個最高意義而攝收許多的意義加以適當的安排而包涵之。並不讓這些意義互相競爭。」〔註51〕換言之，中國的「寬容」其實是「欠自由的寬容」或「不寬容」。

面對具有如斯特點的人文主義，中國現代文學「暴力敘事」在一定程度上解構了人文主義。

因為從總體上言之，如阿倫·布洛克的《西方人文主義傳統》書名及內容所示，「人文主義」是「西方」的一種源遠流長影響甚巨的「傳統」，但中國缺乏這一傳統。既然如此，西方人文主義就很難在中國成為「根本」和「大地」，最多只是被嫁接的「枝丫」。

為何有此說法？

因為第一，中國現代文學「暴力敘事」是反個人主義的。上述有關「詩人」與「戰士」的身份置換的闡釋中，已有所提及。就創作實踐而言，從晚清陳天華的《獅子吼》、冷血的《俠客談·刀餘生傳》等，到五四時期的郭沫若的《一隻手》、蔣光慈的《少年漂泊者》等，到三十年代葉聖陶的《倪煥之》、胡也頻

〔註48〕阿倫·布洛克：《西方人文主義傳統》，三聯書店，1997 年版，第 270～271 頁。

〔註49〕阿倫·布洛克：《西方人文主義傳統》，三聯書店，1997 年版，第 164～165、270 頁。

〔註50〕阿倫·布洛克：《西方人文主義傳統》，三聯書店，1997 年版，第 117 頁。

〔註51〕張東蓀：《張東蓀學術文化隨筆》，中國青年出版社，2000 年版，第 24～25 頁。

《光明在我的前面》、蔣光慈的《咆哮了的土地》、洪靈菲的《大海》、茅盾的《虹》等，到四十年代陳銓的《狂飆》、老舍的《國家至上》等，都批判了個人主義個性意識，倡導集體主義政治功利意識。而就理論主張而言，例如晚清洶涌澎湃的民族救亡思潮，五四後期至四十年代的「反五四」思潮，其實都是以政治化的集體主義理念消解個人主義的。後期創造社、茅盾、毛澤東、陳銓等人的相關主張上述甚詳，此不贅言，這裏關注一下蔣光慈的觀點：

> 我們的社會生活之中心，漸由個人主義趨向到集體主義。個人主義到了資本社會的現在，算是已經發展到了極度，然而同時集體主義也就開始了萌芽。……今後的出路只有向著有組織的集體主義走去。現代革命的傾向，就是要打破以個人主義爲中心的社會制度，而創造一個比較光明的，平等的，以集體爲中心的社會制度。……舊式的作家因爲受了舊思想的支配，成爲了個人主義者，因之他們所寫出來的作品，也就充分表現了個人主義的傾向。……革命文學應當是反個人主義的文學，它的主人翁應當是群眾，而不是個人；它的傾向應當是集體主義，而不是個人主義。〔註52〕

簡言之，暴力革命的存在使得從生活到制度，從政治到文學，從人物到主旨，都是集體主義的，而非個人主義的。

第二，中國現代文學「暴力敘事」是反宗教信仰的，恰與西方在彼岸世界與此岸世界尋求和諧相反。蔣光慈就不無譏諷地指出「上帝，上帝，上帝！但是天上的上帝總解決不了地下的問題」「歷史的命運，革命的浪潮，任誰也不能將它壓下去。『上帝！上帝呵！這是無力的禱告，這是將要死亡的哀鳴。』〔註53〕茅盾也公開聲明：「無產階級的精神是集體主義的，……非宗教的。」反對那農民的宗教迷信和包含宗教思想的藝術。〔註54〕作家們的「暴力敘事」中，或者寫暴力使主人公的宗教信仰產生動搖。如蔣光慈的《碎了的心》寫篤信基督的紅十字會醫院護士月君與革命黨人海平相戀，並時常祈求卜帝保祐海平的安全，但是反動派的暴力殺戮終於奪去了海平的生命，月君終於覺悟到「現在

〔註52〕蔣光慈：《關於革命文學》，《蔣光慈文集》第 4 卷，上海文藝出版社，1988年版，第 171～172 頁。

〔註53〕蔣光慈：《關於革命文學》，《蔣光慈文集》第 4 卷，上海文藝出版社，1988年版，第 63 頁。

〔註54〕茅盾：《論無產階級藝術》，《文學運動史料選》第 1 冊，上海教育出版社，1979年版，第 421 頁。

的世界是沒有道理的，上帝也是騙人的！我向他禱告，我向他哀求，我是一個很眞實的人，但是他給我的是些什麼呢？我覺悟了！……還有什麼上帝呢？」於是月君將護士的白衫撕得粉碎，「把自己往常所愛讀的聖經燒了，再把一張貼在壁上的耶穌的神像取下，用腳踏了又踏，跺了又剁」之後，投湖自盡，「追尋海平的靈魂去了。」〔註55〕月君由信仰上帝變成仇恨上帝，宗教信仰由堅定變成動搖甚至毀滅，都是暴力一手造成。另外，在作家們「暴力敘事」之中，宗教或成爲被嘲諷的對象，如李輝英《福地》寫牧師租借教堂給人們躲避日軍轟炸（認爲教堂是外國勢力的象徵，日軍不敢轟炸），殊料天國樂園頓成人間地獄，牧師的腦袋也被炸得飛上屋頂。在諷刺宗教之外，更隱含著「避日」不是良策，「抗日」才是出路的主旨。李輝英的《松花江上》更在譏諷宗教無用、威力渺茫之餘，主張「信神不如信自己」，信神就信革命神，主動抗日才能免遭傷害。總之，在暴力敘事之中，作家們以強烈的政治功利主義反對宗教信仰，與此同時，又建立一種新的信仰——政治信仰，將政治宗教化。這樣的思維方式可以說對新中國文學（如《紅岩》等）甚至是「文化大革命」都有著極大影響。

　　第三，中國現代文學「暴力敘事」是缺少寬容的。與西方人文主義相反，中國現代文學「暴力敘事」以一種「偏狹不容異見」的心態「把自己的價值和象徵強加於人」。〔註56〕如三十年代革命文學運動的理論家們批判五四作家，批判「新月」派，批判「自由人」、「第三種人」，批判「論語派」，對他們斥之爲「封建餘孽」「反革命」「法西斯蒂」「走狗」「幫凶」「無恥文人」，斥之爲「神經錯亂」「放屁」「狂吠」。四十年代對文學「與抗爭無關」論的鬥爭，對「戰國策」派的鬥爭，延安整風，對自由主義文藝思想的鬥爭（沈從文、朱光潛等人），就更是「鬥爭」架勢十足，動不動就罵對方爲「漢奸」「賣國賊」「反動」「凶殘」，上綱上線，火藥味極爲濃厚。例如郭沫若就在四十年代後期的《一年來中國文藝運動及其趨向》中，把所謂反人民的文藝分爲茶色文藝、黃色文藝、無所謂的和通紅的文藝、托派的文藝幾種，將蕭乾、沈從文、易君左、徐仲年等上綱上線地斥爲反人民的文藝之中的茶色文藝。〔註57〕更嚴重的甚至是以莫須有的

〔註55〕蔣光慈：《蔣光慈文集》第 1 卷，上海文藝出版社，1988 年版，第 129～130
頁。

〔註56〕阿倫・布洛克：《西方人文主義傳統》，三聯書店，1997 年版，第 233～236
頁。

〔註57〕郭沫若：《郭沫若佚文集》下冊，四川大學出版社，1988 年版，第 206～207
頁。

罪名將人處死，如延安整風運動中處死王實味，以暴力的、「政治的力量來保護其思想」。〔註58〕另一方面，中國現代文學「暴力敘事」缺少西方人文主義「寬容」思想中的反對以暴制暴的內涵。如甘地所言：「不寬容本身就是一種暴力，是妨礙眞正民主精神發展的障礙。」相反，作家們指斥那種「勸人不要以暴力反抗的思想」爲「愚蠢」「卑污」「反動」。〔註59〕於是，作家們從「人文」走向「尙武」，從「寬容」走向「仇恨」，晚清與四十年代的民族復仇，三十年代的階級鬥爭，四十年代「鬥地主」的階級仇恨，都旨在打造一種存自己天理、滅敵人之欲的「暴力理學」，進行一種造反有理、殺身成仁、大義滅親、除暴安良的「暴力狂歡」。

　　難道中國現代文學暴力敘事就沒有一點西方人文主義的色彩嗎？肯定是有的，至少「五四」初期比較濃厚。政治啓蒙並未如一般論者所言完全放棄人文啓蒙，只是以政治啓蒙來爲人文啓蒙清除前進道路上的障礙，轉向新的人文主義形態即革命人文主義，這是啓蒙心理轉向的目的，否則中國現代作家就缺乏作家（文人）特徵，而完全蛻變爲政客。

　　或者說中國現代作家否定人文啓蒙這種手段，並不意味著否定人文啓蒙的目的。相反，中國現代作家以政治啓蒙來爲人文啓蒙清除前進道路上的障礙，而這才是政治啓蒙的旨歸或曲折追求。例如魯迅，在晚清時期他提倡「精神界之戰士」，文章中的「精神界」的戰士，他們不少人都曾在戰場上戰鬥，「執兵流血」，即使沒有參加實際戰鬥，也都崇尙強力與自由、個性，抗拒凡庸社會對他們的「精神虐殺」「精神暴力」。魯迅主張「掊物質而張靈明，任個人而排眾數」「以反動破壞充其精神，以獲新生爲其希望，專向舊有之文明，而加以掊擊掃蕩」，號召「立意在反抗，指歸在動作」「舉全力以抗社會」的「反抗精神」，贊許「欲自強，而並頌強者」「欲自強，而力抗強者」的「圖強」、「自強」的強力意志，尊崇「貴力而尙強，尊己而好戰」的戰鬥精神。而「五四」後期他同樣大聲疾呼：「要實行人道主義，……除非也有刀在手裏」。一句話，「做奴隸的人還有什麼地方可以說誠說愛呢？……惟一的救濟方法是革命。」（魯迅語）與此相似，巴金也在《滅亡》中公開聲明：「在這人掠奪人、人壓迫人、人吃人、人騎人、人打人、人殺人的時候，我是不能愛誰的，我也不能叫人們彼此相愛的。凡是曾經把自己底幸福建築在別人底痛苦上面

〔註58〕張東蓀：《張東蓀學術文化隨筆》，中國青年出版社，2000年版，第318頁。
〔註59〕馮乃超：《文藝與社會生活》，《文學運動史料選》第2冊，上海教育出版社，1979年版，第13頁。

的人都應該滅亡。」換言之，用暴力革命的手段推翻腐敗的統治階級是爲了讓人們以後能夠「說誠說愛」「彼此相愛」「實行人道主義」的長遠目標。又如郭沫若 1926 年 3 月的《文藝家的覺悟》，它大聲疾呼「文藝每每成爲革命的先驅」，作家要主張個性與自由，「那請你先把阻礙你的個性、阻礙你的自由的人打倒。……犧牲了自己的個性和自由去爲大眾人的個性和自由請命」，「這樣的世界只能由我們的血，由我們的力，去努力戰鬥而成實有」。

簡言之，在革命的同時，不放棄人文主義的追尋。如洪靈菲在小說《家信》中宣稱「用血的代價」，換「美麗的花園」。巴金《滅亡》中的杜大心「他感到一種劇烈的良心上的譴責。他明白是他斷送了張爲群底性命，是他斷送了『他』底妻子底幸福。『他』死了，而他自己仍然活著，這是不可能的。他應該用自己底生命來替『他』復仇。」於是杜大心去暗殺戒嚴司令，不成功而自殺。這正與巴金《無政府主義與恐怖主義》中提及的「犧牲自己的生命來破壞那制度或維持著制度的人，使得『憎』早點消滅，『愛』早點降臨」「爲愛之故而死」「爲愛而殺人，而自己被殺」的思想有著驚人的一致。又例如蕭軍的《八月的鄉村》，蕭明的「槍斃他們必要嗎」的疑問，以及安娜的「我要戀愛！我也要祖國的自由」的痛苦，都體現了人道主義的情懷。再如丘東平的《通訊員》，大通訊員因爲自己雖然脫險，但眼睜睜地看著敵人把小通訊員殘殺而內疚不已，完成任務後以自殺來贖罪來擺脫痛苦，丘東平的不少小說都體現了革命與人性的糾葛。

以上政治啓蒙吶喊中的人文主義還或多或少帶有西方人文主義色彩，但是，隨著時代風雲的變幻，這種以政治啓蒙來實現人文啓蒙目的中的人文主義精神，已經突破啓蒙精英的原先設想，已經不是西方原有的人文主義精神（他們對西方人文主義的追求體現了一種「有心無力」的狀態）。

但是，在解構（西方）人文主義的同時，中國現代文學暴力敘事又在一定程度上以另一種方式重構了（中國式的）人文主義。其一是「立人」，主要不是立「個人」，而是立「集體之人」或曰民族文化精神。推崇「尚武」的文化精神與生命強力，改造中國人的國民根性，以重建中國人的精神與中國文化。梁啓超、魯迅、陳獨秀、沈從文、蕭軍、丘東平等等都曾注目於此，特別是四十年代的戰國策派，無論是陳銓的「尚戰」，雷海宗的「尚兵」，還是林同濟的「尚力」，都竭力反思中國文化與精神的「右文」傳統，大力尋找與吸收中國傳統與外國文化（歐日爲主）的「尚武」思想，以「力」壓「德」，

以「力」新「德」，讓「立人」與「立文化」並駕齊驅，以求民族自強。其二是「革命人文主義」。〔註60〕無論是階級革命，還是民族革命，都以人的解放爲旨歸。從對象而言，從五四後期的人民大眾到三十年代的無產階級、工農大眾再到四十年代毛澤東的工農兵，普遍的人文主義逐漸窄化成「階級人文主義」，但這卻是從新的角度對這些「人」的精神、地位、價值進行全新詮釋與肯定，對另一些人（資產階級等）進行政治與人格定性。如毛澤東所言，作學生時覺得世界上最乾淨的人只有知識分子，後來與工農兵走到一起，「才根本的改變了資產階級學校所教給我的那種資產階級和小資產階級的感情。這時，拿未曾改造過的知識分子和工人農民比較，就覺得知識分子不乾淨，最乾淨的還是工人農民，儘管他們手是黑的，腳上有牛屎，……這就叫做感情起了變化，由一個階級變到另一個階級。」〔註61〕很明顯，這是以階級的革命人文主義置換、否定超階級的人文主義，超階級的愛、人性、理性與自由，歸根結蒂，這也不過是傳統的實用理性的現代演繹罷了。而從內涵而言，暴力啓蒙對個性解放進行了重新的闡釋，就是以暫時捨棄個性的方式來尋求個性解放，「要求廣大進步作家，全面放棄一切實際的個性解放思想，無條件地加入到救亡圖存的時代洪流中去，並通過致力於建立民主國家而進行的武裝鬥爭，眞正去獲取知識分子個性意識的終極解放」，這是一種「廣義現代性的人文追求」。〔註62〕即是說，以「尚武」求「人文」，以「立國」求「立人」。

由上可知，從「棄醫從文」到「棄文尚武」或「輕文重武」，從「人文啓蒙」到「政治啓蒙」，〔註63〕「暴力敘事」作爲中國現代文學的主要表現形態，它既

〔註60〕 胡風曾有此提法，見《胡風評論集》中冊，人民文學出版社，1985 年版，第
　　　　136 頁。
〔註61〕 毛澤東：《在延安文藝座談會上的講話》，《延安文藝叢書‧文藝理論卷》，湖
　　　　南人民出版社，1984 年版，第 5 頁。
〔註62〕 宋劍華：《文學的期待——轉型期中國文學現象論》，作家出版社，2006 年版，
　　　　第 68 頁。
〔註63〕 之所以如此說，是就其主流或大勢所趨的一面而言。如果就其實際質態而言，
　　　　「文」與「武」，「人文啓蒙」與「政治啓蒙」是並存的，例如晚清有梁啓超
　　　　「新民」說、魯迅的「精神界之戰士」說與王國維悲劇精神與境界說，三十
　　　　年代魯迅堅持「救救孩子」，「新月」派、京派、「自由人」、「第三種人」堅持
　　　　文學的審美與自由，四十年代梁實秋、沈從文、朱光潛等人反對「差不多」
　　　　的文學的模式化、政治化、觀念化。只是他們聲音微弱，並未形成主流。本
　　　　文正是從這種聲音的強與弱來判斷人文啓蒙的弱勢與政治啓蒙的強勢，著重
　　　　的是「勢」，或者更深入地說，政治啓蒙與人文啓蒙都是啓蒙話語，只是人文

是一種複雜的審美現象，更是一種複雜的文化現象。因爲從歷史文化背景來說，一方面，中國文化以儒家文化爲基礎，在這種源遠流長深入人心的傳統影響之下，中國現代文學的「啓蒙」飽含著功利意識與教化意識，再加上「中國的『啓蒙』這一概念來源於日本」〔註64〕即日本尚武文化的偏狹影響，使得中國的啓蒙從一開始就類乎「發蒙」和「我給你啓蒙，」「其本質則在於『教化』」，而不是西方以寬容爲根基的「對話」。〔註65〕另一方面，由於我們缺乏宗教神學的文化傳統，而民眾也缺乏啓蒙悟性的精神基礎；不像西方有五百年的人文主義傳統，而新教倫理的存在與浸潤，更使得歐洲啓蒙主義先驅者們「向之講道的歐洲，是一個已做好了一半準備來聽他們講道的歐洲……他們所在進行的戰爭是一場在他們參戰之前已取得一半勝利的戰爭」。〔註66〕

換言之，中國現代文學的「啓蒙」是以西方「啓蒙」爲旗幟，以中日文化（尤其是中國傳統文化）爲內核的中國式「啓蒙」。所以在經歷了晚清與五四的啓蒙受挫之後，知識分子紛紛轉向武力救國的理論倡導，它充分體現了儒家哲學的功利思想與務實態度及殺身成仁精神，而這種「士」的使命配上「俠」的臨危受命、除暴安良、快意恩仇的品格風範，使得中國現代文學充滿著「力感」性質，也使得中國現代作家極具「戰士」氣質（或「俠士」氣質）。特別是當文學上的暴力敘事與社會上的暴力革命形成直接的對應關係時，廣大中國現代作家也因其強烈的民族拯救意識，而發生了由「詩人」到「戰士」的身份轉變。無論是晚清的梁啓超、黃遵憲，還是五四的魯迅、郭沫若，還是三四十年代的巴金、老舍，以他們爲代表的中國現代作家作品中所表現的暴力抗爭與「尚武」傾向，都以極其強烈的民族自強意識，深刻地表達了現代精英知識分子在「棄醫從文」（人文啓蒙）理想幻滅之後，再次進行他們「棄文尚武」「輕文重武」（政治啓蒙）的理想追求與價值追求，那就是「以暴爲路」的啓蒙價值與「以暴爲美」的審美價值。故推崇「暴力

啓蒙有獲得話語的機會卻沒有獲得「話語權」，雖然二者並存，但是人文啓蒙相對象「平靜的散步」，而政治啓蒙相對象「躁動的突進」，政治啓蒙是「潮」，人文啓蒙是「流」，政治啓蒙是臺上的表演，人文啓蒙是臺下的生活，所以政治啓蒙大聲吶喊，而人文啓蒙在輕吟淺唱。這是一種辯證的關係。

〔註64〕魏斐德：《關於國民性的探索》，轉引自韓毓海：《新文學的本體與形式》，遼寧教育出版社，1993年版，第37頁。

〔註65〕韓毓海：《新文學的本體與形式》，遼寧教育出版社，1993年版，第40頁。

〔註66〕Peter·gay：《啓蒙運動：一項解釋，現代異教的興起》，轉引自韓毓海：《鎖鏈上的花環》，長春：時代文藝出版社，1993年版，第16頁。

敘事」的思想啓蒙原則，不僅眞實地反映了中國現代文學的審美價值觀，同時也深刻地印證了 20 世紀中國文學與社會政治之間難以分割的血緣聯繫，即使是中國當代文學（尤其是「十七年」文學）也與現代文學的「暴力敘事」保持著密切聯繫，這種聯繫大致表現如下。一方面是觀念的影響：其一是文學與政治關係緊密，文學作爲社會政治的工具，喪失其獨立性；其二是暴力理學，「存天理，滅人欲」，存我方天理，滅敵方之欲，以一種二元對立的鬥爭思維宣揚階級鬥爭、民族鬥爭的激情與狂熱，以理性之名行非理性之實；其三表現爲一種政治信仰，將政治宗教化，例如《紅岩》，強大的政治信仰使得「人」變成「神」，肉體變成鋼鐵。另一方面則爲敘事模式的影響：或者是血色浪漫模式，如《紅旗譜》中一個團的荷槍實彈的軍警居然進不了學校大門，而十幾個青年學生竟能衝破重重包圍，如入無人之境，幾天裏兩次突圍進城去購買糧食卻毫髮無損，浪漫到嚴重失實的地步；或者是復仇模式，現代文學中的革命復仇、戰爭復仇與鬥地主復仇，都不同程度地得到繼承，例如《苦菜花》的暴力復仇就是證明；或者是革命啓蒙導師模式，如《青春之歌》中革命啓蒙導師與啓蒙對象的關係就與胡也頻的《到莫斯科去》《光明在我們的前面》如出一轍。故此，不能不說「從梁啓超把文學革新推崇爲實現政治目的直接的根本的途徑，到毛澤東把文學視爲革命的重要一翼……幾乎一個世紀，就其主流而言，文學都是作爲工具的存在而服膺於政治使命」。〔註 67〕

　　如果深入進去，除了上述的邏輯、歷史、美學、文化層面之外，還應把中國現代文學的「暴力敘事」「暴力啓蒙」提升到一個哲學層面來探討。因此，必須思考幾個相關問題。

　　一是目的論哲學，即暴力啓蒙意識與啓蒙無意識的問題。

　　按照杰姆遜的《政治無意識》，「一切事物都不可避免地屬於社會、歷史——的確，歸根到底一切都屬於政治」，一切文化現象都是「社會象徵行爲」，是「形式的意識形態」，政治不是文本，但是以文本的形式存在，這就是政治無意識的眞正含義，作品是「個體言語」，階級對話則是它的背景「語言」，應該從政治歷史、階級對話的高度來把握文學，揭示出文本中遭到壓制的微弱的反抗之聲。〔註 68〕換言之，任何文化文本（或文學文本）都蘊含著個人

〔註67〕孔範今主編：《20 世紀中國文學史》，山東文藝出版社，1997 年版，第 41 頁。
〔註68〕章國鋒、王逢振主編：《二十世紀歐美文論名著博覽》，中國社會科學出版社，

政治欲望、階級話語、文化革命話語,「革命」與「反抗」是一種被壓制的無意識,而藝術文本作爲政治無意識的象徵結構,爲現實社會政治矛盾的解決提供了一種想像性的解決方式。按照這種理論,中國現代作家作品無論是有意識還是無意識地進行政治啓蒙,都表現爲「政治無意識」,就連不問政治也是一種政治意識(即不問政治的政治意識),值得注意的是有的中國現代作家可能剛開始逃避政治,但後來也有意無意地面對政治,如寫有《金鎖記》的張愛玲,不僅以《封鎖》暗示戰爭的暴力陰影,後來到香港後更寫出了《秧歌》、《赤地之戀》等包含政黨對抗的作品。如果說以上是從「人類」層面來探討政治啓蒙的目的問題,那麼我們還可以從「個人」目的層面來進入。是否只有具有明確目的的啓蒙才是啓蒙?未必。套用陳思和《中國新文學發展中的兩種啓蒙傳統》把啓蒙分爲「啓蒙的文學」和「文學的啓蒙」的說法,我們可以把「暴力啓蒙」分爲主觀啓蒙與客觀啓蒙,前者表現爲啓蒙目的、啓蒙意識,後者表現爲啓蒙氣息、啓蒙無意識,前者是目的性思想性的,後者是形式性的(或者說主觀上沒有暴力啓蒙目的,但是作品產生了一種啓蒙效果)。例如新感覺派作家穆時英的小說集《南北極》的思想內容大受左翼文壇的好評,但是穆時英聲稱自己更喜歡其「形式」,換言之,他的暴力啓蒙目的是不自覺的無意識的,只是作品產生了暴力啓蒙效果,無意中呼應了左翼的無產階級革命創作及其推崇暴力的思想。而張愛玲雖然也反對傅雷他們那種「飛揚的人生」、革命政治的思想,但是戰爭暴力的潛在影響,不僅使得她寫出了《封鎖》這類暗示戰爭陰影的潛暴力敘事作品,還因爲其家庭影響以及四十年代精神暴力書寫的群體效應,使其《金鎖記》的破壞性既超越時空,又具有歷史感和時代感(無意中呼應了戰爭的破壞性)。

二是時間論哲學,即中國現代文學暴力敘事(暴力啓蒙)與現代性問題。

所謂現代性,根據相關資料,〔註69〕大概分爲進化論、民族國家思想、人文主義三個方面。進化論思想包括進步和競爭的觀念,物競天擇,適者生存,當時中國現代作家有一種「中國人要從『世界人』中擠出」(魯迅《隨感錄·三十六》)的恐懼,於是強烈要求中國的進步,「無論什麼黑暗來防範思潮,什麼

1998 年版,第 294～298 頁。

〔註69〕結合馬泰·卡林內斯庫、吉登斯、韋伯、舍勒、哈貝馬斯等的觀點,見馬泰·卡林內斯庫著、顧愛彬、李瑞華譯:《現代性的五副面孔》,商務印書館,2002年版,第 48 頁;南帆主編:《二十世紀中國文學批評 99 個詞》,浙江文藝出版社,2003 年版,第 230 頁。

悲慘來襲擊社會，什麼罪惡來褻瀆人道，人類的渴仰完全的潛力，總是踏了這些鐵蒺藜向前進」（魯迅《生命的路》），即爲人文啓蒙掃除前進路途上的障礙，大聲疾呼個人尤其是國家的競爭，當時提倡的「人道」是爲了人的競爭，「科學」是爲了文化的競爭，「民主」是爲了國家的競爭。在這種進化論思想的觀念引導之下，加上民族危機影響下的積極入世、民族自強情緒，中國現代作家順理成章地走向了現代民族國家的建設之路（政治啓蒙），所以，現代「中國人雖也提出了個人自由等要求」，但是由於「中國的經濟和政治形勢」等原因，「民族主義對他們具有很大的吸引力，且導致不久以後發生的社會主義和自由主義的衝突。」〔註70〕但是根據有的學者的觀點，中國現代建構的不是「民族國家」而是「民主國家」，因爲中國本來就是民族國家，由民族國家建設民族國家，邏輯混亂，〔註71〕這應該是很深刻的見解。而正是在進化論和民主國家思想的影響下，中國現代文學的人文主義與西方相距甚遠，趨向於革命人文主義的建構，上述甚詳，此不贅言，要補充的是中國式的人文主義從「人文」走向「尙武」，從「自由」走向「專制」，從「立人」走向「立國」，切合中國的積極入世、急功近利、殺身成仁的傳統精神，但是缺乏西方的「絕對正確的革命之上，有著絕對正確的人道主義」的情懷，反而主張「做奴隸的人還有什麼地方可以說誠說愛呢？……惟一的救濟方法是革命。」（魯迅語）「在這人掠奪人、人壓迫人、人吃人、人騎人、人打人、人殺人的時候，我是不能愛誰的，我也不能叫人們彼此相愛的。凡是曾經把自己底幸福建築在別人底痛苦上面的人都應該滅亡。」（巴金語）另一點需要補充的是，中國現代作家的啓蒙對自由存在著壓制，或者說存在著精神暴力即「啓蒙的專橫」，「他們的啓蒙並不是眞正立足於喚醒對象的自覺，以求達到對象的獨立自主，而是以一個領袖和導師的身份出現，居高臨下地把自己的主觀思想灌輸到對象中去，而灌輸本身就帶有強制性。這種啓蒙是干預式的，而非啓發式的。這種干預式的啓蒙顯然帶有專制的特徵。……這是崇高的理想和道德追求目標下的手段的專制，人們往往爲了目標的崇高，而自覺或半自覺地接受這種專制。」〔註72〕而這就是本文說的中國啓

〔註70〕周策縱著、周子平等譯：《五四運動：現代中國的思想革命》，江蘇人民出版社，1999 年版，第 343 頁。
〔註71〕昌切：《現代進程中的民族與國家》，《安徽大學學報（哲學社會科學版）》2011年版，第 5 期。
〔註72〕錢理群：《我的回顧與反思》，臺北：行人出版社，2008 年版，第 177～178

蒙的教化意識，是典型的「士」的人格特徵。

三是人性論哲學，即暴力與人性問題，或暴力是否具有正當性問題。

人性的一般定義是在一定的社會制度和歷史條件下形成的人的本性。人性大致上可劃分爲自然人性、社會人性與文化人性。首先看暴力與自然人性：人從動物進化而來，不可避免地承繼了動物性或獸性，這是人性的組成部分，如洛倫茨《攻擊與人性》所說，當人受到攻擊的時候，自然會反抗還擊，這也是由於動物性的恐懼和趨利避害原則的作用。其次看暴力與社會人性：「人之初，性本善」，但是人性受到社會薰陶，會發展出社會人性，或趨向善，或趨向惡，都是出於安全需要的滿足，趨利避害，社會人性的一個重要方面是政治性，從此角度看，暴力具有相對的正當性，這是不同的階級、民族、黨派等造成的，例如中國現代文學中晚清時期的排滿革命、五四時期的社會革命、三十年代的無產階級革命和四十年代的民族解放戰爭，都是爲了一個種族、階級、國家的人性發展而用暴力對抗另外的種族、階級和國家。用恩格斯對黑格爾言論的辯證分析是「惡是歷史發展的動力的表現形式。這裏有雙重意思，一方面，每一種新的進步都必然表現爲對某一神聖事物的褻瀆，表現爲對陳舊的、日漸衰亡的、但爲習慣所崇奉的秩序的叛逆，另一方面，自從階級對立產生以來，正是人的惡劣的情欲──貪欲和權勢欲成了歷史發展的槓杆，關於這方面，例如封建制度的和資產階級的歷史就是一個獨一無二的持續不斷的證明。」〔註73〕簡言之，暴力或者惡是「歷史發展的動力的表現形式」，無論是出於新舊衝突、善惡衝突、力量對比，還是基於貪欲和權勢欲，概莫能外。更有甚者，中國現代文學還打造了存天理、滅人欲的暴力理學，如蔣光慈的《最後的微笑》，作家把階級性與道德凌駕於人性之上，殺人被賦予了革命的正義色彩與道德神聖光輝，它以當前的合理（反抗壓迫者）與未來的合理（未來的世界將因此變成一個「平等的世界」），使這種「革命理學」分外輝煌光彩奪目。正因如此，那種殺了人「反而很快活，我以爲我復了仇」，很「得意」，並且「在良心上從未承認過這種行爲是罪惡」的嗜殺思想被給予了充分的肯定。但是我們必須注意到，暴力雖然具有相對正當性，但是很大程度上是一種偏狹的、非理性的正當性，換言之，轉到了它的反面，

頁。

〔註73〕《馬克思恩格斯選集》第 4 卷，人民出版社，1995 年版，第 237 頁。

即非正當性，因為生命的價值是平等的，一個生命沒有理由去傷害另一個生命。再次看暴力與文化人性。在以基督教文化為基礎的西方文明，是反對以「暴」制「暴」的，但是中國殺身成仁、除暴安良、大義滅親的俠——士精神，卻不迴避暴力，甚至張揚暴力。

總之，本文擬題為「暴力與啟蒙：『暴力敘事』與中國現代文學的審美特徵」並不是望文生義地說中國現代文學只有「暴力」和「啟蒙」兩方面，而是說「暴力敘事」是與啟蒙思潮關係匪淺的。中國現代文學的啟蒙思潮，「人文啟蒙」相對較弱，「政治啟蒙」卻長盛不衰。而在政治啟蒙過程中，「暴力敘事」扮演著重要角色並成為政治啟蒙的主要手段和表現方式。而隨著民族矛盾的日益加深，「暴力敘事」逐漸獲得了中國現代文學的「審美形態」的合法地位。換言之，「暴力敘事」與中國現代文學的啟蒙思潮關係密切，表現出「以暴為路」的啟蒙價值和「以暴為美」的審美價值。「暴力敘事」不僅是中國現代文學的一種審美現象，同時也是中國現代思想啟蒙的一種文化現象。中國現代文學之所以不是西方現代文學或者日本現代文學，是因為它的重心是「中國」，尤其是中國傳統的積極入世、殺身成仁、除暴安良的俠與士精神因子，與中國特有的民族、階級鬥爭歷史背景結合，衝破了西化假象與日本表象，使得中國傳統精神逐漸奔涌與回歸。〔註74〕

〔註74〕魯迅曾一針見血地指出傳統文化精神在中國的巨大作用。他在《「聖武」》中強調「我們中國本不是發生新主義的地方，也沒有容納新主義的處所，即使偶然有些外來思想，也立刻變了顏色」，「現在的外來思想，無論如何，總不免有些自由平等的氣息，互助共存的氣息，在我們這單有『我』，單想『取彼』，單要由我喝盡了一切空間時間的酒的思想界上，實沒有插足的餘地。」而在《「來了」》中不無悲哀但卻極為深刻地聲明：「自由主義麼，我們連發表思想都要犯罪，講幾句話也為難；人道主義麼，我們人身還可以買賣呢。」故此，「無論什麼主義，全擾亂不了中國；從古至今的擾亂，也不聽說因為什麼主義。」正因如此，「中國歷史的整數裡面，實在沒有什麼思想主義在內。這整數只是兩種物質，——是刀與火」，既然統治者與侵略者用「刀與火」來統治，那麼被統治者、被侵略者也可以用「刀與火」來反抗，「犧牲了別的一切，用骨肉碰鈍了鋒刃，血液澆滅了烟焰。在刀光火色衰微中，看出一種薄明的天色，便是新世紀的曙光。」（《「聖武」》）故此，中國現代作家學了西方學日本，從「棄醫從文」到「棄文尚武」，但其精神資源從根本上依然是中國傳統文化精神，明乎此，意義甚大！

參考文獻

主要理論專著

1. 馬克斯・霍克海默、西奧多・阿道爾諾著，渠敬東、曹衛東譯：《啓蒙辯證法》，上海人民出版社，2003 年。

2. 盧風：《啓蒙之後——近代以來西方人價值追求的得與失》，湖南大學出版社，2003 年。

3. 〔德〕卡西勒著，顧偉銘等譯：《啓蒙哲學》，山東人民出版社 1988 年。

4. 詹姆斯・施密特編、徐向東等譯：《啓蒙運動與現代性》，上海人民出版社，2005 年。

5. 〔美〕賴爾、威爾遜著、劉北城、王皖強編譯：《啓蒙運動百科全書》，上海人民出版社，2004 年。

6. 韓毓海：《鎖鏈上的花環——啓蒙主義文學在中國》，時代文藝出版社，1993 年。

7. 〔英〕阿倫・布洛克著、董樂山譯：《西方人文主義傳統》，三聯出版社，1997 年。

8. 康羅・洛倫茲：《攻擊與人性》，作家出版社，1987 年。

9. 〔美〕陳嘉放、鄧鵬：《文明與暴力》，四川人民出版社，2003 年。

10. 〔美〕羅伊・F・鮑邁斯特爾著、崔洪建等譯：《惡——在人類暴力與殘酷之中》，東方出版社，1998 年。

11. 〔奧〕西格蒙德・弗洛伊德：《論文明》，國際文化出版公司，2000 年。

12. 李澤厚：《中國古代思想史論》，天津社會科學院出版社，2003 年。

13. 李澤厚：《中國近代思想史論》，天津社會科學院出版社，2003 年。

14. 李澤厚：《中國現代思想史論》，天津社會科學院出版社，2003 年。

15. 馮友蘭：《中國哲學簡史》，北京大學出版社，1996年。

16. 章太炎：《章太炎學術文化隨筆》，中國青年出版社，1999年。

17. 杜亞泉：《杜亞泉文存》，上海教育出版社，2003年。

18. 辜鴻銘著、黃興濤等譯：《中國人的精神》，廣西師範大學出版社，2002年。

19. 余英時：《中國思想傳統的現代詮釋》，江蘇人民出版社，2003年。

20. 梁啟超：《梁啟超全集》，北京出版社，1999年。

21. 錢穆：《現代中國學術論衡》，三聯書店，2001年。

22. 林語堂：《吾國與吾民》，嶽麓書社，2000年。

23. 梁漱溟：《中國文化要義》，上海人民出版社，2005年。

24. 尼·別爾嘉耶夫著、雷永生、丘守娟譯：《俄羅斯思想》（修訂譯本），三聯書店，2004年。

25. 凌宇：《沈從文傳》，北京十月文藝出版社，1988年。

26. 金介甫著、符家欽譯：《沈從文傳》，國際文化出版公司，2005年。

27. 宋劍華：《前瞻性理念——三維視角中的中國現代文學史論》，文化藝術出版社，2005年。

28. 宋劍華：《百年文學與主流意識形態》，湖南教育出版社，2002年。

29. 朱壽桐：《情緒——創造社的詩學宇宙》，上海文藝出版社1，991年。

30. 何德功：《中日啟蒙文學論》，東方出版社，1995年。

31. 楊義：《中國現代小說史》，人民文學出版社，1986年。

32. 劉納：《嬗變——辛亥革命時期至五四時期的中國文學》，中國社會科學出版社，1998年。

33. 陳平原、夏曉虹編：《二十世紀中國小說理論資料》第一卷，北京大學出版社，1997年。

34. 〔美〕周策縱著，周子平等譯：《五四運動：現代中國的思想革命》，江蘇人民出版社，1999年。

35. 林毓生著、穆善培譯：《中國意識的危機——五四時期激烈的反傳統主義》，貴州人民出版社，1986年。

36. 〔英〕鮑曼：《現代性與大屠殺》，譯林出版社，2002年。

37. 解志熙：《生的執著——存在主義與中國現代文學》，人民文學出版社，1999年。

38. 洪子誠：《問題與方法》，三聯書店，2002年。

39. 陳平原：《二十世紀中國小說史》第一卷，北京大學出版社，1989年。

40. 程文超：《1903：前夜的涌動》，山東教育出版社，1998年。

41. 錢理群等：《中國現代文學三十年》修訂本，北京大學出版社，1998 年。

42. 李歐梵：《中國現代文學與現代性十講》，復旦大學出版社，2002 年。

43. 陳思和：《陳思和自選集》，廣西師範大學出版社，1997 年。

44. 南帆主編：《二十世紀中國文學批評 99 個詞》，浙江文藝出版社，2003 年。

45. 〔美〕馬泰‧卡林內斯庫著、顧愛彬、李瑞華譯：《現代性的五副面孔》，商務印書館，2002 年。

46. 張夢陽：《中國魯迅學通史（上卷）》，廣東教育出版社，2001 年。

47. 李何林編：《魯迅論》，陝西人民出版社，1984 年，據上海北新書局，1930 年版重印。

48. 李長之：《魯迅批判》，北京出版社，2003 年。

49. 王富仁：《中國反封建思想革命的一面鏡子——吶喊仿徨綜論》，北京師範大學出版社，1986 年。

50. 錢理群：《心靈的探尋》，河北教育出版社，2000 年。

51. 李歐梵：《鐵屋中的吶喊》，河北教育出版社，2000 年。

52. 汪輝：《反抗絕望——魯迅及其文學世界》，河北教育出版社，2000 年。

53. 郜元寶：《魯迅六講》，上海三聯書店，2000 年。

54. 魯迅博物館等選編：《魯迅回憶錄（散篇，上中下冊）》，北京出版社，1999 年。

55. 魯迅博物館等選編：《魯迅回憶錄（專著，上中下冊）》，北京出版社，1999 年。

56. 程麻：《魯迅留學日本史》，陝西人民出版社，1985 年。

57. 林賢治：《魯迅的最後 10 年》，中國社會科學出版社，2003 年。

58. 曹聚仁：《魯迅評傳》，上海東方出版中心，1999 年。

59. 〔英〕雷蒙‧威廉斯著、劉建基譯：《關鍵詞——文化與社會的詞彙》，三聯書店，2005 年。

60. 曾業英編：《蔡松坡集》，上海人民出版社，1984 年。

61. 王栻主編：《嚴復集》第　冊，中華書局，1986 年。

62. 張全之：《火與歌》，新星出版社，2006 年。

63. 〔法〕喬治‧索雷爾：《論暴力》，上海世紀出版集團，2005 年。

64. 朱曉進等：《非文學的世紀》，南京師大出版社，2004 年。

65. 江沛：《戰國策派思潮研究》，天津人民出版社，2001 年。

66. 溫儒敏等編：《時代之波——戰國策派文化論著輯要》，中國廣播電視出版社，1995 年。

67. 重慶師院中文系編：《國統區文藝資料叢編·「戰國派」》（一、二），1979年。

68. 許紀霖等編：《天地之間——林同濟文集》復旦大學出版社，2004年。

69. 雷海宗：《中國文化與中國的兵》，商務印書館，2001年。

70. 陳銓：《中德文學研究》，遼寧教育出版社，1997年。

71. 陳銓：《戲劇與人生》，上海大東書局，1947年。

72. 陳銓：《文學批評的新動向》，重慶正中書局，1943年。

73. 陳銓：《從叔本華到尼采》，在創出版社，1944年。

74. 陳銓：《陳銓代表作》，華夏出版社，1999年。

75. 陳銓：《狂飆》，重慶正中書局，1942年。

76. 胡風：《胡風評論集》，人民文學出版社，1985年。

77. 阿英：《阿英全集》第一卷，安徽教育出版社，2003年。

78. 郭沫若：《郭沫若佚文集》，四川大學出版社，1988年。

79. 《中國抗日戰爭時期大後方文學》書系，上海教育出版社，1979年。

80. 《文學運動史料選》（1～4冊），上海教育出版社，1979年。

81. 《延安文藝叢書》（1～4卷），湖南人民出版社，1984年。

82. 楊思信：《文化民族主義與近代中國》，人民出版社，2003年。

83. 舒新城編：《中國近代教育史資料》上中下，人民教育出版社，1961年版，1979年印刷。

84. 張枬、王忍之編：《辛亥革命前十年間時論選集》，三聯書店，1960年版，1978年印刷。

85. 葛懋春編：《無政府主義思想資料選》，北京大學出版社，1984年。

86. 艾曉明：《中國左翼文學思潮探源》，北京大學出版社，2007年。

87. 實藤惠秀：《中國人留學日本史》，三聯書店，1983年。

88. 汪向榮：《日本教習》，中國青年出版社，2000年。

89. 方長安：《選擇·接受·轉化——晚清至20世紀30年代初中國文學流變與日本文學關係》，武漢大學出版社，2003年。

90. 福澤諭吉：《文明論概略》，商務印書館，1982年。

91. 福澤諭吉：《福翁百話》，上海三聯書店，1993年。

92. 楊曉：《中日近代教育關係史》，人民教育出版社，2004年。

93. 吉田精一著、齊幹譯：《現代日本文學史》，上海人民出版社，1976年。

94. 中村新太郎著、卞立強、俊子譯：《日本近代文學史話》，北京大學出版社，1986年。

95. 陳德文：《日本現代文學史》，南京大學出版社，1991 年。

96. 謝六逸：《日本文學史》（北新書局 1929），上海書店，1991 年。

97. 謝志宇：《20 世紀日本文學史——以小説爲中心》，浙江大學出版社，2005 年。

98. 蔡毅編譯：《中國傳統文化在日本》，中華書局，2002 年。

99. 本尼迪克特等：《日本四書》，北京綫裝書局，2006 年。

100. 葉渭渠、唐月梅：《日本文學史》近代卷、現代卷，經濟日報出版社，2000 年。

101. 伊藤虎丸：《魯迅、創造社與日本文學》，北京大學出版社，1995 年。

102. 單正平：《晚清民族主義與文學轉型》，人民出版社，2006 年。

103. 藍海：《中國抗戰文藝史》，山東文藝出版社，1984 年。

104. 魏朝勇：《民國時期文學的政治想像》，華夏出版社，2005 年。

105. 路雲亭：《暴力的藝術》，中國時代經濟出版社，2006 年。

106. 袁進：《中國文學的近代變革》，廣西師範大學出版社，2006 年。

107. 馮天瑜：《新語探源》，中華書局，2004 年。

108. 浦嘉珉著、鍾永強譯：《中國和達爾文》，江蘇人民出版社，2008 年。

109. 錢理群：《1948：天地玄黃》，山東教育出版社，1998 年。

110. 昌切：《清末民初的思想主脉》，東方出版社，1999 年。

111. 〔美〕任達著、李仲賢譯：《新政革命與日本：中國，1898～1912》，江蘇人民出版社，2010 年。

112. 黃仁宇：《中國大歷史》，三聯書店，2007 年。

113. 張岱年、方克立主編：《中國文化概論》，北京師範大學出版社，1994 年。

114. 王向遠：《二十世紀中國的日本翻譯文學史》，北京師範大學出版社，2001 年。

115. 李怡：《日本體驗與中國現代文學的發生》，北京大學出版社，2009 年。

主要現當代作品

1. 魯迅：《魯迅全集》，人民文學出版社，1973、1981 年。

2. 沈從文：《沈從文全集》1～27 卷，北嶽文藝出版社，2002 年。

3. 金宏達、於青編：《張愛玲文集》，安徽文藝出版社，1992 年。

4. 郭沫若：《郭沫若全集·文學編》（第 1、2、6～13、15～18 卷），人民文學出版社，1982 年起。

5. 老舍：《老舍全集》（第 3、9 卷），人民文學出版社，1999 年。

6. 蔣光慈：《蔣光慈文集》，上海文藝出版社，1982～1988 年。

7. 秋瑾：《秋瑾集》，上海古籍出版社，1991 年。

8. 施蟄存：《十年創作集》，人民文學出版社 1991、華東師大出版社，1996 年。

9. 穆時英：《穆時英小說全集》，中國文聯出版公司，1996 年。

10. 葉紫：《葉紫文集》上下卷，湖南人民出版社，1983 年。

11. 巴金：《巴金全集》（第 4、6～10 卷），人民文學出版社，1986～1993 年。

12. 茅盾：《茅盾全集》（第 2、8、18 卷），人民文學出版社，1984 年。

13. 孫犁：《孫犁全集》（第 1、2 卷），人民文學出版社，2004 年。

14. 胡也頻：《胡也頻選集》上下冊，福建人民出版社，1981 年。

15. 端木蕻良：《端木蕻良文集》，北京出版社，1998 年。

16. 蕭軍：《蕭軍代表作》，華夏出版社，1999 年。

17. 王統照：《王統照文集》，山東人民出版社，1980～1984 年。

18. 洪靈菲：《大海》，花城出版社，1984 年。

以及其他中國近現代作家選集、文集等幾十本。

主要古代著作

1. 《論語》、《孟子》、《荀子》、《禮記》、《老子》、《莊子》、《韓非子》、《墨子》、《金剛經》、《壇經》；《史記》、《三國演義》、《水滸傳》、《紅樓夢》、《西遊記》；《詩經》、《楚辭》，以及上海辭書出版社的《漢魏六朝詩鑒賞辭典》、《唐詩鑒賞辭典》、《宋詩鑒賞辭典》、《唐宋詞鑒賞辭典》等等。

相關博士論文：

1. 陳潤華：《二十世紀中國文學想像的現代性──「虛無、暴力與烏托邦」的世界性因素》，復旦大學，2004 年。

2. 劉青漢：《希伯來文化關聯中論魯迅在暴力面前的困境》，蘭州大學，2006 年。

3. 黃曉華：《身體的解放與規訓──中國現代文學身體意識論》，武漢大學，2005 年。

4. 李自芬：《小說身體──中國現代性體驗的特殊視角》，四川大學，2005 年。

5. 徐文廣：《中國現代戰爭小說創作論》，山東師大，2003 年。

6. 陳穎：《中國戰爭小說史論》，福建師大，2004 年。

7. 馬立新：《紅色理性與革命戰爭文學》，山東師大，2004 年。

附　錄

中國近現代文學重要社團作家留學背景

一、《新青年》同仁留學背景

作家姓名	生卒時間	留學時間	留學國家
陳獨秀	1879～1942	1913～1915	日本
李大釗	1889～1927	1913～1916	日本
吳虞	1872～1949	1905～1910	日本
易白沙	1886～1921		日本
魯迅	1881～1936	1902～1909	日本
周作人	1885～1967	1906～1911	日本
沈尹默	1883～1971	1905～1906	日本
錢玄同	1887～1939	1906～1910	日本
蔡元培	1868～1940	1907～1911	德國（曾遊歷日本）
胡適	1891～1962	1910～1917	美國
高一涵	1885～1968	1912～1916	日本

二、創造社作家留學背景

作家姓名	生卒時間	留學時間	留學國家
前期創造社			
郭沫若	1892～1978	1914～1923	日本
張資平	1893～1959	1912～1922	日本

作家姓名	生卒時間	留學時間	留學國家
前期創造社			
郁達夫	1896～1945	1913～1922	日本
成仿吾	1897～1984	1910～1921	日本
田漢	1898～1968	1916～1922	日本
穆木天	1900～1971	1918～1926	日本
張鳳舉	1895～	～1921	日本
徐祖正	1897～1978	1911～1922	日本
陶晶孫	1897～1952	1906～1927	日本
何畏	1896～1968		日本
鄭伯奇	1895～1979	1917～1926	日本
後期創造社			
李初梨	1900～	1915～1927	日本
馮乃超	1901～1983	～1927	日本
彭康	1901～1968	1919～1927	日本
朱鏡我	1901～1941	1918～1927	日本

三、文學研究會作家留學背景

作家姓名	生卒時間	留學時間	留學國家
周作人	1885～1967	1906～1911	日本
沈雁冰	1896～1981	1928～1930	遊歷日本
朱希祖	1879～1944	1905～1909	日本
蔣百里	1882～1938	1901～1906	日本
王統照	1897～1957	1934～1935	歐洲（1927 遊歷日本）
鄭振鐸	1898～1958	1927～1929	法國
許地山	1893～1941	無	無
葉紹鈞	1894～1988	無	無
郭紹虞	1893～1984	無	無

四、語絲社的幾位重要作家魯迅、周作人、錢玄同等都留學日本

本書作者攻讀博士期間發表論文

1. 《試論中國現代文學的「暴力敘事」現象》,《中國現代文學研究叢刊》 2009 年第 5 期, 轉載於《中國社會科學文摘》, 2010 年, 第 1 期。

2. 《魯迅〈自由談〉稿酬考證及其啓發意義》,《新文學史料》, 2008 年, 第 2 期。

3. 《懷疑與拯救的張力──論魯迅小說中的「孩子」形象》,《暨南學報》, 2007 年, 第 5 期, 全文轉載於《人大複印報刊資料‧中國現當代文學研 究》, 2008 年, 第 1 期。

4. 《論「作者的讀者身份」》,《山西師大學報》, 2007 年, 第 5 期。

5. 《魯迅的反商業化思想》,《名作欣賞》, 2007 年, 第 9 期。

6. 《中國形象、外國描寫與魯迅眼光》,《蘭州學刊》, 2007 年, 第 6 期。

7. 《道德的拯救與非道德化的拯救》,《名作欣賞》, 2008 年, 第 2 期。

8. 《中國現當代同性戀題材小說略論》,《當代文壇》, 2008 年, 第 4 期。

9. 《論周作人的詩歌理論》,《山西師大學報（社科版）》, 2008 年, 第 4 期。

10. 《道德的演變》,《電影文學》, 2007 年, 第 8 期。

11. 《中國現當代文學研究的四種理路及其評析》,《南京師大文學院學報》, 2007 年, 第 1 期。

12. 《搖擺──作爲存在狀態與藝術狀態》,《閱讀與寫作》, 2007 年, 第 11 期。

13. 《〈鬼子來了〉的思想深刻性》,《華僑大學報》, 2007 年 12 月 25 日。

14. 《淺析〈我愛這土地〉的循環結構與意味》,《華僑大學報》, 2007 年 6 月 5 日。

後 記

暴力與啓蒙——「暴力敘事」與中國現代文學的審美特徵！

寫下這個感歎號，並非意味著關於社會、人生、學術、文化等的感歎的結束，相反意味著感歎的蔓延與濃厚。感歎號正如一個人走累了暫時站著休息片刻，不久又需要重新開始像省略號、波浪號、問號等等似乎奇妙實則平凡的旅程。

這個博士論文從選題到初稿、答辯稿，再到如今的修改定稿（爲了符合「民國文學與文化叢書」的要求，把士標題改爲現在的模樣），前後斷斷續續大概經歷了六年多時間。從現在回憶過去，略帶喜悅，又稍感悲酸，一切皆已沉靜下去，一切又再泛起漣漪。

當我 2006 年幸運地考上暨南大學博士的時候，我就考慮博士論文選題的事宜。人概在入學後不久的 2006 年的 11 月份，我根據自己的積纍，和導師宋劍華教授探討博士論文選題，他果斷地決定讓我做這個選題。（我在讀碩士時就留意過相關資料）當時我覺得這個題目比較小，也知道必須小題大做小題深做，但眞正操作起來才深知委實不易。首先是大量地閱讀相關的作品、史料、理論，雖然有前些年的積纍做基礎，但進入狀態之後不少東西都得重新來過。有些不好找的資料我除了查閱「超星」、「中美百萬圖書」之類的數據庫，還查閱國家圖書館、上海圖書館、孔夫子舊書網等網站，有必要時還跑華師、中大圖書館。其次是大量時間精力的投入（做了幾本筆記），前期工作不算，這個博士論文我從 2008 年 7 月份開始，實打實地手寫了將近九個月，每天將近 10 小時，每寫一個小時休息 15 分鐘，每 13 天左右寫一節休息兩三天（時長時短，有時一個星期就頂不住了，到寫結語時更成強弩之末，但比

起宋老師年過 50 竟然還連續八九個小時廢寢忘食筆耕不輟痴迷其中，實在慚愧），手寫了兩本多的大備課本，300 多頁紙，寫空了 12 支圓珠筆（它被同學戲稱爲 21 世紀唯一手寫的博士畢業論文）。剛開始以爲每頁大概 700 字，豈料打出來後全文達到 30 多萬字（現在在原來的基礎上修改了兩三萬字），難怪寫得那麼累。爲此，我放棄了跑步等運動，因爲一運動就要花將近兩個小時，捨不得，花不起。爲此，我沒有兼職，整個博士期間我也只寫了表格中的前兩篇論文（其他十餘篇大多是碩士時候的產物，沒想到自由投稿時能被《暨南學報》、《人大複印報刊資料》等錄用或轉載），這爲我節省了大量的時間。現在想想，雖然我的宏觀研究建立在微觀研究的基礎上，但是博士畢業論文可能還是做一個重要個案或者階段性的現象等比較好，至少沒那麼累（比以前做農活還累）。我的碩士論文是做個案的（魯迅），博士後報告也是傾向具體的，之後也許還會回歸魯迅，如果說宏觀研究是如孟子所言：「先立乎其大者，則其小者弗可奪也」，是爲了「片面的深刻」；那麼微觀研究（具體研究）則是爲了精雕細刻和「藏拙」（李怡老師語）。李老師所說的探索複雜性和體驗，我也會慢慢領悟。

有一位同學曾經對我和同門曾鋒說「學術是在沒有陽光的地方做出來的」，這句話在一定程度上是對的。世界上的工作，除了務農、建築、打漁等等之外，大部分都是在室內即沒有陽光的地方進行的。而且，像這樣高強度的學術工作，對身體、心理的壓力都比較大，且不說不少人因爲寫博士論文（或作研究）而得頸椎腰椎病、肝炎、胃病、癌症甚至死亡等，即使較好一點的身體也吃不消，曾鋒高血壓頭暈走路迷迷糊糊，我在寫作期間失眠了半年（大腦老在轉，包括吃飯、散步等時候），曾經因爲寫得太累胃承受不了，吃過的飯都吐了出來……這可以說是嚴重缺乏陽光。當然研究也會有陽光明媚的時候：在闊別大學幾年後，因爲閱讀思考已經成爲了習慣，2003 年我回到大學攻讀碩士，我有一種「回家」的感覺（那時候已經碩士畢業兩年在上海高校任教的本科同學對我說「歡迎歸隊」），那時候我專注地讀書和寫作，心無旁騖，被同學戲稱爲「不倒翁」（或被稱爲「苦行僧」，其實我並不覺得苦，只是平靜）。即使在非學生狀態的日常生活中，例如在閱讀作品時被感動（寫沈從文等章節時不禁潸然淚下），有了新的發現，自由投稿或被推薦發到好的刊物上，半夢半醒中聽鳥聲啾啾，等等情況下，也滲透著陽光。當然陽光是自己給的，境由心造，但這已經與學術無關了。

　　另外有一些事情卻是與學術有關的。當我幸運地闖進暨南大學時，我就有選擇地閱讀導師們的代表性論著，因爲讀博士和本科不同，應該瞭解導師。之前，對於我的導師宋劍華教授我看過他的《百年文學與主流意識形態》，入學後慢慢發覺在宋老師業已出版的十多本著作中，其學術專長主要是兩塊：一塊是個案研究，如研究了十多年的曹禺（《困惑與求索》、《基督精神與曹禺戲劇》），以及《生命閱讀與神話解構》；另一塊是文學思潮、現象研究，如《百年文學與主流意識形態》《現代性與中國文學》《言志詩學對中國現代文學的內在影響》等。（作爲宋老師的學生，我發現他的學術研究有三個關鍵詞，就是「文本」、「力度」和「（思想）顛覆」，三者相連。他目前從事的《錯位的對話：「娜拉」想像的中國言說》，我讀起來很過癮）另外，我還拜讀過饒芃子、蔣述卓、朱壽桐、王列耀、洪治綱、姚新勇等老師的論著，獲益匪淺。

　　在導師的論著暗示下，根據自己的積纍和個性，我比較傾向於做文學研究要從作品和史料中出思想，這也是做學問的高境界，同時體現了文學研究的生命維度與人文關懷，而不局限於考證和史料梳理（雖然我做過幾篇嚴謹的考證文章）。淩宇教授曾援引吳組緗先生的一個觀點，即學術上的一種低層次眞理重複，有時不如高層次的謬誤行之有效，因爲後者將引導著研究的深入。我主張論文或者自成一說，或者自圓其說，我不喜歡過於四平八穩的學術風格，我知道我的觀點可能會引起爭議，但是沒有爭議就沒有進步，沒有個性，學術應該像鐵筆般一打一個坑，而非像磚頭般一打一個印。另外，文學研究應該像做數學題一樣，將邏輯關係步步推進（盡量使歷史、美學與邏輯協調），其他如史料、思想、作品領悟、理論等都必須服從於整體的邏輯（當然不少奇思妙想異想天開都是似乎不合邏輯的，這也只是「不合情理的合乎情理」罷了，而且既然是研究就應該將之邏輯化），這種學術路數做起來很累，有時一個邏輯關係要推很久。對於這種境界，我雖不能至，但心嚮往之。當然學術風格百花齊放，這也不過是其中一種風格罷了。能否做好，能否持續，至少對於我來說，是一個未知數。

　　在論文寫作期間，我結束了碩士階段的自我摸索和領悟的舊路，走上了導師指點和自我領悟相結合的新路。（老師抓學術，師母抓生活，可謂珠聯璧合）可以說在 2007 年 11 月開題前後，導師對我的論文指點頗多，例如在時間範圍上我本想偷懶寫到 1930 年代，導師讓我把 40 年代納入進來；在線索上我原意以中國傳統尙武文化爲線索，導師建議加上日本因素，後來便形成中

日共存而有所側重發展的辯證線索；另外在論文的結構上，作品的解讀上，觀點的提煉上等等，都融注了導師的心血。當然畢業論文的寫作除了靠導師的指點，還要靠自己的獨立思考，而且師生學術交流不是學生對導師的亦步亦趨，而是交流、對話甚至交鋒的關係，對此導師表示了他的極大寬容，我也在有所堅持中開始了理解前輩學人的心路歷程。在論文正式寫作之前的2008 年 4 月，我和導師合作了《試論中國現代文學「暴力敘事」現象》一文，我在博士論文中多次引用，因出自己手，故未一一注明（當然與之相比，博士論文有較大改變）。在博士論文寫作期間，我本著史料翔實、邏輯嚴密、分析細緻、思想較新、中心突出、理論適當等原則來要求自己，論文如果有一點可取之處，導師的貢獻是不可抹殺的。而且在書稿即將出版的今天，導師在百忙中撰寫序言，令我非常感動，也非常敬佩：感動者是我原來只以為導師在百忙中寫個兩三千字就行了，沒想到寫了將近五千字，而他對我書稿的評價和對我的鼓勵，我也會銘記在心；敬佩者是導師的思想越趨精純，有很多地方讓我獲益匪淺。另外，記得論文完成後被送到北京師大、中山大學和中國人民大學盲審（寄回來通知我們去看才知道），都得到了好評，而北京師大趙勇教授的評語「這是一篇厚重、紮實而又富有新意的優秀博士論文」，它的「思考也在很大程度上改寫了啓蒙話語的內容，對於中國現代文學研究、思想史研究等等具有極大的參考、啓發價值」尤其令我汗顏。後來答辯時候林崗、高小康、蔣述卓、王列耀、洪治綱老師對我的論文提出了若干建議，在此謝過。我本著從善如流、獨立自主的原則進行選擇，從這個論文定稿中就能察覺我的一點變化。

除了感謝導師之外，我還要感謝其他愛我的人和我愛的人。我這個資質平凡的農民（一直種地到大學畢業，可以說是半個農民）和書呆子（上學 20多年，可以說是個書呆子）能讀到博士，和不少人的關愛有關。我要感謝關懷過我的中學大學時期的老師，以及碩士導師毛翰教授，我要感謝十多年來一直和我交流的呂永林同學，他和芮東莉同學這幾年幫我查找了不少資料，對此我甚是感激。讀博士期間，和曾鋒等十多位博士的學術探討，以及和胡吉星、袁文麗、梁晴、周菁等等二三十位同學同門的友情交往，恐怕以後難得了。另外要感謝陳麗紅博士和 2007、2008 級的六位碩士師弟師妹（沒想到我在四川大學讀博士後，李哲成為我的二度同門，萬分感慨），他們幫我把論文的大部分輸入電腦，三校時陳麗紅、劉多梅兩位幫我校對了一半內容，使

我贏得了更多的時間。我還要感謝一些編輯老師們，當時他們絕大多數與我素未謀面，如《文學評論》的邢少濤老師、《中國社會科學》的王兆勝老師、《暨南學報》的吳奕錡老師，等等。（我評上副教授之後，今年正式開始把博士論文投稿，已經得到《文學評論》、《中國現代文學研究叢刊》、《福建論壇》、《暨南學報》、《新華文摘》、《中國社會科學文摘》等等幾個重要刊物的刊登或轉載，也以博士論文爲基礎獲得廣東省哲學社會科學十一五規劃項目，證明博士期間的努力沒有白費）還有魯迅博物館的王世家老師，我以個人名義，冒昧地把我的考證魯迅《自由談》稿酬的文章寄給他看，沒想到他會回信並對拙文頗多謬獎，可見其作爲前輩學者的高風亮節。我要感謝她和孩子（讀碩士後期才出生），個中甘苦風風雨雨一言難盡！我要感謝我的老父親和弟弟，母親已故，希望父親健康長壽，他老是擔心我的單純與不善處世，只是他沒有想到正是這種相對單純的性格，使我過得平靜、知足。「不爭有爲，寧靜清越」，看著自擬的座右銘，不由得悲欣交集。

　　這大概是我一直想說的話，所以才下筆千言，言不盡意，只能留給想像去補充，去完善了。希望以後的路途上會看到更多的亮光，在寧靜中照亮心靈。

——2012 年 12 月 12 日初稿，2013 年 5 月 18 日改定於肇慶學院文學院